同朋会運動の原像

体験告白と解説

大谷大学真宗総合研究所
真宗同朋会運動研究班［編］

法藏館

はじめに

大谷大学教授　水島見一

昭和三十七（一九六二）年、真宗大谷派教団は、「世界中の人間の真の幸福を開かん」（「真宗同朋会―住職の手引き―」）（『真宗』昭和三十七（一九六二）年十二月）と主唱して、真宗同朋会運動を発足した。当時の宗務総長である訓覇信雄は、その同朋会運動の時代的必然性を、次のように述べている。

中世の神の奴隷であった人間が、そのきずなから解放され、独立して、新しい自由な人間性を回復したのが近代だといわれておるにもかかわらず、その独立したはずの個人は、実は本当の人間ではなかったのでありまず。実は人間の自我意識によってとらえられたものでありまして、意識の深層にねざす我執の上に立った個人、これが、近代的人間であります。そしてこの近代が限界にきたということは、かかる有我的人間の行詰りの暴露にほかならんのであります。しかもこの行詰まりを打開する道はもはや西欧には見出すことができないのであります。（第七十回定期宗議会での訓覇信雄総長演説「同朋会の形成促進」）

（『真宗』昭和三十七（一九六二）年七月号）

ここで訓覇は、「近代的人間」を「本当の人間ではなかった」と開陳する。「近代的人間」とは、たとえば、西欧の中世封建的束縛から解放されて、「自由」「権利」「平等」に基づき、民主主義を提唱する人、つまり現代社会に生きる我々のことであろう。そのような人間のことを、訓覇は、「自我意識」に囚われた「真の人間」ではないというのである。そして、真の人間の発見は、東洋の仏教をまたねば成就しないのであります。（中略）近代の西欧の精神は、個人の自覚に立つ民主主義の確立とはいいながら、その個人の自覚は、遂に自我意識のエゴイズムをこえることができず、主体的自覚による真の民主主義の確立は、未だ果されておらないのであります。

（『真宗』昭和三十七（一九六二）年七月号）

と述べて、仏教によって「自我意識」を超えない限り「真の人間」とはなりえないとしている。そして次のように、教団に期待を寄せるのである。

近代ヨーロッパが果たし得なかった真の人間の自覚を明らかにし、現代の人類の課題にこたえるべき使命を荷うておる仏教の、その使命を果たすべき『場』が仏教の教団であります。

（『真宗』昭和三十七（一九六二）年七月号）

教団は、そして寺院は、自我を超える自覚道を現代社会に提示する「場」でなければならない、というところに、訓覇の志願があった。

この訓覇の演説は、およそ五十年前のものであるが、とりわけ「有我的人間」の限界性の指摘は、今日においてもまったく色あせていない。むしろ、原発事故に象徴される現代社会の抱える科学文明の限界や、自殺者の増加という現代人の苦悩の深さを鑑みた時、訓覇の指摘の正確さが窺えるのである。今日こそ、仏教は「真の人間」を求めて意欲的に活動しなければならないと思われる。現代社会における仏教の果たすべき役割の確認、ここに本研究の目的がある。

真宗同朋会運動がはじまった一九六〇年代の日本は、高度経済成長の全盛期であったが、しかし同時に、実存的な空虚感が人々の心を蝕んでいった。たとえば、集団就職で上京した中学校卒業の若者は、「金の卵」と称されて働きづめに働いたが、同時に過労死が問題となった。また「受験地獄」といわれるような過度の受験競争は、若者の心を学歴偏重に追い込んだ。真宗同朋会運動は、このような時代状況を背景とするものであり、かくして次のような運動論が提示された。

真宗同朋会とは、純粋なる信仰運動である。それは従来単に門徒と称していただけのものが、心から親鸞聖人の教えによって信仰にめざめ、代々檀家と言っていただけのものが、全生活をあげて本願念仏の正信に立っていただくための運動である。その時寺がほんとうの寺となり、寺の繁昌、一宗の繁昌となる。然し単に一寺、一宗の繁栄のためのものでは決してない。それは「人類に捧げる教団」である。世界中の人間の真の幸福を開かんとする運動である。

（『真宗』昭和三十七（一九六二）年十二月号）

真宗大谷派教団は、寺院を中核とする「信仰運動」によって、さまざまな時代的課題を乗り越えんとして「人類に捧げる教団」であるべきであり、そして「世界中の人間の真の幸福」を開こうと述べている。そのために寺院は、「草の根」的な信仰運動の実践をもって時代的課題に応答するのである。ここに念仏者の誕生が願われる。

昨今、さまざまな形での仏教の社会参加が提唱されているが、顧みれば求道と獲信の実践を訴える真宗同朋会運動も、その一つではなかろうか。「信仰運動」は、外見的には社会参加の形態を取っていないかも知れないが、しかし「信仰運動」とは、「近代的人間」の有するエゴを打破し、真に社会の問題を担い得る人物を誕生せしめるものである。真宗同朋会運動は、社会参加の基盤をなす運動といえるのである。

真宗同朋会運動は、時代を超えて至純である。その純粋志願を抱いて、我々は時代的課題の解決に邁進するのである。したがって我々は、常に「自我意識」と対峙し、仏教本来の純粋志願を自分自身に明らかにしなければならない。ここに「信仰運動」の中核がある。求道と獲信の実践によって、この私が「真の人間」になる。つまり念仏者になる。ここに真宗同朋会運動の果たさなければならない社会的使命があるのである。

本書には、有識者による真宗同朋会運動に対する様々な提言が収められている。真宗同朋会運動は、確かに、一既成教団の起こした運動であるため、教団興隆の運動と見なされることも否めないが、同時に評価が矮小化されることもあるように思われる。また、平成二十四（二〇一二）年に真宗同朋会運動が発足五十年を迎えたことも相俟って、ここに真宗同朋会運動の意義を再確認しなければならないと思われる。そのためには、特に教団「外」からの眼をもって真宗同朋会運動を再確認する必要があるのである。かくして、本書制作にあたって、十一人の有識者を囲んでの研究会を開催し、さらにその中から有識者篇を選んで本書に収録した。ここに本書が、真宗同朋会運動の本来的意義や可能性及び限界、さらには今後に向けての課題の解明の一助となることを念願してやまない次第である。

また本書には、門徒からの八篇の「聞書」が収められている。そしてそのいずれもが、親鸞聖人が明らかにされた真実信心の具現者としての記録である。すなわち、現代社会を共業として担って生活しつつ、各自の不共業に即応しながら生死する人々の赤裸々な生き様である。また、真実信心を自己に明確にし得た念仏に生きる人々の、実直な姿である。このような念仏の教えに生きる姿に接する時、我々の内奥に潜む宗教心は躍動し、時代社会を主体的に生きる意欲が喚起される。信仰の最も避けなければならないことは、観念化である。観念化された信仰は、無力でしかない。念仏に生きるということの具体相を確認するところに本書の目的があり、このことは真宗同朋会運動の再生においては不可欠のことなのである。

同朋会運動の原像—体験告白と解説—　目次

第二部　解説篇―同朋会の意義を明らかにする―

清沢満之とは誰か
――当時において、そして現在の私たちにとって――　上田閑照

凡　例

一、引用文献および本文の漢字は、常用体のあるものは、常用体を使用した。

一、註は、読者の理解を助けるために、編集者が付した。

一、引用文献は、以下のように略記した。

『真宗聖典』（東本願寺出版部刊）……………「聖典」

『真宗聖教全書』……………………………「真聖全」

『定本親鸞聖人全集』………………………「定親全」

同朋会運動の原像―体験告白と解説―

第一部　体験篇——同朋会と共に生きる——

高光大船先生は私の中で生きている

平木　年

一、聴聞のきっかけ

わしが高光大船先生(1)のお話を聞きはじめたのが、わしがね、確か数えの二十二歳の暮れぐらいでしたわ。あなた方がインタビューされた新木尚さんのお父さんが、青年団の寄り合いがあって晩帰る道中に、わしだけじゃなくて何人かに、「おい、おまえら一回聞いてみんかいね、うちにおいでるお坊さん、なんか変わったお坊さんやぞ」というような誘いかけで誘ってくれたのがきっかけだったと思います。ほんで最初は、面白半分興味半分で聞きに行ったんですけど、聞いてみたらビックリしてね。お坊さんの法話って、あんなもんと思わんさかい。これは大変なお話だって思ってね。中には、あんな話聞いてもわからんといって行かない人もいました。私もわからなんだけど、なんか引きこまれていきました。それで、大船先生の晩年の四年間か五年間、ご縁持たせてもろたんです。ご縁を持たせてもろたといっても、具体的には専称寺(2)にはね、北間の講習会(3)ってのがありましてね。そのたびに行きましたわ。それから大船先生に、「お前ら仏法がわかりたかったら、うちに来て、うちの生活見ろ」っていわれたので、わしもなんか我が身に難しいことがあってわからなくなって、北間の寺に行ったこともあります。あとは、年に二回くらいはうちの集落に来てくださいました。それから金沢にもお話されるお座がありましたから、そこからもお誘いがあって、年に十回くらいは聞かせていただいたと思います。

そこで、まずやっぱりビックリしたのは、「仏法っていうものは鉄砲のあべこべや。鉄砲は向こうを撃つもんやけど、仏法は我が身を撃つもんや」と、こう大船先生はいわれた。自分殺してなんになるって、それにまずビックリしました。でもそれには、なんか深い意味があるやろうと、わからん頭でなんとかわかろうって、一生懸命になりました。

それとまた、わかりやすい風にいえないけど、こんな話も聞きました。大船先生の時計を、誰かが盗んでいったことがあって、警察がその泥棒を捕まえたので、警察は大船先生を呼んで、「これはあんたの物やろ」といって時計を先生に返そうとするのだけど、先生は「いや、わしの物でない」っていうのです。それで困った警察が、「泥棒はちゃんと白状してるのに、どうしてあんたはそんなこというが」と訊ねると、先生は「いや、これはわしの時計であったけど、もうそっちの物だ」っていうたそうです。こんな、なんかね、ちょっとわしらの常識では捉えにくいというか、わからん話でね。どうしたらこういうことになるがやろって。そういうことが、「なるほど、はい」と受けいれられるもんかいなってね。わしながらにね。

註（1）真宗大谷派専称寺の元住職。暁烏敏、藤原鉄乗らとともに加賀の三羽烏と呼ばれた中の一人。
（2）石川県金沢市北間町にある高光大船の自坊。
（3）専称寺にて、高光大船がはじめた年に一度の会座のこと。一週間にわたり行われ、全国から人が集まった。講習会では、座談が積極的に行われた。同朋会運動における大谷派教師修練のモデル。

二、平木さんの業

大船先生に出会う少し前に、若いけど結婚しました。それで、結婚したのは金沢の町から来た人だった。そうしたらね、あの時分のことだから、農家に行けば食料もたくさんあると思って来たんかね、でもうちは貧しかったから、どうしても百姓になりたくないという。子どもが一人できたけど、どうしてもここを出て行くといってきかないのです。それで、子ども連れて一緒に出ようっていうのです。でも、わしは宿命というか、小さいころから、あんたはここの大事な後継ぎだから、ここを継がんならん、ほかにどこも行くところがないのやぞということを、うんといわれてきているから、どうにもね。女房はかわいいけど、連れて出てあげたいけど、我が身の気が済まんていうか、そういうことでだいぶ苦しみました。わしの弟どもは、この家には兄貴が入ってくれるという感じで、だれも後継いでくれる人はおらんから、結局はしょうがないと思って、そんで結局苦しんで女房と別れることに決めました。親類の物知りのじいさんも、「かか（女房）に代わりはあるけど、親に代わりはない」っていうし、わしもそういわれたら、それもそうだって思ったしね。それで、やり直そうと思って別れました。そうしたらね、人間というのは難儀な生き物やね。そういうことに決めたらね、決めたけど、腹の中は、なんかこう、じゅくじゅくじゅくじゅくとね。これで良かったのかな、いや間違えていたのかなって。こういうことを考えることが止まなくて、苦しいのです。だから、大船先生のお話を聞くことによって、そういう自分をはっきりしたいなって、こう思ったんです。

三、大船先生の法話

大船先生は、よく「おまさんたちに必要なのは、仏教じゃない仏法なんだ」「仏教は、坊さん一人おれば良い。仏教じゃない、仏法なんだぞ」とおっしゃっていました。そこは何回も聞きました。「それで、仏法はなんやといえば、生活なんや。生活がしっかりできなんだったら、仏法はないんだ。仏法のわかった家はどんな家なのか、見たかったら私の家に来なさい」と、そんなふうにいわれました。それでいわれたとおりに寺に行けば、大船先生は先生で茶飲んだり、物書いてらした。そして、一也[1]先生は一也先生で、忙しくその辺飛び回ってらした。一也先生の奥さんは奥さんで、働いておられ、大船先生の奥さんは奥さんで、先生の食べ物やなんかのことで忙しく働いておられた。なるほど、仏法がわかった人はこんなんかなと思うたです。だれも干渉するものもおらんというか、鼻鳴らす人もいなければ、自分のことを一生懸命にやっておるだけ。みんなそれぞれ分担があるっていうか、自分の分があるっていうか。それは見とっても気持ちが良い。ほんとに、仏法が生活だって、こういうことなんかなと思いました。干渉しあわんてだけでね、別に仲の良い普通の家庭と変わらん。けど、干渉しあわんと、我が身の持ち分だけを一生懸命に生きておられた。これはわしの自己解釈やけどね、そう思いました。

註（1）高光一也。高光大船の息子。専称寺の元住職。洋画家。

四、大船先生の人柄

また、ここ（1）にお話に来られてもね、お座に人が集まらなくても、「一生懸命な人が一人でもいたらいいわいや」と、おっしゃっていました。その反面、畑仕事や田んぼ仕事で疲れて、居眠りするばあちゃんでもいたら、「お、そこの婆こ。人が一生懸命なのに邪魔になる」といって怒られました。なんかそういうとこ見ると、年寄りに不謹慎だなとも最初は思いました。

また、高校の校長先生とか、大学の先生とかの人たちがつべこべいうたらね、頭からビシッと一刀両断にしておられました。でも、新木さんもそうやったろうし、わしにはね、怖い顔を一回もしたときなかった。大船先生は、人間を見てやってらしたんじゃないかね。わしみたいなもんが、一遍でもいわれたらすぐまいってしまうことを見抜いておられたのだと思います。

わしがもし先生にたたかれてたら、こんなふうについていけなんだかもしれんね。だからそんなふうに可愛がってもらった思いだけあるさかい、大船先生を思い出すと、嬉しいというか温かいというか、そういう気持ちになります。

大船先生の温かさということについて、いつも思い出すことがあります。それは、ある日、大船先生のところへ行く機会があったので、先生は喜びなさると思って先生の吸っていた銘柄の煙草を買っていったことがありました。そして、大船先生と話しているときに、私が自分の安い煙草を吸おうとしたら、先生も煙草を吸おうとしなさったので、私が自分で買ってきた先生の普段吸っておられる煙草から一本取り出してお渡ししようとしたら、先生は「お前が今吸っているの、それが吸いたい」とおっしゃって、一緒に私の安煙草を吸ったということがありました。こんな思い出が、他にもたくさんあります。親よりも温かいものを感じていました。

註（1）石川県金沢市四王寺町にある平木氏の自宅。

五、目覚め

あれは、大船先生の倒れられる一年ほど前だったので、私が二十四歳の暮れくらいでしょうね。二十一歳で初めて先生にお会いしてから、四年後です。大船先生や、一也先生、伴僧でいらした稲垣さんという方は、人間を、自分を究極的なとこに追い詰めるっていうか、剥くってことがありました。それによって我が身の思索を深めていった気がします。剥くっていうのは、別に変なことをされるのではなく、人間の、わしらの考えというか概念というものをね、徹底的に検証して追い詰めていくがです。それで、最後まで追い詰められると、自分が負けてバンザイする。このバンザイによって、躍り上がるような、なんか解放されたっていうか、スパッとした気分になりました。なんにもつかえるもんもなければ、本当に広いってこういうことか、自由ってこういうことかと感動しました。「三千大千世界っていうのは自分の物や」と、大船先生がおっしゃっていたのを聞いたことがありますが、本当にそんな気分になりました。わしは、だいたいがどちらかというと、ひがみ症の、気が小さいもんで、自分で小さい殻を作って、その自分の小さい殻にギュッギュッと自分を押しこむような人間だったから、そういうものが一度にパッと取れた気分がしてね。

それではじめて、先生のおっしゃっていることはこういうことかなってことが、自分の中ではっきりした。それで大船先生に、こういうことを思いましたと告げにいったら、「ああ、そんでいいがや、おまえこれ大事にせえよ」って、こういわれました。ところが、十日もすれば、そのような感動みたいなものはなくなってしまうんでね。先生に報告したことが、なんか恥ずかしいことやなって思うようになりました。だから、その閃きが消えてしまったことは、大船先生には恥ずかしくていえませんでした。それでも、その閃きがあってからは、大船先生が亡くなってからも、生活に行き詰ると、大船先生の言葉が聞こえてくるようになりました。

六、大船先生は生きている

そういうような、生活の頷きで一番大きかったのは、親の後を継いで母と弟と妹と子どもを抱えて、二度目の女房にもたくさん子どもができて、それでもう働いて働いて、石川啄木(1)の「働けど働けどなお我が暮らし楽にならざりじっと手を見る」という歌を思い出しましたわ。ほんとに、こんなのがあるもんやなって。家の弟たちが出た最初はね、見習いからやさかいに、かわいそうなもんやったけど、それぞれが独立して自分がやるようになったらね、商売だからね、一つ当たったらポンポンポンポンと成功して、わしを見返すようになってね。なんかわしが、一番つまらん貧乏くじ引いたなって思ってね。なんでこんなに割に合わないことにならなきゃならんのだ、同じ子どもじゃないかと思いました。子どもが平等な権利を持っているなら、親も平等に見ればいいのにとも思いました。よくよく考えてみれば、わしかて平等に見ることなんてできないのに、その当時は思わないですよ。割の悪いのはみんなわしのとこ来て、割の良いのはみんな弟のとこ行く気がしてね。

まあこんなことは、腹で思うことであって、口にはいえんわね。でも、我が身の中で、なんか解決せんならんって思ってたです。大船先生が亡くなってからも、長いこと思っていました。そうだけど、絶えずわしの胸の中に、いつも大船先生が必ずいらした。「金がない、それでいいがや」って。「それで丁度平均がとれとるがや。不公平なことでもなんでもないがや」って。先生がいつもいっておられた言葉が、聞こえてくるがです。そうすると、どうしてわしが不公平でないがやろ、どうしてこれで均衡がとれとるやろと、ずっと考えていた。するとあるときふと、結局は天元の道であって、わしはこの道しか行く道はなかったって、一本道しかなかったんだなって、もう一つ道はなかったんだって、そういうふうに思いました。それで、天元の道を行くことによって、はじめて均衡がとれると思い、自分がすっきりしました。わしはわしの道を歩いていたんだなって。彼らは彼らの道を歩いたんだなと。

今でもね、大船先生に申し訳ないけど、先生を引っ張ってくるっていったら失礼やけど、先生におってもらわにゃ。いろいろ仕事しながら、そういうことが浮かんできたりします。たとえば、病気で死にかけたときも、「死んだら死んだときや、そんならそんでいいがや」と思いました。これは一也先生がよくいわれた。「高光の言葉を聞くんじゃないんだぞ。如来の言葉に遇うんだぞ。先生の言葉を鵜呑みにするんじゃないんだぞ」ということなんでしょうね。つまらんことに遭って、愚痴みたいなことこぼすと、「ほんでええがや」ってこういわれるんです。それがどういうことなのかなといつも考えます。

ほんとうに、こんなことをいうたらなんだけど、今こうして呑気な顔してられるのは、先生のおかげだわね。そうでなかったら、自分で自分をがんじがらめにして、自殺までしたかしないかはわからないけど、そんなところまで行ったんじゃないかってそう思います。

行き詰ったら、必ず大船先生の言葉が出ます。あのときこういわれたなと。先生から聞いた言葉は、一生忘れない言葉だね。聞いたってより貰うた、貰うた言葉だ。先生を忘れてしまうときには、しまりの悪いひょうたんナマズみたいなもんやね。先生を思い出すときだけ、我に返る。

註（1）明治期に活躍した歌人。詩人。

七、当時を振り返って

大船先生の最後の説法は、昭和二十四（一九四九）年でした。山口県に行かれる前の晩に金沢の斎藤さんという方のお宅で法話があって、その時にうちの床間にかけてある「一生造悪値弘誓」という書を書いてもらったのですが、その次の日に先生が説教しに行かれまして、倒れられた。それで、体が落ち着いてから北間に帰ってらして、その夏の講習会だったかね。そのときの法話が、最後の法話だったと思います。先生が話したいっていわれて、高座へ上がりましたけど、「おまさんたちは、釣鐘堂の石垣見ましたやろか。上の石垣も下の石垣も、皆自分の分にはまって黙っている、不平はいわん」とおっしゃって、高座を下りられました。まあほんの短い法話だったけど、ありました。

また、いつだったか忘れましたが、印象に残っているお話は、ある人が仏法がわかってから泥棒したんだという話をしてらした。仏法がわかっても何も変わらないちゅうことかと思ったけど、強く印象に残っていました。頭の良い人は、静かな話でわかるかもしれないけどね、わしらみたいなのは、ねむたくなるからズドーンッといってもらわんと、なかなかわからんわね。

また、北間の寺行ったときには、清沢満之[1]の「我が信念」かいね、あれを必ず声出して読んでいました。今は暗唱できなくなったけど、あのころは暗唱できました。あの言葉もね、わしらに一番わかりやすいっていうか。しばらくいわなんだら、今では、またスラスラと暗唱できなくなってしもたがね。それでも頭に浮かぶことがあるわね。あれは良いもんだと思うけど、最近の寺はあんなものないね。清沢満之っていう先生は、我が身の信念を披歴しておいでやね。

わしもその関係で、暁烏[2]先生の話を、一度や二度聞いたことがあって、藤原[3]先生の話も聞いたことがあるけど、わしはやっぱり、高光大船先生に育てられたせいかね、先生から見たら綺麗っちゃね。わしら業が深いからね。なんか撫でてさらえるみたいなね。暁烏先生は「みなさん十念の念仏ですよ、なんまんだぶなんまんだぶ」というような感じ。何故か知らんけど、高光先生みたいな、我が身にドンッてくるような、なかったわいね。そうやけど、改めて『暁烏敏全集』も読んでみたけど、やっぱ素晴らしい先生だわね。わしらにはわかるものはないけれども。頭が良いことには抜群なんやね。わしら吸収する力がないわね。

お手次ぎのお寺は、お手次ぎのお寺でちゃんとあります。お手次は、家代々のものだから、お手次はお手次で報恩講さんとか、そういう行事には出ます。しかし、お手次の話では、どうも納得できないというか。お手次の寺もそういう風に（大船先生のように）なって欲しいけど、なかなか無理な話でね。いくら求めても、大船先生のようなお方はなかなかいらっしゃらん。当時は、蓮如様の御座というのが、仏法の話をお互いにする所でした。その中で、この辺はみんな一応ある程度法門を理解し、ご法義を説明できる人がござったところでした。そういう人達に対して、高光先生は、「そんなもんなのが、たくさんおる」っていうて。容赦ないわほんとにもう。でも、ここらあたりのうちの村だけじゃなくて、他の村落に行っても、喜ばれた方はかなりいらしたわね。そのかわり、批判する人もかなりいらしたけど。

わしと新木さんとは、良いコンビだった。暇になったら一也先生のアトリエに入って遊んだりしました。そんで、先生もそうだけど新木さんのじいさんから杉山さんなど、今はもう亡くなった、よく仏法を聞いた人たちにうんと引っ張られて、それで育ったというか、そんなことですわ。先生もしょっちゅうおいでになるわけではないですさかいに、晩になったら寄って、先生に聞いてわからんことやら、何やら自分の思っていることから、四、五人で囲炉裏囲んで、それで気持ち的にも深まっていったという感じです。

註（1）真宗大谷派の僧侶。初代大谷大学学長。私塾浩々洞を開き、雑誌『精神界』を創刊。精神主義運動を提唱した。

（2）暁烏敏。真宗大谷派明達寺の元住職。清沢満之に師事した。浩々洞の三羽烏、加賀の三羽烏の一人。

（3）藤原鉄乗。真宗大谷派浄秀寺の元住職。早稲田大学在学中に清沢満之の影響をうけ浩々洞の同人となり、出家する。加賀の三羽烏の一人。

八、大船先生に出会えて

そういう集まりは、最近では、ほとんどなくなりました。みんなサラリーマンで働きに出るようになって、なんか人とのつながりが希薄になったっていうかね。そういうことがだんだんなくなって、わしにも今年で五十二歳になる長男がおるけど、仏さんに花を立てることも知らん。たまにポロンていうけど、強制してもダメなものでね。

なんでダメっていったら、わしが小さいときにね、ご飯の前に必ず「正信偈」をあげている祖父の横に行って、一緒にお勤めしないと晩ご飯が当たらなかった。朝はお仏供《ぶく》さん（仏飯）を二つ上げて、片方を食べなければご飯当たらなかった。お仏供さん、うんまないんだ。また、真冬にね、火のない寒いところで、「正信偈」や『御文』さまを、祖父は喘息でゆっくり咳しながらあげているさかいに、あれ小一時間くらいかかったんじゃないですかね。そうしたらその間後ろできちっとかしこまって待っていないといけないから、楽なものではなかったですね。ほんやさかいに、仏法ってのは、なんて嫌なもんじゃろうと、子どものころは仏法嫌いだったんです。親父は「参れ、参れ」っていうたけど、参っても金にならんものね。そうだから、高光先生に会うまで、結構長いことそう思っていました。だから、家の息子にも、縁があれば何やけど、なかったら為にならんものやろうと。今思うと、じいさんとか親父とかの方が、わしより深いもの持ってたし、えらかったんだと思う。

　大船先生は、妙好人の話もされました。私は思った、妙好人にはなれんけど、妙好人てのは、けっして法門に通じた人でもなかったやろし、そうだけど仏法を喜んだ人だ。わしもそうだけど、とても法門を理解する甲斐性はないけど、仏法を喜ばしてもらうことはできるんじゃないかなと。

　大船先生も忙しい人だったやの。なんかそんだけね、迷うてる者を放っておけんやったんかね。放っておけなんだと思う。まあ、先生にいわれた記憶とか、そういうことしかお話できんけど、人柄についてはああやった、こうやったとかはお話できません。

　一也先生も来られて、ここで法話もして下さった。そうだけど一也先生は、有名になられましてね。大船先生のようにはできなんだです。忙しくて。法話の方も、そうだなあと思うて拝聴したけど。わしは、一也先生にも坂木恵定[1]先生にもお世話になっているけど、そうだけどね、すがっていくのは大船先生なんだよね。

ほんとにまあ、こんなこと口に出したらなんやけどね、言葉にしたらなんやけど、大船先生に会えて幸せでした。

註（1）真宗大谷派妙蓮寺の元住職。高光大船に師事した。

ただ見る世界が変わるだけ

新木　尚

一、高光大船先生との出会い

私は、大正十四（一九二五）年生まれでして、昭和元（一九二六）年というのは大正十五（一九二六）年ですので、ちょうど昭和の年号と歳が一緒なんですよ。ですので、私が大船先生に会ったのが昭和二十二（一九四七）年ですから、年齢はちょうど二十二歳でした。親父が、大船先生のお話をずっと聞いていたということから、ご縁がありました。大船先生は、『直道』という雑誌を昭和二（一九二七）年に創刊されたのですが、親父はその雑誌を創刊号から昭和十二（一九三七）年まで、ずっと毎月取っていたのです。小さい山の百姓をしながら、そうした月刊誌を取ったということはね、好きでやっとったんか、何か悩みがあったのか、そういうことは子どものころじゃわからんかった。後から親父に聞いてみたら、昔、私の家の近くに、米を精米するときの水車小屋という物があったらしいんですよね。その水車は、複雑な構造になっとったらしいのですが、ちょっと知らん者が、たまたま女の人やったといってましたけど、着物か何かを巻きこんだらしいんですね。それでその水車で大変醜い死に方をしたのを、たまたま親父は見てしまったらしいのです。それが親父が十八歳やっていってたかな。そして、十八歳でそんな姿を見たら、「いや、これは死というものは怖いもんじゃ」と思ったようで、それがもとで、親父はいろんな人の本を読み耽ったらしい。その挙句に大船先生に会い、『直道』を取るようになったのだといっていましたね。ともかく、昭和十二（一九三七）年までは、ずっと取っとったんです。今でもそれは本に綴じてあります。

それで、昭和十二（一九三七）年に何で止めたかといいますと、ちょうど日中戦争がはじまって、親父が日中戦争に一年半ほど、中国のほうへ行っとったもんだから、それでそれっきり取ってなかったようです。それから、親父が中国から帰ってきたときは、太平洋戦争のはじまる手前になったもんですから、大船先生の教えと裏腹に、日本の勝つことに一生懸命になっていったようです。小さい村から大きな町まで、皆勝つことに懸命で、そんな時代があったんですよね。

そのような時代を経て、たまたま、先ほど申し上げたように、昭和二十二（一九四七）年に、私自身が大船先生とご縁を持つことになるのです。そのきっかけは、この近くに住んでおられた杉山という人なんです。その方は、普通から見れば悪いといいましょうかね、結構道楽をして、自分の過去に自責の念を持ち、悩んでおられたのです。そんな中で、たまたま親父の所へいつも遊びに来とったもんやから、親父が「それなら、何と変わった話をする坊さんが北間にいらっしゃるから、そういう悩みをもっとるんなら一遍聞きに行ってきなさい」と、杉山さんに勧めたわけです。それで杉山さんは北間へ行くようになり、大船先生に会ったのがもとで仏法を喜ぶようになったのです。それからというもの、北間に通うようになり、先生の話をよく聞いて帰ってくるので、家にくるたびに話をしてもらっていたのです。

一番初めに聞いたのが、その当時は今住んでいるところより杉山さんも私も随分山の方に住んでおったもんですからね、炭窯を作っておったんですよね。そこで炭を焼いとったら、たまたま杉山さんの炭を保管する炭小屋が、火事で燃えたんですよね。そしたら杉山さんが「炭小屋燃えてバンザイ」と思ったというのです。自分の炭釜が焼けた、それを「バンザイ」と、これはなんと変わったことをいう人やと思っとったら、それを聞いた大船先生は、「それで良かろう」といわれたというのを聞いて、さらに、「いや、すごいことというな」と思いました。それで、そういう話がもとで、何と変わった先生がおるんだなと思ったのが、二十二歳のときの私の印象なんです。

私は、家自体は特別裕福であるわけじゃなかったんですが、そんなに、不自由もしてないし、何というかわりかた、自分でいうのもおかしいけど、この辺でも模範青年だったのです。ようするに、周囲の人からあの人を見習えというほどの、手本みたいな感じできとったんです。そういうことがね、杉山さんから聞く大船先生のお話を聞いたことによって、本当にこれで良いのかと、段々苦しくなったんです。そして、皆の手本でいようとそれ以上にまた良くなろうとする努力をし、そういったことばっかりに苦しんで、人間がこんなことじゃいかんなという気持を持ったのが、二十二歳のときでした。それで杉山さんと一緒に、北間に行くようになったのです。それからというもの、今申しました杉山さんやうちの親父、またはあなた方もインタビューされた平木年さんなんかも同じ集落にいたので、私達で私の家に大船先生に来てもらうようにしたのです。それで、一年通じて何遍か話を聞いて、私達のお座での報恩講も勤めました。もちろん、北間の報恩講さんやら、夏の講習会にも行ってね。そういうふうに、大船先生とご縁を持たせてもらったのです。

二、剥くということ

しかしあのころ、大船先生は、晩年ということもあってか、めったに個人的に何かいわれるということは少なかったです。もちろん、そういう人もいたかもしれんけど、わしはどっちかというと、一也先生にお世話になりました。一也先生は、突っ込みがうまいといいましょうかね。それこそウンもスンもいわせんほどの突っ込みで、まあ剥くというかね。

あのときは、剥くといったけど、「高光は剥くので良い」と、そういう話もあのころにはありましたよ。いや、実際のところ、剥いてもらわないと、とてもわしらなんでもない者はわかりません。大船先生は、あくまでも、仏法は徐々にわかるものではないとおっしゃいました。あくまでも、いっぺんにわかるもんだと。いっぺんに暗いということがわかると、それは明るいのだ。それが、仏法がわかったということや。まあそういうことを、おっしゃっていたのですが、その意味がなかなか私たちにはわからなくてね。そうすると、一也先生が、昔のお寺の隅っこの個室のような場所で私に、二人だけの場で徹底して話をするんです。こっちも、先生のお話を聞いていて、矛盾だと思うことを徹底的に話をしましたが、それを次から次へと潰されて、それこそウンもスンもいわさんほど閉じこめられてしまったというかね、本当にバンザイしかない状態になりましてね。そのときに、本当に何といいましょうか、こう閃きというか、本当の自分でなかった自分、あるいは自分が生かされとったんだなあという驚きと同時に、大変明るい気持ちになりましてね。そしてそこで初めて、自分というものが、「ああ、本当に自分ていうものはなかったんやな」ということを知ってね。そんなことを体験してからは、その後にこう大船先生の話を聞くと、まったく本当によく響く。あんなにわからなかった大船先生のお話が、わかるようになり、行く度にね、「ああよかったな」と思うようになりました。

それで、一也先生の例をいいますとね、「一升瓶の中へ皆さんこれまでなんじゃかんじゃと押し詰めてきたけど、その一升瓶が一滴もない、空《から》にしないと仏法はわからんよ」とまあ、そういうことをおっしゃって。そして「全部払ってしまった後から入ってくることは、同じことじゃないんだ」と。当然、「入ったことは皆、初事なのだから同じ状態のことがあっても、一遍空になった。何もかも払いのけた一升瓶は、後から入ってきたらこれは全部プラスになるんや」と、そういうことをいわれましたね。

それからもうひとつ、いつも一也先生がいっておられたのは、「運動場をこう回って、皆この出発点に並んどるんだ」と。そうだけど「仏法のわかった人というのは、ひと回りして同じ出発点にいるんだ」と。ということは「一回、ひと回りしたということは、娑婆を一回りして、よう知った。知ってこの出発点にいるんだ」と。そして「初めての方は、どんな所やろう、こんな所やろうとわからんと出発点にいるんだ」と。そんだけの違いでただひと回りしたということが、仏法がわかったということなんで、「出発点にいるということは皆一緒なんや」と、まあ、そんなことをおっしゃっていましたね。

三、大船先生の説法

どっちかというと、一也先生に絞られたことによって、そういう気持ちになったことは事実やね。そしてそれ以降に、大船先生に何遍も来てもらって話を聞かせてもらいました。それ以降本当に、大船先生のお話がわかるようになり、素晴らしいことをいう先生やなあといつも思われました。たとえば、「新木のあんちゃん、斧を持ってあんたを今切りに来たら、あんたどうする」と、私に聞かれたことがありました。そんなこと聞かれたら当然、「そんなことなら私逃げますよ」と、答えますでしょう。そういったら、「いや、本当に逃げられるか」と、そういうことがありました。でも実際は逃げる余裕もなく斧で足元を切られとるのに、まだこうして逃げられるかと、そういうことを先生がおっしゃったのを覚えています。

それからもう一つ、はっきり覚えているのは、最後の先生の説教かと思いましたけど、亡くなられた年の講習会で、寝たきりの先生がお話をしたいとおっしゃるので、私も何かお手伝いしたような気がしますけど、皆で先生を支えて、高座へ上がってもらって、お説教されました。それが最後のお説教だったと思います。それで高座から外を見たところに、ちょうど石積みの鐘撞堂があるのですが、それを見られて、一番下の石を指してね、「一番下の石に皆さんなりなさい」といわれたのが、今でも印象的でよく覚えています。

それからもう一つ印象深いのは、「有名な先生ほど、黄金の小判や」といわれて、それに対して、「ややこしいやつは馬糞や」と。しかし、「馬糞は皆、蝿が寄って集まるけども、小判には蝿は全然寄ってこないのや」とおっしゃいました。

それから、これは後から聞いたのですが、お経の文句にもあるらしいのですが、あるとき、下と前しか見ない海亀が、たまたまひっくり返ったと。だから起き上がろうとするんだけど、そしたら、コロッと起きあがるときによく空が見えたと。これが仏法がわかるということだとおっしゃっていました。仏法のわかりかたは、これしかないんやと。徐々にわかってくるなんてのは嘘やと、そうはっきりおっしゃってね。

本当にその話を聞いただけでも、なかなか最初は何をいっているのかわかりませんでした。今は、確かにこういったわかりかたしかないとは思いますが、それにはそれなりの苦労と、苦労があまりなくそれなりの者は、やはり剥かれないとわからんなあと思います。だから私は、剥かれてはじめてその気になったんやし、先ほど申しました杉山さんというのは、あくまでも自分の業への悩みから大船先生のお話を聞きだして仏教がわかったのですから。

また、大船先生にいわれたことは、ずっと私の中に残っています。私は、昭和二十六（一九五一）年まで、大船先生とのお付き合いがありました。大船先生は、昭和二十四（一九四九）年に山口県で倒れられたのですが、うちの親父と杉山さんは、ひと月以上山口に行っていたと思います。病気の先生をお迎えに行きました。

それから、大船先生が帰ってこられてから、北間へ何遍か行きました。先生は、もう部屋で寝たきりでしたが、その寝たきりの先生の部屋の枕元まで行くと、口を少し歪ませながら、本当に喜ばれてね。あのころでいうなら、孫みたいな者に対して、大変笑顔を作られて、「本当によう来た」というようなことをおっしゃってくださいました。そういう印象だけが、ずっと残っています。ですから私は、先生とのお付き合いは四年間でして、それからその後の高光一也先生、あるいは坂木恵定先生のお話を聞いておりました。

四、仏法は食べてみてはじめてわかる

これも高光大船先生から聞いたことなのですが、ニュートン(1)が林檎の落ちるのを見て重力があると発見したと。それによって、この娑婆世界というものは全部、決まってしまうとるんやということがわかったために、ニュートンは研究をやめたと。そういう話を一遍、大船先生がされました。

全部覚えているわけではありませんが、いわゆる説明が一つもないのです。説明というものが一つもない。だから聞く人によると、本当にあれでは物足りないという気持ちの人がほとんどかと思います。そうだけど、わしらからすると、もちろん聞きたいということもありますけど、そのときによって大変短い説教もあったし長い説教もあったけれど、いつも響くものがありました。それからあのころは、大船先生は本山から異安心とされていた時期で、どこに行ってもいつも迫害ばかりでした。大船先生は、迫害ばかり加えられて大変な人生を送っていらした。

そういう状況の中で、加賀の三羽烏(2)のいうことは本当だということが、私にとっては大きなことだと思います。若いころに、そういう方々に会えたということだけで、戦争等で大変な青春時代でしたが、それごと十分だったと思います。

また、大船先生は、「清水の舞台から飛び降りるような気持ちにならないとダメや」と。「いつもあんたらはわしの話を聞いとって、もうだいたいの話はわかってしまっとるが、それは崖っぷちにしがみついとって、右手を離すんやけど左手でしがみついて、左手がしびれたところに、また右手でしがみつくというようなことをしてるようなもんや」と、そういうことをいつもいわれていました。「そうやから、絶対に両方とも手を離すような気持ちにならないとダメだ」と。そういうことを、いつもおっしゃっていました。もう一つは、「自分で好きなような練り方をするな」と。今でもおはぎなんかを作るときに練るわけですが、その練り方を自分勝手にしちゃ絶対ダメやと。つまり、自分流に解釈したらダメやと。そうやからあのころに、昔の坊さんの話を聞いた人が、自分の中に自分流の仏教をイメージしてしまっているのはダメだと。自分流に自分でまとめないで、徹底して聞こえてくるものを聞かないとダメだと、いつもおっしゃっていました。聞くということは難しいことであって、なかなか大変です。ですが、言葉で聞くだけじゃなくてあくまでも聞こえてくるものが凄く大切だということを、大船先生はいつもおっしゃっていました。

また、大船先生は、「わしは人の手本にはなれん。あくまでもわしは、如来救済の見本である」とおっしゃっていました。普通に考えてみれば、大船先生なんてのは、奥さんを結局三人貰えたわけで、世間的にみれば、誰がそんなダラ(3)の話を聞くかということでしょう。はっきりいえばそうです。それほど「ご縁というものにわしは泣いた」と、いつも先生はおっしゃっていました。どうしようもない、逃げられないのです。そうだから、私は先ほどお話ししましたが、「あなた、斧で足元を切ろうと思うがどうする」といわれたとき、私は逃げるといいましたが、逃げる余裕がないのがいつもの生活やということをいわれたのだと思います。そのころは、何もただ逃げりゃそれでいいと思っていましたが、よく考えてみれば、一切のことが逃げられんことの連続やということを、先生は知ってほしかったのだと思います。

また、当時は椰子《やし》の実は簡単に日本人の手に入らないころでしたが、先生は、椰子の実を食べたことのない者が、いかに「こんなもんじゃ」といっても、残念ながら椰子の実をすっぱいような、甘いようなというのは、砂糖に酢を混ぜたほどのすっぱさか甘さかという想像しかできないと。そして、「仏法とは椰子の実を食べたようなもんじゃ」と、おっしゃっていました。そうするとやはり、仏法は食べてみてはじめて、「ああ、あほやったな」という味がわかるのだと思います。「食べなければ、後は想像に過ぎないのやから、まず食べなダメや」と、こういうことを先生がおっしゃっていたのを覚えています。

註（1）アイザック・ニュートン。イングランドの自然哲学者、数学者。

（2）清沢満之の門弟で加賀を拠点に活躍した暁烏敏、高光大船、藤原鉄乗のこと。

（3）金沢弁。馬鹿。

五、一也先生の説法

四王寺にいたときも、大船先生が来られなくなってから、一也先生に来てもらったり、私のところに来てもらうのとは別に、一也先生が隣村まで来られていたので聞きに行きました。私は、昭和三十八（一九六三）年まで、それこそ年に一回ぐらいは、坂木恵定先生や、一也先生に来てもらっていました。ところが、たまたま昭和三十九（一九六四）年から、四王寺からこの場所[1]に移って商売（箱屋）をはじめたのです。はじめてやった商売ですからね、しばらくそのままずっと商売のことで頭が一杯だったんだけど、少し余裕ができたっていうとおかしいけどね、いつも先生のことは忘れることはないんだけど、これはいよいよ一遍、一也先生を呼ぼうかなあと思い立って、ここに二遍ほど来てもらいました。そのときにお話ししてくださったのを録音したテープが、今でも残っています。だからまだ、一也先生あるいは、大船先生もですが、こんなに早く亡くなるとは思いもしなかったのですが、こればっかりは、別れるときには別れていかないといけないので。しかし一日も忘れることのないように、一也先生に、この家を新築したときに描いてもらった椿の絵があるのですが、それを寝室のちょっと目が覚めれば必ず見えるところにかけてあります。一也先生に剥かれたことで、仏法に気づかせてもらった、それがもう絶対忘れないことになっています。

考えてみると、別に仏法がわかったからといっても生活が楽になるわけでもないですし、親子喧嘩がなくなるわけでもありません。本当に何の生活の足しにもならんのです。ただ我が身自体が、見る世界が全然変わってくるのです。それはやはり、先生に会ったおかげだと思います。

註（1）石川県金沢市堅田町にある新木氏の自宅。

六、大船先生と一也先生に育まれて

人間空になれと、これが一番、それしかないということです。一也先生はいつも、空っぽになったらそこへ入ってくるものが皆、それが人間のプラスになるんだからといわれましたね。一升瓶に一滴でも残っていたら、すぐ濁りが必ず出てくる。一滴でも汚れたものがあったらダメだ、もう本当の空にしないと。これが厄介なものですね。ですから、道楽で娑婆中に迷惑かけて仏門に入る人やら、若いころに死に触れて人生が苦になったっていう人やら、仏法を聞くようになるには、そういうような人が多いと思いますが、私の場合はどっちかというと、わりかた平凡といいましょうか、何の心配もない、地域でも有名な家庭の中で育っとるものですから、何の心配もないのです。そうなのですが、今冒頭にいったとおり、先生の話を聞いたおかげで、人生の矛盾に気づかせてもらった。こんな生活をしていたら、だんだん酷いことになるなという気持ちになったということは、先生のおかげです。聞かなくては、矛盾もわからないのですね。

それで、仏法をわからしてもらってからは、お寺へ行くと必ず歌う恩徳讃でも、あれは本当にわかった人がはじめてああいう言葉をいうんであって、私たちは普段惰性でいっとるだけです。

だからね、一切が仏の成せる業なんだから、私の力がどこにあるに。何もないことがわからないと駄目なのです。自分の力が本当に何もない、何もなかったなということに徹底すれば、そうしたらもうバンザイしかないわけです。ですが、わかったって思ったその気持ちというかその心が、その断続的にというか、持続的に続くというわけではないんです。普通こうして日暮らししとったら、そんなことといちいちこうやったらこう思えたっていうことよりか、大きい悩みごと。いうてみればね、そういうものができた場合に、はじめて自分というものを見直すね。自分というものはああこうやったという、そういう自分を見直す。そういうことが、一番大事なんであって、普通家でこうしとるときにいちいちわしは仏法わかったとかこうやるとか、そんなことでなくってね。そんなことは必要ない、そのままで行けばいいやないか。

　そうやけど、たとえば、一也先生から、奥さんや子どもはいつか死ぬものなのだから、がっちり握まずにうじゃうじゃと持っとけということをよくお聞きしておりましたので、なんていいましょうか、前の家内が死んだとき辺りでもね。本当に仏法をいつも聞いとったおかげで、卑下慢かもしれんけどあまりにも悲観をしなくてよかったです。なんぼ家内であろうと、どうもしてやれんのです。また、子どももそうです。我の力というものは、本当に何も無力ということを、そういうどうにもならないことから、ますますそれによって知らされていくのです。元々、力があると思っとった奴が、ないということを教えてもらうのだから、本当に大事なことです。ですから、どんな話を聞いても、これ以上変わらんことがわかる。変わらんことがわかることです。変わればおかしいのです。それは新興宗教なら変わるかもしれませんが、人間の気持ちが精神修養したって変わるもんでないと思います。そんな、変わったら良いのにという思いが破られて、その思い全体が大きい力によって動かされとると。いつもどんな場合でも、我以外の力によって動かされとるのが、この娑婆やってことがわかれば、変えなくても十分です。

　そして今、村上堅正[1]さんの本にも書いてありますが、大船先生、一也先生の、「きめるな、きめるな」「何やろな」という言葉や、あるいは高光一也先生が一切の人と、それが自分の妻であろうと、親父であろうと、兄弟であろうと、うじゃうじゃと持てという言葉に、肩の荷を降ろさせてもらっています。やはり、生活は面白くなければなりません。

註

（1）『信は生活にあり――高光大船の生涯』（水島見一著、法藏館）のこと。

空っぽになったぞー

平田友子

一、聞法のきっかけ

やっぱり家が貧しかったことと、結核になったということです。生家が床屋なのに、結核になったのです。床屋で結核といえば、商売繁盛せんわけです。しかも、母親は早く亡くなるし、女ばかりの家庭で男が兄一人のもんで、大事に育てたって母はいってたけど、兄自身は床屋をあまり喜ばず、演劇とか文学とかそんなようなことに走って、商売も熱心にしませんでした。それで私は、中学のころから、もう床屋の手伝いしとったのです。そのような兄やったので、お嫁さんをもらわないかんけども、なかなかつてがなくて、それでようやく来たお嫁さんが結核の人やったのです。そのお嫁さんがおいでてから、私は、妹に対しては母親役をし、娘役はもちろんするし、また小姑という役もやってね、いろんな立場立場でいろんな自分を演じ分けるようになって、変な話、おかしくなりかかってしまったのです。そんなときに、水島さんのとこのお母さん(1)に相談したら、それはお寺で話聞くのが一番といわれて、そこからお寺参りはじめたのです。

水島さんとこのお母さんは、ご自分のお父さん(2)に似とるいうかね。正直な人なんです。で、ちょっと好きな人にはすぐ夢中になったり、それから珍しいことがあれば走って行ったりするような天真爛漫な人で、ちょっと普通のお母さんらとは違ってました。最初は、水島さんの義理の娘さんと私が同級生だったんやけど、その人とではなくその人のお母さんである真見さんと友達になったんです。良い仲でした。真見さんの旦那さんの病気の時分も、付き合いしとりました。そのころはまだ、仏法の話は全然してませんでしたが、行ったり来たりしとるうちに、自分のとこにだんだんと悩みが多くなって、チラッと話したら、お寺に行って話を聞くことが一番やといわれたのです。

それで、お寺に初めて参り出したのが、二十六歳ぐらいで、結核になったのはその一年後か二年後かな。水島さんとこのお母さんもそうだと思うのですが、悩みごとが多かったのです。毎日毎日すべてのことに、小姑の立場にもなったり、娘であったり、親代わりとして母親の立場になったりで、いろんな役割役割の悩みが出てきて、やっぱりじっとしとれんだ。それで聞きに行ったのがきっかけです。

註（1）高光大船の娘、水島真見のこと。

（2）高光大船のこと。

二、他力という言葉との出会い

私の近所にもお寺はあったけど、一番先にお寺参りに行ったのはね、城端別院（1）でした。おばあちゃんばっかりの中に若いのが私一人だけだったので、ちょっと恥ずかしかったけど、一晩泊まりがけでお参りしました。そこに、当時新聞に出とったお坊さんがおいでて、その方がお話されました。そしてそのお話の後に改めてその新聞読んでたら、そこで「他力」という言葉に一番先にひっかかりました。こんな言葉初めて知ったしね。それで、あらと思って、それまではやっぱり自分で生きてると思うとった。その中で、お嫁さんの存在も生きる力やったり、それからいろんなもんが私に生きる力になってくれとると思ってちょっとびっくりしたことがあってね。それからは、何かちょっと興味というか、聞くということが、初めてのことばっかりで、わくわくするようになったのです。やっぱり、普通の変化とは違う。なんていうのかな、自分の生きているという考えが違っとった。毎日、あれせんなこれせんな、という生活から、ちょっと変わった立場から見るというかね。そういう悩みのあれこれが、今の私が生きとった力になっとったいうことに気がついて、そしてそれからは何か聞かずにはおれなくなりました。最初は、そんな感じでした。ともかく母親が早く亡くなっていたので、家のすべての役割したり、そうこうしてる自分も結核になり、そういう悩みが多かったです。

でも、他力という言葉に出会ったときは、確かにね、ピレッとひっくり返ったというかね、ちょっと世界が違うと思いました。今までの自分の思っている生き方と違っとって。今までのが生きとるいう感じじゃないなと思いました。やっぱりちょっと生かされとるいうか。自分事じゃなかったみたいな。なんか力がはたらいてくれとったいうことに気がついたのです。

註（1）　真宗大谷派城端別院善徳寺。富山県南砺市。

三、坂木恵定先生

それから、水島さんの呼びかけで、坂木恵定先生のお話を聞くようになりました。そのとき、水島さんも何かで悩みごとがあったんじゃないかな思います。それを見かねて、坂木先生が、ほっとけんというて来てくだされた。水島さんのおった所に、毎月毎月来ていただいとりました。水島さんと、仲良しの友だちと私の三人だけでした。もう一人の方は、未亡人で息子が東大に入ったことを村中に自慢して歩くから村から浮いていた人でしたが、水島さんとは仲が良かった。そこに私も入って三人で、足引っ張ったり、いいたいことをいい合ったり、泣くやら吠えるやらも一緒にやってきた、とても良い仲間でした。あの時分は、本当良かったです。はっきりはわからんかったけど、今考えたら水島さんもなんか悩みごとあって、真剣にお話を聞きに走りまわっていました。やっぱし、生きとる場所ちごうもんで、各々のところからの出ることで悩んでたんだけど、ちょうど、水島さんの悩みのあるときと、私の悩んでいる時期が一緒やったから、話を聞くということにスッと入っていけたんだと思います。本当に良い友達でした

坂木先生の話は、まったくびっくりすることばっかりでした。私は、坂木恵定先生の先生である高光大船先生のお話は、直接聞いたことはないし、お会いしてもおらんのやけど、水島さんからはいろんな話は聞いとりました。なんてですが、話に聞いとるのと、実際直接お会いしてお話を聞くのとではやっぱり違って、とても驚きました。なんていうのかな、坂木先生はいうことは柔らかいように聞こえるけども、鋭かったというかね。口ではうまくいえないですが、なんでもない毎日の日暮らしの中での気付くことを大事にしておられました。毎日毎日、一息一息いうか、思いの出ることに気づけいうことでした。そうしたら、自分に会えるというておられました。今にして思うと、ちょっとモタモタするような、ごまかすような話じゃなく、初めっから良い先生のお話聞けて良かった思います。他力という言葉に出会っての最初の閃きの後に、坂木恵定先生のお話を聞いたので、坂木先生の話が一番響きました。

四、大船先生の僧伽

それから北間の夏の講習会に、続けて四年か五年ほど参加しました。その雰囲気は何ともいえんもんでした。私は北間へは、泊まりがけで行って講習会のときの枕カバー縫ったりしたから、そこに集まっておられたおばあちゃんらと一緒に過ごしました。また、寝るときは北間のおばあちゃん[1]と一緒に寝たりしました。そこに集まっておられたおばあちゃんらが、またすごいおばあちゃんたちなのです。損の得の欲のっていうものがちょっと吹っ切れたような感じでした。そんなおばあちゃんたちがいっぱいいた。わたしらは聞いとるときに、「いろんなこと考えて合格したぞ。ああよかった。これで悟った」という証拠が欲しくて、聞いても聞いてもまだたりない気がするのです。ですから、さかりにそのおばあちゃんたちに、自分の思ったことをいうと、「判子押して欲しいか」とか、「よいぞいうてほしいか」とかいわれる。そんで「生きとる間そうやよ」とかいわれるのです。けど、いわれてもいわれてもね、やっぱり判子押してもらいたいという気持ちが出てくる。それで良かったいうてもらいたくてね。

また、そのときは、福光[2]にも昔から大船先生の仏法を聞いてるおばあちゃんらで、鋭いおばあちゃんらが三、四人おいでたのです。だから私らが、ちょっとモタッとなったりすると、そのおばあちゃんたちの方へ走るわけです。「そうやない。こうやぞ」っていうてほしくってね。ところがそんなことは、一つもいってくれませんでした。答えは貰えないのよ。そうじゃない、こうやとかって、一つもいわれんがやけど、ちょっとそこへ行って話を聞いてくると安心して、また生活に戻る。その繰り返しでした。それで毎晩毎晩、水島さんと夜が明けるまで喋ってね。繰り返し毎回おんなじことといいあったものです。

ともかく、そのばあちゃんらが、よく仏法を聞いておられました。たとえば、若いお坊さんでお酒飲んで、聴衆の点を取るようなお話をなさる方がおいでるわけ。聞いとれんで、聞いとれんで、腹立って、お話終わってから、今日の話はなんか金欲しさにいうとる感じやとか、生意気なことをそのおばあちゃんらにいうたら、そのおばあちゃんたちも、今日の話は「おばば騙しだ」とかいうてました。そのおばあちゃんらが、私らをひっぱってくださったわけです。そのおばあちゃんらが若いころ、大船先生がよく福光に来られておったようです。なんかに躓いたりすると、そういうおばあちゃんらのところへ走るのです。耳鼻科のお医者さんのおじいちゃんもおばあちゃんも皆、高光大船先生のお話を聞いとった人でした。そういう方々がまだ残っていて、私が本当にラッキーだったのは、そういうおばあちゃんらに会えたいうことです。その後、そういうはっきりした方々は、誰もおいでませんでしたから。

註（1）高光大船の妻、勝栄のこと。
（2）現富山県南砺市。

五、聞き抜いたおばあちゃんたち

そういうおばあちゃんらとは、特別にお話をいただいたとか、そういうのではないんです。なんでもない話を黙って聞いとってもらえて、一つ一つ出る言葉から、なんと外れたことで迷っているなと思わされるのです。おばあちゃんらに話を聞いてもらうまでは、迷っていることさえわからんがね。たとえば、自分が今まで母親代わりにしてきたことや、家の中でちょっとやってきたことを、今の兄貴の嫁さんがやるようになると、それが気に入らないのです。それをおばあちゃんらにいうと、「ああそれは姑の根性がでとるがや。お前そんなもん関係なかろうが」といわれて、それで終わりです。だから、ちょっとしたことで、モタモタモタモタと考えとるより、そこへ行けば、スパッといわれるから解決が早い。二日も三日も悩んどることないというか、本当にそういう感じでした。そんな体験することは、良いことだと思います。だから、悩みもなく、ボーッとしてるというのは、つまらないと思いますね。

福光ってところは、お寺だらけで、各町内に一つずつお寺があるほどなのです。それで、お説教がない日は、一日もありません。ほんまに各お寺でお参りごとのない日は、一日もないような町なのです。でも当時「あのお寺さんの話は良いよ」とかいわれて、お寺に参ったりもしとったけど、お門違いの、道から外れたみたいな所で話しとるで拍子抜けでした。でもそこに聞きに来ているおばあちゃんらが、やっぱりすごかったのです。私のように、生活でちょっとモタモタして、なんともいえん顔しとると、「あのお母ちゃんなんかおかしないか」いうて、様子を見に来てくれるのです。それで、「こんな話聞いとったらあかんじゃ」「こっちの話聞きに来い」というて、そのおばあちゃんらの話してる輪に誘うてくれました。福光は、説教のない日はないわけで、どこかのお寺でお参りごとがある。そして、会座が開かれているお寺に行けば、そのおばあちゃんらの誰かは来とるわけです。そのおばあちゃんらは、自分らが話を聞くことも大事やけど、モタモタッとしとる人がいれば、心配してくれる。だいたい、その忙しい時間帯にお寺に行くということは、悩みごとがあるからですもんね。そういうふうに、おばあちゃんらに育ててもらいました。

六、空になる

ほんで、そんなんやって、聞法に走ってまわって、それまではおばあちゃんらに認めて欲しかったのやけど、ある日私は、最初から空っぽだったということに気づいて、それまで聞法したことを書いていた日記もパパッと止めたということがありました。雨が降ったの晴れたのって、なんじゃこりゃつまらんことといっとるわ、そんなこと、なんもいらんことやったと思ってね。しかし、止めたということにも、気がつかなかったほどでした。それに気づいたんはね、後からあの時分になんか書いとったはずやと思うて見たらね、空っぽでよかったということに気づいたころから日記を一つも書いてない。それはちょうど、結婚する少し前の時期だったと思います。結婚したのが、三十二歳やからね、三十歳前後のことやと思います。二十五、六歳から、結婚するまでの間は夢中でしたね。それこそ、なんか聞かずにはおれんというかね。でも、仏教がわかるってのは、感じればもう一発でそれで終わりなのです。その気づきがないと、聞いても聞いてもなんか足りんような気が止まないのですが、これはなかなかちょっと気がつきにくいもんだけど、気がつけば「ああ簡単なことやった」というもんです。その気づきは、特に坂木恵定先生が「空っぽになる」というお話をしている最中に気づいたんじゃなくて、空っぽということと関係のない話をしているときに、フッと気づいた。なんかね、こういう話を聞いてこうやったからなったというわけでなく、話を聞いてるときに、今までのがポーンッていうようなもんです。その気づきを坂木先生にいったら、坂木先生は「空になったぞー」というて喜ばれて、句を書いてくれたことを、今でもよく覚えています。

七、仏法に出会って

空ってことに気づいてみれば、ほんと良い儲けもんしたと思います。何を求めるわけでもないけど、何を求めようが、それに勝る儲けもんはありません。だから、仏縁いうたらやっぱり友だちやね。その気のない人のところに、どれだけ行っても無駄ですし、やっぱり水島さんのとこに行ったっていうので救われたね。なんか同級生とは、世間話しかしませんから。仏法があるところに行くと、やっぱ本当の悩みいうか、そういうものを引き出してくれる。おばあちゃんたちもそうでした。

そんな感じで、結婚するまでずっと、坂木先生のお話を聞いていました。けど、結婚してからは全然で、そういう縁から離れてしまいました。そうやけど、結婚してから一人、石田のおばあちゃんがどんな生活しとるか心配で、乗り物にも全然乗らんおばあちゃんやったけど、訪ねて来てくれたことがありました。とても嬉しかったです。

しかし、結婚してからは一見、聞法から離れたようだけど、生活と仏法は切れない関係にあるから、心がすっきりするいうか、解決するには、やっぱり仏法しかありません。それこそ物欲いうか、物につながったり金につながっとるときは、もう次々捕まっていくけど、スパッと切れるところは、やっぱり仏法しかありません。正体を見るいうか、水島さんの名前やないけど、真実を見るいうか。見る機会をもらったいうことやね。気づかしてもらったいうことです。

長川一雄先生との出会い

山上一宝

一、生い立ちと家庭について

生い立ちについてのお尋ねということだから思い出すままに話をすれば、俺の人生には二つの大きな出来事があったね。一つは戦争で、もう一つは長川先生との出遇いだね。俺は昭和四（一九二九）年四月二十日に下谷区御徒町[1]で生まれたんだけど、父親は日が昇るともう働いているような腕のよい職人で、また母親は天使のような優しい人だったから、俺は嫌なことなど何もなく健やかに育ったね。小さかったから、生まれた時代がどのような状況だったのかは知る由もなかったけど、そのころから日本は、中国を相手に戦争をしてたね。ただ、遠い異国でのことって感じで、国内は静かで表向きは平和だったな。俺には姉が一人と弟が二人いたから、子育てに腐心していた父親は自転車のサイドカーを付けて俺たち兄弟を乗せて幼稚園の送り迎えをしてくれていたことなんかはよく覚えてるよ。そのうち俺も幼稚園を出て、小学校に行くんだけど、家の前に公立学校があるのに、わざわざ電車に乗って小石川に有った私立の小学校に行ってたな。父親が教育熱心だったんだろうな。学校には良い友達が沢山いたから楽しかったよ。でも、小学校六年の昭和十六（一九四一）年十二月に太平洋戦争がはじまって、最初は日本は勝ってたんだけど、長くは続くわけねえよな。そのうちアメリカの反撃が本格的になると、空襲がはじまり、俺ん家は早々に焼けちゃったんだよ。幸い家族は皆無事だったけど。まあでもひどい状況だったよ。だから中学一年のころは普通に授業もあって、運動会もあって、いかにも中学生らしかったけど、あとは学徒動員でほとんど学校なんて行ってないよ。空襲警報が鳴るとさ、防空壕に入るんだよ。そんな生活だったよ。

学校に行ってないから、そのころは濫読で、いろいろなものを読み漁ったんだよ。だけどきちんと読みはじめたのは、長川一雄(2)さんに会ってからだよね。それからだよ、安田先生(3)とかなんとかっていう仏教の本を読みだしたのは。

本を濫読していた動機なんて、そんな偉いもんじゃないよ。小説かなんかを読み耽っていたからね。俺はやっぱり、ロシア文学だったらツルゲーネフ(4)の本が良かったね。ドストエフスキー(5)は、難しくて読まなかったけど。あのへんを読み漁ったり、ずいぶん読んだよ、小説は。今は全然読まないけど。だから、読書家だったことは確かだよね。仏法なんていうのじゃないけどね。だからそういうのはどっちかといえば、素質があったんだよね。子どものころは、そういうのに惹かれた面はあったんじゃないかな。

そんな中、昭和二十（一九四五）年三月に強風の中での焼夷弾攻撃があって、東京の下町の大半は焼けちまったんだ。十万人もの人が亡くなった。それでその半年後の八月に、広島、長崎に原子爆弾が落とされて、八月十四日にポツダム宣言受諾だよ。もう激動の時代だったな。昭和のはじめから続いてた長い戦争は終わったわけだよ。俺、というか俺たちの世代は、二十歳になったら兵役にとられ戦場に送られるって思ってたから、みんなにとって戦争の終結はなによりの朗報だったんじゃないかな。

俺は終戦後、大学受験を諦めて家業を継ぐことにしたんだけど、一緒に働いてみると父親のくれる給料は驚くほど少なくて、服も買えないし、遊ぶこともままならなかったんだよ。しかし父親が相手じゃストライキをする訳にもいかねえし、憂さをはらすには酒を飲むしかなかったんだよ。だから俺が大酒飲みになったのは、父親に対する不満が原因で、俺の趣向の問題じゃないんだよ。それで、相変わらず不満を抱えたままだったけど、三十一歳の時結婚した。新婚生活は幸せだったよ。よく文句ばかりいう妻も今でも元気だし、娘二人、息子一人にも恵まれたからね。並々ならぬ大恩を受けた父親も、三十六歳のとき他界したんだ。それで、父親の後を継いで商売やったら、ぜんぜんうまくはいかなかったけど、それまで父親に任せきりだったお寺の行事に代わりに行くようになったんだよ。それで長川先生に出遇う契機になったってわけ。これは有難いことだったよ。

註

（1）旧町名。現台東区台東一丁目。

（2）真宗大谷派正蓮寺の元住職。曾我量深、高光大船に師事。

（3）安田理深。真宗大谷派の学僧。金子大榮、曾我量深に師事。私塾相応学舎を設立した。

（4）イワン・セルゲーエヴィチ・ツルゲーネフ。ドストエフスキー、トルストイと並んで、十九世紀ロシア文学を代表する小説家の一人。

（5）フョードル・ミハイロヴィチ・ドストエフスキー。十九世紀ロシア文学を代表する小説家、思想家。

二、聞法の機縁

俺は、特別伝道[1]をきっかけに聞法しはじめるんだけど、その特伝をはじめて受けたのが、昭和四十六（一九七一）年くらいじゃないかな。俺が自分の寺に顔を出したときに特伝の話があって、各寺から二人ずつ出してくれといわれて行ったのが、長川さんに会った最初でね。そのときは、鳥取の方の講師の先生がメインだからね。長川先生は教区の駐在教導(2)で鞄持ちとしてくっついてきただけだから、喋る機会なんてなかったんだけど、座談会のときにちょこっと喋られた言葉が印象に残って、この人は面白いなと思ってね。そう思っているときに、親鸞教室(3)があって、講師の名前を見たら長川先生だったもんで、さっそく参加したのが浅草、親鸞教室で年十回だったな。そこで、長川先生が高光大船の弟子だということを知ったんだよね。テキストは『歎異抄』の第二章だったけど、先生の話はすぐ脱線してね。あんまりテキスト通りにお話をする人じゃないからね。喋ってるうちに、話が他にうつちゃうんだよね。でもその他がおもしろいんだよね。高光先生がこうおっしゃったとか、自分が求道した中の話だからね、極めて具体的なんだよね。学校の先生みたいに、教科書の丸写しみたいじゃ面白くないしね。やっぱり先生の世間に当てはまらない、型破りなところが俺には合ったんだろうね。先生のああいう人柄がね。

註（1）本廟奉仕、推進員教習と並ぶ、同朋会運動の三本柱の一つ。指定の組、地区において同朋会運動の徹底と、推進員になるべき人物を見出し、後の地区の中心となる門徒を養成することを目的とした計画。
（2）駐在教導のこと。本山の宗務役員で派遣された特定の教務所に常駐し、教化事業を中心にする職員のこと。
（3）真宗大谷派が主催で各教区で行われた聞法会。

三、長川一雄先生との出会い

俺が仏教に出会わせてもらったのは、やっぱり長川先生だよ。最初の特伝以降、仏教には多少関心があって、色々なものに引っ掛かってはいたけど、具体的に高光大船とかね。結局長川さんもそうなんだけど、浩々洞(1)の流れなんだね。長川さんも、訓覇信雄(2)さんもね、坂木恵定さんもね。

何で特伝で、駐在でほとんどしゃべらなかった長川先生の存在が気になったのかというと、そのころ集まった台東区の会はね、坂東報恩寺(3)だとか、あの周りのお寺が四か寺くらいで会をこしらえてて、そこの座談会で、お風呂屋のオヤジだったけど、自分が世話になった主人の奥さんが具合が悪くなって死ぬかもしれないから、どんなことをいったら慰めになるかとか、つまらない話をしてたんだよね。そしたら長川さんが、偉い坊さんが死に懸けたから、どんな立派な死に方をするかと思ったら、苦しむやらへドを吐くやらウンコするってな話を平気でしてたわけだよね。だけど俺は、それが当たり前だなって思ったんだよ。そんなさあ、山岡鉄舟(4)が白衣に着替えて座禅を組みながら死んだなんてないよなあ。

だから、長川さんがそういうことを平然といったから、「ああこの人、本当のこといっているな」って思ってね。格好つけてないってことだよな。それで、この人は面白い人だなって。それで俺は、親鸞教室に行って、先生の話を聞けば聞くほど、俺が長い間求めていたのはこれだなって思ったもんね。俺は学校の勉強なんか、ぜんぜん真面目にしたことないんだよね。もちろん、戦争ってこともあったけどね。だけどこのときは、えらい真剣にやったよ。ものすごい真剣に学んだね。まあそんなこんなで、長川さんには惹きつけられてね。

その後、長川先生も教区の駐在教導をやめられて、宗務所の嘱託になったときに、千葉の行徳に場所を移られて、行徳庵という念仏の道場が開かれた。そこで毎月一回聞法会があって、十二月には講師が必ず訓覇さんだったんだよ。そんなことでね、訓覇先生にも教えをいただくようになった。長川さんにいわれて、金蔵寺(5)の研修会にも二、三回行ったことあるかな。そのころは、安田理深先生だったよね。安田先生の話なんて、最初行ったときはまるっきりで、ドイツ語かなんかでわけわかんなかったけど、あそこで『はじめに名号あり』って本が出てたんだよな。それを買ってきて、熟読するうちに、安田先生の話も少しは了解できるようになり、初めて安田先生の話がわかって、それから俺の真宗の理解っていうのは、安田先生を通しての理解だよね。だから東海相応学会[6]が出した『親鸞における救済と自証』も買って、ずっと連載してた「信巻」の本もずっと読んで、今は本多弘之[7]先生を読んでるね。うちで西本[8]さんが来なくなってからは、曾我量深[9]先生の『歎異抄聴記』を輪読して、もう終わっちゃったんで、今は本多先生の『新講教行信証』の「総序」を、このあいだまでやってて、今は「教巻」を輪読してる。それであとは、それについて多少質疑してね。まあ、あとは三時ごろから飲むんだよな。そっちがメインなんだ。あんまりお勉強は好きじゃねえんだよ。でも別に偉いことする気はないけど、気づいたら長川先生が亡くなって、二十四、五年だからね。あの人は、昭和六十（一九八五）年に亡くなっているからね。それから俺んちだよ。先生は十二月に亡くなって、翌月からは、うちで行徳庵を引き継いで、それが今日までずっと続けているんだよ。ほとんど休んだことないね。それで、七月の第一日曜は一泊研修で、長野県の塩尻のお寺で一昨年までやっていて、去年は湯河原でやって。今年は、今週の末に岩手の常盤[10]先生のお寺に行って、一泊研修をやることにしてね。それとあとは、十二月には報恩講だね。ここの人だけではなくて、真宗会館で二、三十人ほど呼んで、それもずっとやってるんだよ。そっちの報恩講は、有名な先生を呼ぶからね。だからそんな形で、聞法という形はずっと続けているんだよ。まあ半分以上は飲んでいるけどね。だから長川先生がお寺という所は面白いところにしなきゃいけないっていうから、頑張っておもてなしをしようと思って。

註（1）清沢満之を中心として開かれた真宗大学の学生らの私塾。主な同人に、浩々洞の三羽烏と呼ばれた、暁烏敏、

佐々木月樵、多田鼎や、曾我量深等がいる。

(2) 真宗大谷派金蔵寺の元住職。元真宗大谷派教学部長。元真宗大谷派宗務総長。曾我量深、高光大船に師事し、真人社を結成。教団の近代化をすすめ、同朋会運動の中心となる。

(3) 東京都台東区にある、真宗大谷派報恩寺のこと。

(4) 幕末の幕臣。明治期の思想家、政治家。明治二十一（一八八八）年、皇居に向かって結跏趺座のまま絶命した。

(5) 三重県三重郡菰野町にある訓覇信雄の自坊。

(6) 安田理深の主宰した相応学舎の流れを汲む、愛知県豊川市で開かれていた会。

(7) 真宗大谷派の僧侶。東京都本龍寺の現住職。現親鸞仏教センター所長。

(8) 西本文英。真宗大谷派の僧侶。元真宗大谷派社会部部長。

(9) 真宗大谷派の僧侶。元大谷大学学長。大谷大学名誉教授。清沢満之に師事し、浩々洞に入洞。

(10) 常盤知暁。真宗大谷派の僧侶。岩手県安称寺の現住職。

四、行徳庵の僧伽

今、ここに「行徳庵」っていう額がかかってるけど、聞法会のもともとの場所は、千葉の行徳っていう駅前にね、一階が銀行になってて、もう本当に駅の改札を出て交差点渡った角にマンションがあって、そこの五階か六階でやってたんだよ。だけど嘱託の長川先生の給料が十一万円なのに、家賃が十万円なんだよ。それで十年やったんだから。だから長川先生の家が、真宗同朋の会の会所の一軒になればね、半分くらいは宗務所から家賃が出るからね。俺が交渉しようかっていったんだけど、先生は絶対に止めてくれっていうわけだよ。そりゃそうだよ、あんなところが会所の一つになれば、向こうのいいなりにならなきゃならないからね。たかだか家賃半分くらい出してもらっただけで。先生は、こうしなきゃならないとか、そういうのが絶対に嫌だったんだよ。やっぱり自分の考えた通りにしたいって、結局いらないっていったんだよ。だから「私はこの歳になれば背広もいらないし、本もたくさん買ってるから」とかなんとかいって、いいですっていって。だけど亡くなっちゃったからさあ。だから俺の頭には、家賃しかないから。マンションを解約して、会所を俺んちに持ってきたら家賃もいらないと思って、持ってきたのが今続いているんだよ。やってみると、金なんてかかんねえよな。みんなから会費もらうからさ。

でも長川先生がいたころは、もう十二月の報恩講に訓覇先生が来るときも、マンションなんて3ＬＤＫくらいだからね、もういっぱいだよ。だからね、大変だよ。明日報恩講だっていったら、みんな前の日に行って、テレビとかは納戸に放りこんで。それでこの部屋よりでかかったかもしれないけど、六十人くらい来たんだよ。3ＬＤＫに六十人も入るんだよ。訓覇さんは、部屋の角のところで座ってて、でも喜んでたよ、訓覇さん。だって東京の寺の集まりっていったって、お墓つきだからね。家康が関東に入ったときに連れてきた寺だからね、坊さんは。偉いと思っているんだよ。坊主の方が、格が上だと思ってるんだよ。権力者の手先だからね。ご門徒と一緒に勉強しようなんて気は、あんまりないんじゃないの。江戸幕府以来、恐らくずっとそうだよ。本当に現世利益ばっかりだからな。お寺は、「人生とは何なんだ」っていう話をするところだと思ってないんだから。だからいけないんだよ。ところが、行徳というところは、ただ長川先生と教えだけの付き合いの人が六十人くらい来たんだから。訓覇さんは喜んでね。「これが僧伽だ」っていって喜んでたよ。そりゃそうだよね。本当に教えだけの付き合いなんて、東京にはないもんね。訓覇さんも喜んだし。あの人は、話が上手だしね。俺もあの人と酒飲んでて楽しかったよ。たいがい酒飲めば楽しいんだけど。

それと俺は、坂木恵定さんにも惚れこんじゃってね。坂木恵定さんもね、浩々洞の流れなんだよ。高光大船の二番目の娘さんを、奥さんにもらっているんだし。坂木さんは、酒を一滴も飲まないけど、俺の酒の相手をしてくれたから。お酒が弱くて、体質的に飲まなかった人だったんだけど。だけど、俺が行ったら玄関先で、「山上さん、能登から美味しいアワビをもらったから一杯やっていきなさい」なんていってね。それで目の前にちょこっと座って、人が飲むとお酌してくれるんだよ。先生みたいな偉い人に、お酌してもらっちゃ俺は飲むに飲めないっていって、うんと飲んできちゃった。でもまあ、愉快な人だったよ。まあ俺の仏法の最高の宝は坂木さんだね。ああなりてえよ実際。本当にすごい人だったね。

五、自分が見えた

長川先生を筆頭に、いろいろな先生方に出会わせてもらってはっきりしたのは、やっぱり自分が見えたということだよね。仏法を聞いて、自分が見えたってことだよね。だからそれまで、ノイローゼになったりするってこともあったけど、そりゃ仕事がうまくいかないってこともあったけど、やっぱり格好つけていたんだよな。愚痴だよな、ノイローゼになるとかいったって。言い訳しているよ。本当の自分が見えたら、それが当たり前だと思ってね。だからそれから楽になってね。あのときは、おもしろいよね。粗末な自分が見えたってときに、それじゃあ粗末だから何もしないかというと、そうじゃなかったもんね。粗末な自分が見えた途端に、「ああこれが自分なんだ」と思ったら、あとは背伸びしないで自分のやれることさえやればいいんだって。こうなったもんね。それまでは見栄があるからさあ、俺が幹事やって誰も来なかったら俺のせいなんじゃないかなんて、つまんないこと考えていたんだけど、それからは知ったこっちゃねえって思って。そしたら、そんな心配しなくても、お客がどんどん来るようになって。いずれにしても自分が見えるということが大事なんじゃないのかねえ。仏教の救済なんていうのはそうだよ。自分を受け取れるかどうかという話だよね。安田理深先生の本の中でさ、「自分を嫌うような心が自分をくるしめるんだ」って書いてあってさ、この人はたんなる学者じゃないなと思ってね。人としてずいぶん苦しんだ方なんだって思ったね。そういう言葉が出てくるなんてね。確かにそうなんだよね。自分を嫌うような心が、自分を苦しめるんだよね。だから自分を嫌うということは、自分をいただけてないということだから。坂木先生だって、結局「自分が尊いということは、何も自分の身につけたこととか、地位とか学歴とかそういうもので偉いわけじゃない。生まれたままが尊いんだ」っていって。そりゃそういわれたら、その通りなんだよ。俺っていうのは、世界中に一人しかいないんだから、人と比べようがないんだよな。どこがどうであろうとさ。だから頭が悪いと思ったら、一生懸命勉強したら良いしね。何も愚痴をいうことはないし、金がないと思えば働けば良いんだから。

だからそんなことをいってたら、小林勝次郎さんなんて人みたいに、二十六歳のときに働かなきゃ死ぬっていうなら、それが嘘か本当か決めてやろうということで、それから働かなくなっちゃったって変な人がいるんだよ。収入があるような仕事をしないで、子どもを八人つくってさ。そういう人がいるんだよ。実証してるんだよ。それでものすごい豊かだって。安田先生もそうだね。奥さんに働かせてさ。京都の本屋で立ち読みしてたら、ハタキを掛けられたっていうんだよな。でもやっぱり、ああいう人がいるんだよなあ。凄いよな、安田先生なんて人は。

六、長川先生の人柄

長川さんとは、浅草の親鸞教室ではあんまり飲まなかったけど、教化委員になって先生とどこかに行くと、帰りに一杯飲んだり、行徳に移ってからもよく飲んだね。だけど偉い人だったよ、長川さんって。だって、親鸞教室に来た人が入院なんかすると、必ず見舞いに行ったもん。ただあの人は方向音痴だからさ、どっちに行っていいかわからないんだよね。そしたら「山上さん、すいませんけど連れてってください」って。こっちもそんなことしていられないんだけど、ずいぶん行ったよ。いろんな人が病気になったって手紙をくれたりすると、必ず見舞いに行くんだから。だからまあ、同朋会運動は本当に大変だよ。いわれたからやるじゃなくて、それ以上にね、人と人だもん。だから能村さんという人から手紙をもらって、調布に二人で行ったときも、駅前で千円ずつ出し合ってお土産を買って持って行ったりね。だから同朋会運動をする駐在さんなんて、こんなことをしなきゃいけないのかなって思ったよ。大変なもんだよね。

だけど長川さんなんて、けっして自分の客集めなんてつまんないこと考えてなかったよな。本当に、教化ということに命を懸けていたもんな。だから長川さんが亡くなった時に、九州の自分の寺と、京都の専修学院[1]と、それから坂東報恩寺の三回もやったんだ、お葬式を。三回目のときに訓覇さんも来て、ご挨拶してくれたんだよ。そのときに訓覇さんが、「自分の親しいお友達が亡くなったということもあるけど、そうじゃなくて仏道のために一生を捧げた念仏者の死だから、痛恨の極みだ」という話をしたんだよ。そのときは、本当にそうだと思ったね。長川さんは、本当に一生を仏法のために費やした人だったんだよ。立派な人だったよね。お役人根性なんて、一つもなかったよね。ご本人そのものが、仏法が大好きだったよね。だから駐在なんて今考えたらいくらでもできたんだよ。本当に念仏者だったね。俺なんか、自分の親父より好きだったよ。あの先生とは何でも喋れた。まあでも素敵な人だったな。人生であの人に会ったらもういいやって。やっぱり仏法は出会いだよな。

我々に対する説教も、自分が響いたところだけしか喋らないからね。聖典の言葉でも何でも、自分がこたえたとこだけしか喋らないから。自分の身を通したことしかね。だからすべてそうだよ。高光さんだろうが何だろうが、自分に響いたことしか話をしないからね。だから上手というわけじゃないけど、説得力があったね。たいしたもんだよ。

長川さんが、京都の専修学院の院長をされていたときも、行徳庵の報恩講なんかはこっちでやったんだよ。だからそれまでは、長川先生が東京にいたときは、先生自身が訓覇さんをおでん屋に連れて行ったりしてたけど、京都に行っちゃったら帰ってくるので精一杯だから。俺が代わりに、訓覇先生の食事の世話とかをやってたんだよ。また訓覇さんもよく来てくれたよな。俺なんかが頼んでも来てくれたよ。

結局、長川さんが、訓覇さんに惚れこんだんだよな。だから訓覇さんにいわれるままにさ、長崎の教務所長から、大阪の教化専門の次長になって、さらに東京の駐在になってね。だんだん地位が下がっていったんだ。おそらく訓覇さんからしたら、長川さんしかいないと思ってたんだよ、東京の教化をできるのは。おそらくそうだよね。

長川さんは、行徳庵を自分の懐でやったんだ。でもあれだったよ、長川さんが亡くなって一年目に報恩講をやったらさ、奥さんが来てさ、俺に百万円くれたよ。「これは先生のお金ですから遠慮なく使ってくれ」っていって。「行徳庵なんかを継続するにはお金がいるでしょうから」って、百万円をポーンとくれた。もう使っちゃったけどね。使ったというけど、行徳で一泊研修とか何とかやったときの講師の謝礼に使ってね。俺も個人的に使う気はないから。だけど一泊研修なんかやるとさ、会費だけでも一万いくらになっちゃうし、その他に五万円の謝礼なんか入れたら、えらい高い会費になっちゃうから。だから全部そのお金は法礼にまわしてね。もう二十何年経つからなくなっちゃったけどね。それ以外は、一銭も使わなかったけどね。だからあれでも、十二、三年はもったよね。だからもうすごいよね。下手な教務所なんかよりも、よっぽどお金をくれたよ。

註（1）京都市山科区にある、真宗大谷派が運営する学舎。

七、世間を超えた広い世界

まあ、だからね、同朋会運動とか何とかいってもね、宗祖の本の解説とかさ、そうじゃなくてね。ぜんぜん損得とかじゃなく、まったく別の世界があるんだというね。訓覇さんでも長川さんでも坂木さんでも、身をもって、広々とした損だ得だなんていうケチな世界じゃない、もっと広々とした人と人とが本当に信頼し合えるような、そういう世界があるんだというのを教えてくれたよ。だから、それを何とか具体的にやらないとね。この身体があればね、何とか飯を食っていかなきゃならないんだから、稼がなきゃならないけどさ。それじゃ人生七十年、八十年稼ぐことだけに精一杯になったらねえ、たった一度の人生が空算段で終わっちゃうよね。まさに宗祖のいう空過だよね。だからそうじゃないってことだよな。俺はそう思うよ。

やっぱり、訓覇さんが同朋会運動で要求した世界というのは、そういう世界なんだよね。だから、一番人間が豊かになれる運動をしようという訳だよな、恐らく。お寺を強化しようなんてさ、そんな話じゃないんだよ。だから俺自身は、本当に幸せだったと思うよね。本当に。人生で俺は、あんまりどこも上手くいかなかったけど。

八、師との出会いが仏法との出会い

俺が、人生で訓覇さんや長川さんに出会ったことは、形を変えればまさに法然とか親鸞に会ったのと同じことなんだ。だってあの人達に会ったから、仏法に触れることができたんでね。そういう点から見ると、変わらないんだよ。親鸞、法然はべらぼうに偉い人みたいだけれども。やっぱり、訓覇さんとか長川さんとかのように、親鸞聖人のお心のままに生きるということを、今現に生きている人に出会ったということは、質からいったら同じなんだよ。

坂木さんの本に書いてあったけど、幼稚園に子どもを送って来る婆さんがすれ違いざまに、雪が凄くて歩くのに大変だったから、「あんまりじゃ」といったんだよ。それを聞いて、この婆さんの一生がわかったたって書いてあった。「あんまりじゃ」といったって雪国なんだからさ、それじゃあどこか他に行くかなんて、そうはいかないよね、早い話。坂木さんは、雪の中に自分の落ちつき場所を見つけなきゃダメだといっているわけだよね。その通りだよね。ここにいる場で落ちつけない奴は、どこに行っても落ちつけないわけだから。そういうことをね、教えなきゃダメだよね。だから仏法なんて、難しい教学的だっていうものじゃなくて、今のお前がどうなってんのかということをね。

そういうところで、やっぱりそれには早い話、自分より先に歩いた人たちがいるんだから。その人たちを、教えとして受け取ってね。時代が進んでいくら便利な時代になったからっていっても、人が生きるってことにおいちゃ、ぜんぜん変わんないんだもん。だからね、そこでやっぱり自分たちよりも先にね。七高僧なんていっても、いろんな時代の中でお釈迦様の教えじゃなきゃ助からない人たちがいたわけだからさ。煎じ詰めれば、俺にとっちゃ長川さんあたりがね、現実に今の言葉で教えてくれたわけだからさ。だから高光一也さんなんか、日本の色んな坊さんのことを日本に生まれた仏様なんて表現してるんだよな。確かにそうだよ。日本に生まれた仏様が、俺たちにわかるような言葉でお話しをして下さったわけだから。お釈迦様なんて、何語で喋ったかわからないよ。だからそういう風に、自分の身近な人を仏様として仰げるかどうかだね。良い先生がいるとかいないとか、自分で注文をつけているんだから。そんなわけにはいかないよな。やっぱり縁があって触れた人を善知識として、その人から何を学ぶかが大事だよね。

九、僧伽を実現する願い

今後、あれもやりたい、これもやりたいというのは何もないんだ。ないけど、さっきからずっといってるけど、大谷派の先生たちが身をもって示してくれたような、こういう一種の僧伽だよね、言葉でいえば。だってみんな知らないんだよね、こういう世界があるというのを。本当は、お寺にそういうところがあれば一番良いんだけどね。お寺なんて、法事以外に顔を出したら変な顔をされるからね。ああいう点が良くないよね。

長川先生が亡くなられたから、何かの思いを引き継いできたっていうよりは、思いというかやっぱり聞法していかなきゃならないもんね。やっぱり、自分一人の聞法ということだろ。来てる人達も、みんなもそうだもん。毎月の案内を書いてくれる岩崎君という人がいるけど、その人なんか、ほとんど休んだことないよね。まあ自分が案内を書くから、休めないのがあるかもしれないけど。やっぱりもうね、俺の家の会だっていう意識がないんだよね。自分の会だと思っているんだよ。だから絶対休まない。よほど親戚に何かあるとかじゃないと休まない。

毎月のスケジュールに入ってるからね。よほどのことがないと、みんな休まないね。必ず来るよね。来ると飲むことよりも、ちゃんと輪読なんかきちんとやるからね。そっちはサボッたことないよね。だから、続けようと思えば続けられるんですよ。だいたいみんな、聞く耳を持つようになっているからね。だから続けないとダメだよな、人生の中に、きちんとした教えが聞かれていくことが大事なんだよな。それをやってれば、そこで必ず人が生まれてくるはずなんだよ。作ろうとするんじゃなくて、そういう生活を続けることで、人が生まれてくるはずなんだよね。だから、そんな簡単な方法はないんだよね。きちんとした人を、すぐに作ろうなんてね。そんなわけにはいかないんだよ。だけどそういう生活を、日常の生活の中できちんとやっていけば、気がついたら先生が亡くなってもう二十五年も経ってね。こんなもんだよね、人生なんてね。やろうと思ってこれから二十五年やってくれっていわれたら、嫌になっちゃうけどさ。気がついたら、やれてるんだよな。特別難しいとも思わなかったし。何てことはないいね。楽しみながらやってるという感じだもんね。実際楽しいよね。

まあ、本当に、人との出会いだよ。だけど出会いといっても、たんなる人との出会いじゃないからね。長川先生と出会ったというのはね、仏法との出会いだから。そこが好きな人と出会ったという話じゃあないからね。出会いというのは、やっぱり素敵な本物の先生と出会って、自分を見つけることだろ。それがなかったら、出会いとはいえないよね。ただたんに、先生に会ったとか知り合ったとかじゃあね。そうじゃなくて、その出会いを通して、それこそ見失ってた自分に会えたというかね。やっぱりそういうことだよね、大事なことは。そういう先生を通して、仏法を聞きながら、自分が見えてきたということだよね。だから続けられたんだよね。いくらでもね。いつ何年経ったって、先生に対する感謝の気持ちのようなものがあるから、自分で私的にやってたら続かないよなあ。私的じゃないから。うちに来る人はみんなそうだよ。みんな先生の思い出で繋がっているようなもんだからね。みんなどの人もどの人もね。大事なのは、色身というものは死んじゃうけどね、法身というものは死なないからね。同朋会運動なんかやったって、法身というものをわからせるような運動をしないと駄目だよね。楽しかったな。本当にあの先生のことを思うと楽しいよ。おかしな人だったから。

十、弟子が師を証明する

自分でいうのはなんだけど、先生に出会ってると、どこかで話をしたってね、結局喋ることは先生を褒め称える以外にないんだよ。いただいたわけだから。長川さんも、そうだったんだよ。長川さんも、雑談してるようだけどね、お話をしてたら曾我量深先生、金子大榮[1]先生、安田理深先生ね。「自分はダメだけど、この先生のお陰で、こんなことをわからせていただきました」って、そんな話ばっかりだったよ。先生なんかと話していると、本当に善き師に対する讃辞だよね。だからいただいた人は、みんなこんな感じなのかと思ったよね。だってそれによって本当のことを知らせていただいたという、喜びばっかり語ってるよ。あれが本当だよな、念仏者って。俺はそう思うよ。だって師匠の本物だってことは、弟子が証明するわけだからね。『歎異抄』だってなんだって、全部そうなんだから。だから師匠が本物かどうかは弟子だよな。だからね、そういう世界なんだよ、大谷派は。だから親鸞聖人でも何でもね、御同朋・御同行だろ。同行とかの上に御がつくんだろ。それなんだよ。そりゃ先生もなにもないんだよ。お友だちも大事なんだしさ。だからそういう世界なんだよな。そういう世界を実現することによって、本物を見つけて行くということなんだよな、同朋会運動とは。一番大切な運動なんだよ。だから何も大した社会実践をしてるわけじゃないけど、そうやってできた本当の成仏道によって、本当にできた真人だよね。本当の人たちができるということが、それこそ社会的なものであるし、ひいては世界平和のためになるんだよ。一番肝心なことを、今の社会はやっていないんだよ。俺はそう思うね。だから、そこが大事なんじゃないかな。東京の住職さんが、『生きる』ということが本当の修行だ」っていってるんだよな。その通りなんだよ。生きるったってさ、馬鹿みたいに生きるんだったら生きてることにならないけどな。やっぱり、本当の人になるために生きるとなれば、生活全部が実践道になるわけだよな。成仏道ね。だから、そこのところを大谷派はちゃんとしなくちゃならない。それをする一番のもとは聞法なんだよな。法を聞くということなんだよ。俺はそう思うね。だからそうしないと、ダメだなと思うね。

だから、訓覇先生が「人間なんてたんに欲だけかというと、誰かが自分の身を捨てて人を助けたとかいうような人の話を聞くと感動するだろ。感動する心が人なのであって。だから同朋会運動なんていうのは、そういう心を推進するような運動なんだ」なんていってたよな。堅苦しい勉強をする必要はないよな、仏法なんて。だっていくらそんなことをやったって、本物にはなれないんだよ。人間なんて、どんなに勉強したって、まさに「いずれの行もおよびがたき身」だから。だからさっきいった東京の住職さんが、「『生きる』ということが本当の修行だ」といったのはそうだと思うよ。だって生きることで精一杯だろ。それを理想化して「もっと立派に」なんてそんな馬鹿なことはできないよなあ。だからあるがままの日常を受け入れてさ、その中で聞法をしていったら良いわけだから。特殊な勉強なんかする必要ないよな。まさに生きることが大事だもん。

やっぱり長川先生みたいな方で良いんだよ。ようするに、念仏者だよね。もう生きることに喜びを感じてさ、ようするに自分を尽くしていけば良いわけだから。能力があるなしに関わらずね。それ以上のことは、なにもできないよ。仏法というものは、そういうものだと思うよ。実践が必要なんだよ。大袈裟なことをするんじゃなくて、何でもない生活の中でそういうことを実践して行くということが大事なんじゃないかな。それで、この人に会ったら楽しいなというくらいじゃないとね。鬱陶しいんじゃなあ。

冷静に見ても、大谷派って偉いと思うよね。宗教教団なんていうものは、ほとんどはボッタクリ集団だろ。そういう中で、御門徒と一緒に『歎異抄』を勉強したりとかさ、そんな教化活動をやってるということだけでも、大したもんだと思うよ、はっきりいって。それ以外に手がないもんなあ。人間そのものがおかしいんだから。おかしさをおかしいと教えてあげることが救いだろ、早い話がね。それがそういうことがわからなければ人間を肯定しながら、物事をやるんだからね。だから文化とか何とかいったって、人間を肯定した上で、何とかいったってそんなものはねえ、あんまりあてになることはないんだよ。やっぱり、親鸞聖人みたいに、人間なんてものはあてにならないという、そこに立たなきゃね。まさに、如来のみがまことっていうそこに立たなきゃなあ。人間を肯定した上で、いろんなものを築いたって、そんなもんはあてになりゃしないもんな。だから同朋会運動とは、そういう運動だよ。人間性回復の道ってやつだよ。

註（1）　真宗大谷派の僧侶。大谷大学名誉教授。清沢満之の精神主義に傾倒し、浩々洞へ入洞した。

お育てを賜わって

置田陽一

一、仏壇屋の息子として生まれて

私の父親は、富山の出身で、代々真宗の家に育って、富山から北海道に移ってきたのです。昔はどの家も兄弟が多いものでして、私の父の兄弟も多かったと聞いています。富山の本家は、農家で、長男が後を継いで、他の子どもたちは、皆それぞれ家を出て行ったのです。父も、先に北海道に来ていた兄を頼って来たということらしいのですが、父はその兄の下で、家具職人をやっていました。

そこは栗山という所で、今でもその兄の子孫が家具店をやっています。けれども、父は、そこから一念発起して家具より仏壇をつくりたいということで、単身京都に上りまして、その後札幌で開業しました。ですから私の家は、はじめから仏具店としてあったわけではなくて、仏壇職人という形でやってきたのです。そこに私が生まれるのですが、私のほかは女ばかりの五人兄弟で、男は私一人でした。ですから、小さいときから、私が後を継ぐというのが決まっていました。また、父は富山の堅い真宗門徒でありましたから、父から日常的に信仰の話も聞いておりましたし、家では毎朝欠かさず「正信偈」や『阿弥陀経』をあげていた父親でしたから、非常に熱心であったと思います。ですから信仰という面では、私も親のいうことに何の疑いもなく、スッと入っていきました。このような家庭環境が、私を仏道に向かわせた要因の一つになります。

また、家が札幌別院の前だったものですから、小学校のときから別院の境内が唯一の遊び場みたいなもので、よく近所の子どもたちと遊んでいました。そのようにして、私が別院へ遊びに行くようになってから、別院には日曜学校があるということを知りまして、中学生のときに日曜学校に入りました。私が真宗にグッと接近しましたのは、高校のときの日曜学校での聞法と、その当時の私の友人が、創価学会や生長の家という私と異なる宗教を持っており、その友人たちとの宗教間対話を通して、改めて自身の真宗という宗教を考えさせられるようになったということに、大きな要因があるように思います。しかもこの日曜学校での聞法が、後に仏教青年会やその後の別院での活動に繋がっていきますし、高校の友人たちとの宗教間対話は、先の別院での聞法をより深く聞いていく機縁に繋がっていったのではないかなと思います。高校時代の相反する二つの機縁が、私を仏道に向かわせたもう一つの要因ですね。

二、創価学会の折伏運動について

当時、創価学会は折伏運動[1]に熱心で、我々も随分勧誘されました。しかし、私は父親が堅い真宗門徒でしたから、はじめから折伏運動に対して批判的に見ていました。ただ、あまりにも周りが勧めるし、また家が仏具商売をしていたということで、いろんな人が来ていました。ですが私は、とにかく宗教勧誘に対しては、非常に反発していました。それで、向こうのいうことをそのままただ聞くだけでは押し切られるということで、私もそのころから『法華経』を勉強したのです。これは、誰に教えてもらうというのではなくて、私の家もたまたま経典仏書を扱っていましたので、『法華経』を勉強して、いちおう、理屈に対して理屈で答えることだけはできるようになりました。また創価学会の折伏運動で、一時期は車座に囲まれまして、俗にいう「真宗は無間地獄に堕ちる」というような、いろんな批難を浴びました。そういうものを持ち出して、彼らはとにかく他の宗教は邪教だというのです。その当時は、創価学会が社会に進出するということで、がむしゃらな折伏運動というものをやっているように見受けられました。その折伏には、一つの教条的なマニュアルがあって、結局マニュアルどおりに若い人が、ガンガンいうわけですよ。私も字面だけですが、相手のいうことに対して理屈で返せるというのが、どうやら相手の非常な脅威になったとみえまして、最初は周りの人がわあわあいっていたのですけれども、今度はその上の班長さんを連れてくるという風に、段々エスカレートしていきました。しかし、先にも申しましたように、父の影響もあって、創価学会に魅力を感じることはありませんでした。

一方、私の別の友人に、創価学会とまったく逆な友達がいました。その人は、生長の家だったのです。生長の家というのは、私も一時期連れて行かれて大会にも出たことがあり、よく知っているのですが、創価学会とは対極的に、総ての宗教を認める宗教です。このような異なった宗教との、いわば肉薄した関わりによって、真宗の信仰ということを自分の中ではっきりさせたいという歩みとなっていき、別院との関係の中で、その後の仏教青年会や同朋青年会というようなものに参加する契機になっていきました。

註（1）　折伏大行進。創価学会が昭和二十六（一九五一）年から推進した、大規模な勧誘運動。

三、仏教青年会から推進員

高校のときに行っていた日曜学校には、何人か若い人がいました。けれども、我々が社会に出るようになってからは、お寺の法座には皆忙しく若い人はあまりおられませんでした。私は、そういう面では恵まれていました。仕事が勤めじゃなくて自分の家でしたから、時間的な面での余裕はありました。逆に、外への遊びには、一切行かせてくれませんでした。父は、映画に行くのもダメだというぐらい厳しかったのです。二十歳をすぎても、たとえばお酒を飲むとか、麻雀をやるとか、そのような遊びごとを、私は一切知りませんでした。父親はとにかく、世間知らずというか、堅いというか、そういう遊びをすると、ろくな人間にならないということで、遊び事はご法度でした。ですから、お寺や、お講という場が、唯一私の外へ出られる場でありましたから、嫌だとか義理義務で出ているという感覚はなかったですね。

そして高校卒業後、家の後を継ぐために、仏具職人の本場が京都だということで、父親に京都に行かされましてね。そして京都に行って帰ってきてみたら、まったく自分の周りに友人がいないという状況でした。そのような中で、札幌別院に若い列座のお寺さん方がいましたので、私のほうから、仏教青年会を是非作ってほしいとお願いしまして、若いお寺さん方と一緒に作りました。そのときもまだ、周りの情勢というのは、創価学会などの新興宗教の嵐が吹き荒れていました。それで、我々と同じ年代の十代二十代の人たちを真宗に勧誘しようということで、お寺さん何人かと、檀家さんの家へ直接訪ねました。若い人がいれば、「是非こういうことやっているから、それに参加してくれ」というように声をかけました。その成果もありまして、仏教青年会においては若人の輪を広げられたと思います。

全道的には、同朋青年連盟というのがありました。札幌別院では、昭和四十四（一九六九）年に北海道開教百年の記念法要が厳修されまして、そのときも全道から若い人たちが集まりました。宗祖誕生八百年法要（昭和四十八（一九七三）年七月、於札幌別院）の時も、皆さん若い人たちと一緒に、本山にお参りしたりしました。それから、今度は推進員[1]の教習というのがありまして、それにも参加してくれといわれました。私が推進員になったのは、昭和四十三（一九六八）年でして、そのときに推進員の教習と同時に「おかみそり」も受けまして、次第に仏教青年会から推進員の会に出るようになりました。それからいろいろと、札幌別院の運営のほうにも携わって、現在まできているわけなのです。

ですから、私を真宗の教えに引きこんだ契機というものは、自発的なものではなくて、周りの環境に促された部分が非常に大きいのです。

註（1）門徒の中で信仰に篤く、特に壮年層を中心とした同朋会を推進する中核となる人々。

四、聞法について

私の聞法は、札幌別院の定例で定期的に本州から布教に来られる方の話を聞くことによって深められていったのですが、特に岐阜の海津郡から来られた北川正順という方には、大いにお育てをいただきました。私は、その方が札幌に来られたときは、必ず聞きに行った期間が何年か続きました。

その方が、札幌別院の定例布教に来られたときには、それぞれの門徒さんの家にお講がありまして、それに必ずいらっしゃってお話をされていました。私もそれにご一緒して、お話を聞いていました。今では、そのお講に携わっておられた方々は亡くなられてしまいましたが、若いときに聞いておかなければ駄目だということで、当時私を誘ってくれた熱心な方がおられましてね。私の親も、私が聞法に出歩くことについては何もいいませんでした。ですから、真宗の教学的なお話は、北川先生に聞かせていただきました。当時は、今とお話される観点が違っていまして、『歎異抄』やいろんな聖典から引用されてお話されていました。

北川先生のお話は、四十八願の話や、三願転入の話など、本当に専門的なお話が多かったのですけれども、私が先生のお話の中で残っておりますお言葉は、仏さんというのは、一般的に広く考えられている木像であったり、絵像であったりするものを指すのではなくて、仏さんというのは自分が今ここに座っている、この椅子や机といったものが、仏のはたらきなのだというものです。仏のはたらきというものが、お内仏やお寺にあるというのではなくて、自分のいる場所そのものが、もう仏のはたらきだというお話を聞いたときには、「あっ、そうなのだ」というふうに自ずと頷けました。その他、専門的な用語のお話のときは、なかなか理解できなかったのですけれども、自分の置かれているさまざまな状況の中でお話を聞いていくうちに、「ああ、これが前に先生がいわれていたことなのだな」という気付きが、後から起こってくることがありました。

先生のお話を熱心に聞いた当時は、正直いってどういうことかわからなくて、本当に難しい教えだと思っていたのですけれども、同じ内容のお説教を今、別な角度から聞くと、「あっ、このことをいっていたのだな」と、頷かされるということがあります。それは、若いときから法話を聞いていたお陰だと思います。当時の私は、二十二、三歳くらいでしたから、非常に良い場にご縁をいただいたと思います。やはりわからなくても良いから、何回も聞くということが大切ですね。聞いたことが、何かの折にフッと頷いていける。ですから逆にいうと、より多く聞かないと、その頷きという機会がないのではないかと思いますね。

それで、そのようなわからない話を、どうして聞き続けることができたのかということを思いますと、私に、いわゆる業というものがあったからではないかと思うのです。その私の業というものは、「家業を継がなければならない」というものです。

私が高校卒業するときに、周りは皆大学に進学しました。今だったら当たり前のことなのですけれども、あの当時ですと、まだ大学に行かない就職組っていうのがありました。私も兄弟は男一人でしたし、親も後を継げということで、大学に行くよりも仕事で京都へ行けということで、大学に行けませんでした。私は、当時一緒にいたクラスの中で、失礼ない い方ですが、私よりもできないと思われる子が大学行って、私は何で行けないのかというような思いがあったのです。家業のこともありましたし、今考えてみれば、子どもが五人もいましたから、親も大変だったのだろうなということはわかるのですけど、でもあのときは、すごく取り残されたという思いを持ちました。そういう自己の置かれた境遇に対する不満や、さっきお話した周囲の新興宗教の勧誘といういろんな要素が、私を真宗の方へ招き入れたということがいえると思います。大学へ進学できなかったことへの劣等感を埋めるように聞法したということは、ある種の自分の逃げもあったでしょうし、逆に何か自分のものにしたいというような、いろんな感情や思いがありましたね。

それは、純粋なものから不純なものまで、いろんな形でありました。たとえば、他人に対する自分の負い目です。大学にも行けないとか、皆がスーツを着ているときに、仕事のボロ着を着て鉋磨ぎをしなければならないなど、自分が人と違うことをしているという意識は、そこに周りと隔絶した自分というものを感じてしまいまして、そこで感じていた悶々とした気持ちが、私を聞法のほうへ向かわせる大きな因縁になったのではないかなと思いますね。

私は、お話を耐えて聞いていたことや、仕方なしに聞いていたなどということはありませんでした。私にとって聞法とは、親にいいつけられたものでもないですし、何かノルマを課せられるというものでもないものです。ですから今思うと、今まで真宗の仏道を私が歩めたことに対して、正直不思議なことだと思っております。それしかないですね。高校のときに、創価学会に対して『法華経』を読んで反論したというように、そこでもたとえば創価学会の集会で話をしたことを覚えて、人に話そうとかという気持ちもありませんでしたし、真宗の教えに関しては、もう本当にそうだな、そうだなという感覚ばかりでしたから、真宗の教えのここがおかしいのではないかということや、あそこがちょっと変だぞというような感覚は一つもなかったです。

五、聞法生活の特質

私の聞法は、いわば階段を一段ずつ上がっていくようなものではありませんでした。そのように歩めたならば、それは最高でしょうけれども、私の聞法は、常に行きつ戻りつしていますしね。私は、以前にあるお寺さんと、月一回ぐらい食事をしようということで、何年間か食事をしながら話をしたことがあるのですけれども、そこでお寺さんが話される言葉に、私が気付かされることが多くありました。私は、今でも時間を見つけて仏書を読みますし、読んでいるうちに昔聞いていたことの意味が、「あっ、このことをいっているのか」と頷かせられることがあります。これは、前に聞いたからもうわかっているというのではなくて、そのつど「あっ、そうだったのか」という自分に対する気付きがある。それが、聞法の要なのではないかと思われます。

ですがそれを、毎回新鮮に感じるということはありません。しかし年齢を重ねてみて、気付かされるということが多々あります。それは学問と違って、ある問題をクリアしたからそれで終わりというのではなくて、聞くたびに新しいものがあるし、「あっ、そうだったのか」という、年を重ねれば重ねるほど、聞かなくてはならないものがあると思うのです。けっして留まっていないというか、自分は留まっていても後ろから背中を押されるような思いをするときもありますね。

聞法のはじめの動機は、自分が悲しい、または自分が苦しいから聞法するということもあるでしょうけれども、そういう聞き方は自分の思い通りに教えを捉えようとする思いが、どうしてもどこかにあるものだと思います。聞法の本質は、何でも思い通りにしようとする自分を、むしろ教えの方から照らし出してくれるというところにあろうかと思います。それまで外にあるものを、自分の思い通りにしていこうとする方向から、教えにあぶりだされることによって、内に思い通りにしようとしている自分そのものを常に見つけていくというような、自己関心の方向転換を真宗の教えは常に呼びかけていると思うのです。つまり、聞法を通して自己の内側に悲しむべき自分、愚かな自分そのものをあぶりだしていただき、そういう自分を常に受け止めていくというのが、真宗の教えだと思うのです。それは自分が自分を見つめていくということではなくて、教えが自分をして見つめさせてくれているという心持ちですよね。それが今は、自分というものを前提として話を聞いていくというようになって、自己関心の域を超えた聞法をされていないように思います。私は、長年いろいろと見聞きしてですね、このような聞法の傾向に対して、「ああ、これが時代が違うということなのかな」と思います。

六、真宗の救済

真宗でいう助かるとは、たとえば創価学会や、新興宗教のように、経済的に助かるとか、健康的に助かるということではないですよね。私が若いころは、札幌別院に聞法しに来ているお年寄りというのは、私から見て、経済的にも環境的にも恵まれたおじいちゃん、おばあちゃんだったのですよ。ですから、その方たちは、自分が助かるといっても、経済的に助かるというのではなくて、本当に自分の存在の内側から要請されている道というものを求められていたのではないかなと。それにやはり、真宗の教えが、自分の生活の中心であるように考えておられたのではないかなと思います。それは機の深信、法の深信といったら終わりなのですが。ではその機の深信とはどういうものかと、深く掘り下げていく作業のようなものだと思います。最近ですと、そのような昔の法話で大切にされていた、自分というものがどういうものなのかということを、お寺さん方もきちんといわなくなったのではないかなと感じます。何か日常の生活と教えとの関係を、軽視して通りすぎてしまっているといいますか。真宗の教えというのは、たとえば、二種回向だとか、二種深信だとかね、そういう言葉だけで、なんか通りすぎてしまっているような感じもしますね。

しかし、自己の聞法に照らしていえば、その問題は、逆に聞く側の我々に問題があるということですね。聞く側の人間が、話される内容を自身できちんと重く受け止められない。どっかにフワフワした思いで聞きに行っていると、そういうことがいえると思います。たとえば、この話が終わったら、帰りに一杯飲みましょうとかね、またその他に、自分のやりたい何かがあるといったふうに。本当に自分の底から、のっぴきならない日常生活の苦難に照らして聞いていないというか、ですから、それはむしろ、我々聞き手のほうが、仏法を遠ざけているということになるのだと思います。結局、深い話をされても困りますし、かといって、それに気付くだけの悩みも持っていないということですよね。自分はどうして生まれてきたのか、それから死んでいくのかという、自らの生死に聞き手である我々が関心を持っていないと、どうしても同じお話を聞いても響かない。ですからそれは、話し手が悪いのではなくて、聞き手がそれだけ真剣に自分自身を見つめていないということになるのでしょうね。

七、これからの真宗に生きる人に向けて

私たちは、今までこのような環境の中で、これが普通だとして歩ませていただきましたが、これからの時代に生きる人は、子どもから大人まで、私たちとまったく意識が異なってきていますから、日曜学校や仏教青年会や子供会などがあっても、それは現代的なテンポに合わせてやっていかなければならないと思います。結局、各地域のお寺なり個人なりで創意工夫していかなければならないと思いますが、仏教青年会における集会にあったような、真宗宗歌の唱和や聖句の素読など、最初は何が何だかわからないものでも、後で我々の人生を生きるうえで支えとなるような言葉は、時代が変わったから変えるというのではなくて、それこそ時代にさかのぼってでも、真宗の集会の中心に据えて伝えていくというのが、大切なことなのではないかと思います。そしてその他は、現代的な方法で行ったら良いのではないでしょうか。

息子の供養を縁として

田口タズ子

一、真宗との縁

もともと私は、福岡県大牟田市の生まれで、そこの家は浄土真宗ではなく曹洞宗でした。子どものときも、お寺にはお参りしたことはありませんでした。二十四歳のとき、結婚した主人が、兵庫県の出身で浄土真宗の門徒だったことが、真宗と関わる縁になりましたね。主人は次男でしたので、田舎から大阪に出てきていたのです。それで私は、主人を紹介してもらって結婚したのです。ですが、結婚したころは、お内仏もなかったし、真宗の門徒という意識もありませんでした。それが結婚して十八年目に、十七歳の息子が脳腫瘍で急に亡くなったのです。そのとき初めて、お寺とか宗派というものが、私の問題意識となったのです。それまでは、何にも問題意識はありませんでした。

それで、突然のお葬式でどうして良いかわからず、結局この近所にある大谷派の受念寺さんへ相談に行きました。主人は、小さいころから「正信偈」や『御文』は諳んじていました。「ただもろもろの雑行雑修自力なんどいうわろき心をふりすてて」(『御文』五帖目第十五通、聖典八四一頁)って、あの人ずっと覚えていましたよ。でも、そのときの私は、宗派が浄土真宗だということすらわからなかったのです。それに、私の息子は、早くから具合が悪かったのではなくて、脳腫瘍になってから二週間ぐらいで亡くなるものですから、宗派はわからないし、お葬式のことなど何も準備してないし、それは大変でした。

本当に突然のことで、手術してもう二週間で亡くなってしまいました。それで受念寺さんにご縁をいただいたわけです。ところが、私はどうしても息子の死が受けいれられなくて、わけもわからずあちこちいろんな宗教に行きました。近所の人に「供養せなアカン」といわれて、『般若心経』を書きに高田好胤[1]さんの薬師寺に行ったこともありました。法名をいただいて「釈幸徳のために」といって一生懸命、毎月お参りに行ったものです。「三十三番札所巡りへ行かなアカン」いわれれば、朱印帳持って「あの子のためや」と思って必死で行きました。なにしろ、子どもが亡くなったら「何かせなアカン」と思うのです。

そんなとき、岡本さんという推進員の方がご縁になって、真宗の教えを聞くようになったのです。

岡本さんとは、受念寺さんを通して知り合いました。私の子どもは、昭和五十五（一九八〇）年に亡くなったのですが、その後、岡本さんから推進員に誘われたのが昭和五十六（一九八一）年でした。そして私も、昭和五十七（一九八二）年に推進員になったのです。

誘われたときは、推進員が何なのかは教えられていませんでした。ちょうど私が、薬師寺とか他のお寺へ一生懸命行っていることを、岡本さんが聞きつけて、「あんたね、子どもさん亡くされて、あっちこっちのお寺へ一生懸命行っているんだったら、あんたは受念寺さんにお世話になっているんだから、御堂[2]さんへ行きなさい」といわれて、わけもわからず御堂さんに行ってみたら、それが推進員の前期教習だったのです。ご縁やなくて、騙されたようなものです。

ところがその前期教習でお話を聞いても、何がなにやらわかりませんでした。ですが、一つの言葉に引っかかったのです。それは、「知って犯した罪より、知らずに犯した罪の方が重たい」という言葉でした。正直、「なんでやの？」と思ったのです。そんな無茶なこというたら困るがな、と思いましたよ。私は、それまで聞法なんて全然してなかったから、法律でも知ってて犯した罪は重いに決まってるやん。知らんと犯した罪やったら「ごめんなさい」っていうたらええんちゃうん、と思いました。初めのころは「あんな常識はずれなことをよういいはるなあ」と思っていました。ですが、なぜかまた来ずにおれないようになりました。終わった後も、何か気になって、「あれ何ちゅうことやったんやろ。誰も文句もいうてはらへんし、文句いわんと聞いてはるのはなんでやろ」と、そう思っていたら、また岡本さんから電話がかかってきて、「あんたは共命の会に来なさい」といわれました。

註（1）法相宗の僧侶。薬師寺第百二十四世管主。元法相宗管長。
（2）真宗大谷派難波別院。大阪府大阪市中央区。

二、共命の会と仏地の会

「共命の会」というのは、難波別院で今でも行なわれている聞法会です。「共命の会」と「仏地の会」と「八尾聞法会」が、今でも大阪教区の推進員の中では、三つの主な聞法会です。推進員の前期教習のころから、「共命の会」に行きはじめたのです。「共命の会」のときに、私が「私の子どもはどこに行ったんですか？　ちゃんとお浄土に行けてるんですか？」と質問したのです。それがどうしても聞きたかった。私は、それまでいろんな所へ功徳を回向してまわってたわけですから。その功徳を回向してまわっている間に、親戚の人に立正佼成会に連れて行かれたこともありました。「親が供養せなんだらアカン」といわれて、何回か行ったのです。それでお金を三十万円ほど要求されたのです。そのときに私は思ったのです。「このお金あげたら、どうなって良いとこ行くんですか？　お浄土か極楽か知らんけど、なんでお金あげることと、あの子が関係あるのですか？」と。「おかしいな、隣の国に行くのでも外国のお金を使うのに、お浄土にそんなお金で行けるんかいな」って、そんなことは思いました。それで「どうなるんですか？」って聞いたら、連れて行ってくれた親戚の人が、「あれは南無妙法蓮華経っていうたら、先祖がワーッて喜びはる」っていうのです。でも喜ぶけど「お金はどないなるんやろ」というのが、どうしても不思議で、結局お金は出しませんでした。

それで、帰ってきてから「共命の会」の皆にも同じこと聞いたんです。「うちの子はどこに行ってるんですか？」って。そしたら、「あんたが助からんかったら、子どもさんは助からんのです」といわれたのです。今はもう亡くなっておられますが、片岡さんという酒屋さんが、大阪教区の第四組におられました。片岡さんは、初代の推進員の会長でしたが、確か片岡さんがそういうことをおっしゃったのだと思います。今でもはっきり覚えています。そのときは、「ああ、そうか」と思いましたが、よく考えると、「うーん、なんで私が助からなんだらうちの子は助からんのかな？」という疑問が湧いてきました。「じゃあどないしたら助かんのかな？」「助かるってどういうことかな？」「どないなったら、私が助かってあの子が助かるんかな？」ということは、ずっと疑問に持っていました。

今までと、ゴロッと変わったことをいわれたので、インパクトは大きかったです。向きが反対になったわけです。それで、「それならどうなるんですか？」って聞いたら、「それがわかるまで、あなたはここに来て聞きなさい。ここは、必ず、あなたがどうなるか、子どもさんがどこにおるのかはっきりするんやから」といわれました。

そういったやり取りでしたが、なぜかとても説得力があったのです。

もしそれをいったのがお坊さんだったら、「あんなこというて、またお金が欲しいんやろ」と、一応思いますでしょう。しかし、いわれたのが一ご門徒の方でしたので、すごくインパクトがあり、それに惹かれて「共命の会」に行くようになったのです。十人ぐらいで聞法会をしておられました。そういうことがあって、今でも休まずにずっと行っているのです。はじめごろはね、「私が助からんと、あの子が助からん」という言葉が、いつも耳から離れないものですから、「私行かなアカン」「まだ私わからへん」「あの子まだ助かってない、助かってない」と、背中から押し出されるように行っていました。

「共命の会」は、講師の先生がお話になって、その後皆で感話をします。推進員の二泊三日の後期教習で本山に行ってから、「仏地の会」にも誘われまして、そちらのほうにも行くようになりました。昭和五十七（一九八二）年のころの話です。「仏地の会」は、お勤めの人が多かったから、ずっと日曜日でした。「共命の会」は平日でした。今でも継続して行っています。また、「八尾聞法会」「共命の会」「仏地の会」、自分の所属寺の受念寺で、自分で先生を呼んでやっている会もあります。重なって行けないこともありますが、他にも毎月十回は聞法会に行っていることになります。

息子を亡くした辛さは、それはじっとしていられないほどしんどかったですよ。ですから、あっちこっち聞法会に行くようになったのです。私も、家の仕事もあったのですが、家族もよく理解してくれました。高原覚正(1)先生の会が彦根でありましたが、あそこへも毎月行っていたのです。朝早くから一番電車に乗って行って、帰ってきたら晩遅いです。初めのころは、泊りがけでもいっぱい行きました。大阪の順正寺の夏期講習にも泊りがけでよく行きました。当時そこには、訓覇信雄先生もみえていました。私の友だちは、「私は喜んで、感謝のお念仏をさせていただいて幸せです」なんていうものですから、訓覇先生に「死ね」っていわれて卒倒していましたよ。

註（1）真宗大谷派西覚寺の元住職。元名古屋造形芸術短期大学講師。

三、真人社のころ

最初の話に戻すと、「息子さんが助かるには、自分が助からなくてはならない」といわれたことが、どこで決着がついたかというと、結局、姿勢が低くなったとき、聞こえたときには、息子はそこにおるなとは思います。自分が、本当にしょうもない人間だとは、そう簡単には思いませんよね。普段それとは反対に生きているわけですから。いつもだったら、もうちょっとマシだとか思いますでしょう。でもそうじゃないと思ったときに、「ああ、息子ってこの世界におるんやな」って思いました。そうじゃないかなって。本当のところは、今でもわかりませんよ。ですが、頭の下がったところには、息子はいるのだなって思います。なかなか頭は下がりません。いまでも下がりませんけど、たまに、たまに下がるときがあるのです。そんなときは、「ここが息子のいてる世界やな」と思うのです。そのときには、「ありがとう」っていえるような気がしますね。いつもいつも、高いとこばっかり、都合の良いことが好きですからね。それが当然ですものね。

はじめて、そういう気持ちになったのは、そのときかどうか、はっきりではないけれども、もう一人の息子が結婚したぐらいだから、やっぱり二十年ぐらい前かな。だから、聞法して十年経ったころかな。

それまでは、大変でした。たとえば、私は人前でしゃべるのが嫌なのです。それを、本山に二泊三日の研修に行ったら、よく感話が当たるのです。最初は、人の悪口ばっかりいっていましたが、「自分のことをいえ」っていわれるものですから、身近なことをいうようになりました。まあ、みんなの前で感話して、恥かくばっかりでした。そのとき思ったのは、「今まで四十何年間は、あんまり恥かかんと来たのに、私これでも恥かかんと世間並みのことをしてきたのに、なんでいまさら恥かかなアカンの」ということでした。それが辛くってね。私の感話に対しても、やはり何かいわれますしね。「私もう行かんとこかしら」って、何度も思いました。もう何回も「聞法やめよう」って思ったのです。でもそれは結局、姿勢が高いのです。落ちたくないのです。よくいわれました、「あんた姿勢高い」とか、「あんたがしてるんとちゃうやろ」とか、そんな言い方をよくされました。言葉もきつかったですね。よその宗派では、優しく包んだようにいってくれますが、ここ大谷派は、ストレートです。「そんなんちゃうやろ！」って。

訓覇先生の金蔵寺さんにも、何回も行きました。あそこの真人社[1]はひどかった。あそこはもう、ひと晩中寝させてもらえないのです。まあ若かったからよかったですが、朝まで寝させてもらえませんよ。みんなして飲んでいましたが。

毎回そんなにきついことといわれたのに、なぜ聞法をやめなかったのかと、自分でも思いますが、体が勝手に行くのです。「もうやめとこ！　もう行けへん！」って思いまして、主人にいったら、「お前みたいなんは、なんぼ聞いてもわかれへん！　わしは聞かんでもわかる」って。今考えたら、あの人の生まれた所には土徳があるからね、ほんまに聞かんでもあの人はわかるんです。あの人の田舎に行ったら、みんな姿勢が低くて素朴です。偉そうにものをいいませんものね。だからあの人は、聞かんでもわかってたんかもしれませんね。そのときは、「何いうてんねん！　聞きもせんと！」って腹立っていましたけど。でもね、よくこれで建設会社の社長をしているなあというくらい、優しい人でしたよ。隣から見たら、鬼嫁に仏の旦那だったかもしれません。

ともかく、何回も聞法なんてやめてやろうと思いました。何回も行きたくないと思った。ですが、体が行くからしょうがない。もうそれこそ、涙出るほど辛いときもありました。朝からお茶碗洗いながら、「今日は昼から仏地の会あるけど行かんとこ」って。「なんかいわれるからやめとこ」って思うのに、時間が来たらそわそわしているのです。それで行ってしまうのです。ほんとに、涙が出ているときもありました。何回か辛いときもあったのです。このごろは、図々しくなったから涙が出なくなったけど。

ともかく、真人社は、次から次へと問題が起こるところでした。訓覇先生の言葉が、だいたい棘がありますからね。それで、訓覇先生によく聞いた方がおられて、そんな人に私が、「それ生活と密着してないんと違う？　言葉だけと違う？」っていったら、今度行ったときに、「田口あんなんいうた」とやりかえされました。やはりあのころは、いっぱいしゃべる人が多かったねえ。もう忘れたけどねえ。五十人くらいがグループにわかれて、お寺のあっちこっちでワイワイやっている感じです。それで、みんなで同じところに泊るのですが、でもほとんど布団で寝てないのですよ。朝までみんな起きて、ああでもないこうでもないといって、あっちの人がこっち来るし、こっちの人があっち行くしでね。

そういう中で、いつとはなしに自然とそこにいれるようになりましたね。気が付いたら、そうなっていました。今でしたら、どこへでも誰とでも行けますよ。はじめは、喧嘩ばかりしていました。反対のことばっかりいって、突っかかっていましたね。それこそ、「今日はお天気で結構ですね」っていったら、「何が結構やねん、そんなんと違う」っていわれるわけですから。私だけでなく、みんなそうでした。「お念仏がありがたいです」なんていったら、すぐに「何がありがたいんや！」です。何かひとこといったら、もうみんなで取り囲んでえらいことなる。ですが、あのときはそれこそ、みんな眼の色が生き生きしていましたよ。

当時は、まだ私が五十歳ぐらいでしょうね。私も家がありますから、「もう帰らなアカンわ。ご飯の用意、私がせなアカンから」っていったら、「ホトケさんがしはるから、別にあんた帰らないかんてことない」って。世界同朋大会でハワイへ行ったときにも、最初は「私一週間もハワイ行かれへんわ」っていったのです。まだ息子も大学生でしたし。ですがある先生が、「それでも来い」っておっしゃるのです。「あんた死んだらどないすんねん。あほか」っていわれて、「死んだらできるはずないやろ」っていい返したら、「ほんじゃ行けるはずや」っておっしゃるのですね。ですから、家族には、「病気なりまして入院せんとアカンねん」っていうて、九日間ハワイに行ってきました。

主人にも「行っていいですか」とかいいませんよ。最初っから「行きます」っていうのです。「行っていいですか」って聞いたら、「アカン」っていわれるに決まっていますからね。早くから「何日間行きます」っていっておくのです。インドも二回行きました。

考えてみたら、いろいろご縁をいただいているのですね。ですが、あんまり仏法は聞こえてないね、はっきりいって。今やったら、よけい聞こえていませんね。なんか教区のお役ばっかりいただいています。会計やら司会なんかしている間に、先生のお話なんてまともに聞こえてない。「何時になったら次これいわなアカン」とか。参議会にも首を突っこんで、名利ばっかりです。「もとどり」いっぱいつけて、何をしているのでしょうね。

註（1）訓覇信雄、松原祐善らを中心として開かれた、浩々洞の流れを汲む聞法のための集まり。後に宗政に進出し、同朋会運動の源流となった。

四、今、そしてこれから

でも、私自身としては、やはり浄土真宗に出会遇ことができて良かったなと思っています。良かったどころじゃないです。というのは、「これを聞いてなかったら、私今なにしてるやろかしら」と思うからです。本当に、どこへ行って何をしているのだろうと思います。

また、何か特別構えて「念仏を伝える」とか、そういう大きなもんはないねえ。やっぱりお内仏のお勤め、これしかないからねえ。基本でしょ、これ。だいたいお勤めしてなかったら、聞法かて聞こえてくるはずないですよ。うちらの孫でも、小さいときから「正信偈」は知っています。ですが、これからは、どうなのでしょうか。それが心配ですね。それとやっぱり、「いただきます」「ごちそうさま」ですね。これが基本ではないかなあと思います。

昔の真人社と、今の勉強会との違いはやはりあります。どちらが良いとか悪いとかは決められませんけども、やはり激しいあのときのほうが、身に響くのは響きますよ。今だったら、勉強会にしても聞法会にしても、倫理道徳に近いですからね。教区でこの前行った会にしても、そういう先生しかお呼びしないのかもしれないですが、ありがたいだけの話で、正直「これ浄土真宗かしら?」って思いました。帰ろうかなって思ったこともあるのですよ。

聞法して、だんだん「良い人間」になっていこうという話です。でも、そんな話は、気持ち悪くないですか?お話される先生も、本当はもっと深いことをご存知のはずですが、私たち聞く方が、「わかりやすい真宗」や「人間にやさしい真宗」を求めているし、それを聞いて喜んでいるのでしょう。私は、せめて御堂さんには、それこそ本願とか往生とかしっかりしたことを基本にして、ここでないと聞けないようなお話をしてほしいです。わかりやすい真宗だったら、それこそカルチャーセンターにでも行ったらいい。せめて御堂さんだけは、「これが真宗や」というものを、多少きつくてもいいからいってほしい。それこそ、「世間と反対のことばっかりいうてはる」という感じでいい。そんなことで、みんなにきっかけを持ってもらって、「浄土真宗ってなんや」っていう疑問を持って帰ってもらうぐらいがいい。

「ええお話やった」「ありがとう」といって満足して帰っても、何の意味もないです。まるで催眠術師みたいじゃないですか。みんなを眠らせて、「安らかにお眠りください」みたいな感じで。住職さんや坊守さんの中にも、「門徒さんええお話やから行きましょ、行きましょ」といって、一生懸命門徒を御堂さんに連れて来る方もいらっしゃいます。でもそれは、たんに倫理的に「良い人」なだけです。それは善人でしょう。善人を作るために、大切なお布施をいただいて予算を組む必要はないです。推進員なんかは、ほんの少ししか予算を貰えず、四苦八苦しているのに。まあ、それは余計な話ですが、真宗が善人をいっぱい作ってどうするのですか。もったいないことだと思います。

しかし、やはり聞法を続けることだと思います。私の場合、まあ染みこむように、自然といつの間にやら悪人になってしまった。確かに、聞いてないときよりも育てていただいたな、というのは自分でも思いますね。「あのままだったらえらいことになってたな」と、今でも思います。訓覇先生をはじめ、みんな厳しい先生でした。楽な先生は一人もおられなかったのですが、やはり育てていただいたのだなと思いますね。

「天道生えの照子」といわれた私

岡本照子

一、生い立ち

私は、小さいときから、自分を恥ずかしいという思いがいつもありました。しては悪いと思っていることをしたときに、それを人には絶対いえないのです。いえないという、隠し通そうとする心は、自分だけはずっと知っているという感覚です。そういう嫌な自分と、自分で思い描く理想の自分を比べて、自分への劣等感というのがとてもありました。その一方で、人は好きだから、人とは交われるし、友だちは作っていくのです。しかし、そうした劣等感がある故に、高校生くらいから、人と交わっていても、心から相手と打ち解けていかないということがありました。だって、疑う心は、自分の中にいつもあるのですから…。自分自身が、相手を疑っているのですから…。だから高校生くらいのときには、ピエロのようにわざと人を笑わせていくというか、人を注目させる自分を演じる自分がいました。自分の腹の底には、何か解放されてないというか、自分自身を嫌な自分という重たいものがいつもありました。

高校を卒業して、すぐに町役場に勤めだし、そこで今の主人と出会い、恋愛結婚しました。そのとき主人が私に「お前の天真爛漫が良い」っていってくれたのですが、本当の私は天真爛漫じゃないのです。天真爛漫に振る舞っている自分を、一番知っているのは自分なのです。そういう二重性というのは、ずっと大きな問題としてありました。そして、嫁いでから、もう少し人間関係がうまくいくと思っていましたが、なかなかうまくいきませんでした。どうしてなのか、私は、人のいうことが聞けん人間なのです。お義父さんとお義母さんに、「こうしなさい、ああしなさい」といわれると、なおさら相手に従いたくないと思ってしまうのです。「はい」って返事は早くするのです。だけど、心の底から相手に随ってないという感覚が、常にありました。そんな自分が嫌だったのです。そうしている中で、そのお義母さんと大谷派宇佐組の婦人研修に行くようになりました。そこには、そういう嫌な自分ではなく、素直に生きられたらいいなというか、立派に生きていきたいなという思いがありました。仏法を聞くことによって、正直で立派な人になりたいというところには、人から認められ、高いところから優越感をもって生きていきたいという思いが根本にあったと思います。

二、藤谷純子さんとの出遇い

藤谷純子さんと、はじめて遇ったのが、昭和六十三（一九八八）年の宇佐組婦人研修会でした。今から二十五年くらい前です。そのころ私は、お手次のお寺である安養寺さんの婦人会に入っていたので、安養寺さんから誘われて宇佐組の婦人研究会に行きましたら、純子さんを講師に呼んでくれたのです。それは、十月、十一月、十二月と、三回のご法話でしたが、私は純子さんのお話にすっかり心を惹かれました。

純子さんはまず、その講師を頼まれた時、人前で話すことが嫌で嫌でしょうがなく断わりたかった、といいました。すると住職の藤谷知道さん(1)に、「お前は嫌なことは断われていいな」っていわれたらしいのです。そのとき純子さんは、「住職がお寺の仕事をしているのは、自分の好き嫌いを超えてしているんだな」ということを感じ、それで、私も嫌だけどやってみようかと決心したといっておられました。このように、ほんとに素朴な挨拶からはじまったのですが、お話をされているお顔がとっても清らかなのです。嘘がないというかね。ほんとに素敵な人だなと思いました。もう出てくる言葉が待ち遠しいというふうに、お話を聞かせてもらいました。食い入るように、私は聞いていたと思います。何がわかったとか、わかるとかわからないとかではないのです。本当に、次の言葉を待つような感じで、聞かせてもらいました。一回目のお話は、自分の生い立ちでした。生まれたところからはじまって、大学受験のときに東京の大学は決まっていたのだけれど、雪国へのあこがれがあったから、雪の多いところの大学へ行きたいということで、一浪されたらしいのです。純子さんは、汚れのない白い雪のように、自分自身もそういうような生き方を願っていたとおっしゃっていました。その言葉で、そんな生き方をしたい人なのだなって思ったのです。そして、浪人しているときに、とても自分の内面の淵を覗いたとかいわれました。孤独と身勝手さ。そして孤独のまま、大学に合格して、金沢大学に行かれた。その金沢大学を選んだのは、雪があるっていうことと、もう一つ、室生犀星(2)さんが好きだったとおっしゃっていました。室生犀星さんの詩を、ずっと味わっておられたと。だから、その人のところに行こうっていうところで金沢に決めて、そこで出雲路暢良(3)先生に出会ったといわれました。

また純子さんのお話で特に心に残ったことは、『大無量寿経』にあるという「違逆天地　不従人心（天地に逆らい、人に従わない）」という言葉です。このころの私は、姑への不満が募って心が苦しくなると、自分の思い込みではないかと思い直すのだけれども、しかし確かな根拠もないのでまた不満が募って苦しくなるという、そうしたことの繰り返しで悩んでいました。ですから「違逆天地　不従人心」という言葉によってはじめて自分自身の正体に、縁さえあれば親しい友でも裏切る自分であることを知らされました。それからまた、『いのちの初夜』という小説について話をしてくれました。主人公はハンセン病を発病し、隔離病棟に入ることになるのですが、その自分を受け入れることができずに悩み苦しむ中で、いのちを私有化していた自分を知らされ、与えられたいのちに目覚めることによって、生きられるようになった、というお話でした。純子さん自身も信国先生との出遇いによって、いのちの私有化から解放されたのでした。「いのちの私有化」という言葉を聞いたことは、私にとって、本当に深い喜びでした。

私にとって純子さんは、はじめて、「そんなこといわれても」ということをいわない人に会えたという感じでした。私はいつも誰にいわれても、「こうしなさい、ああしなさい」といわれると、「そんなこといってるけど、あんたは出来るじゃろうけど、私は出来んのよ」という、屁理屈が出てくるのです。だけど純子さんは、何をいわれても、「そんなこといわれても」といい返さなかった。はじめてそういう人が、私の前に現れたという印象でした。だから純子さんにいわれたなら、「そんなこといわれても…」といわなくてすみました。そのようなことで、お話を聞いてからは、純子さんに会いたくて、純子さんはきっと野の花が好きだろうと思って、柿畑に咲いている菜の花を持っていったことから、お付き合いがはじまりました。それから、もうとにかく近づき、会いたくて会いたくて…。もう大胆です。自分の心の中に起きたことを、これも聞いてもらおう、これも聞いてもらおうと、そのたびに純子さんのところに通いました。今思うと、純子さんがすべてを受容してくれていたからだと思います。純子さんのほうも、いつも気にかけてくださって、「この本読まないか」といつも一緒に本を読んでくださっていました。

註
（1）真宗大谷派勝福寺の現住職。純子氏の夫。
（2）大正期から昭和中期にかけて活躍した石川県金沢市生まれの詩人、小説家。
（3）真宗大谷派専光寺の元住職。元金沢大学教授。旧制第四高等学校在学中に、暁烏敏に師事した。
（4）明治期に活躍した小説家、英文学者。

三、聞法のはじまり

私の主人は、毎日家に帰ったら息がつまるといって、週に二回は飲み屋に立ち寄るような人だったので、私が夜におらんでも平気な人だったのです。飲んだら静かに一人で黙って寝て、人をあんまり束縛せん人でした。だから、本を読みには出られたのです。それから、私は、純子さんが女の人で「良かったな」といつも思っていました。男の先生に通ってたらね、こんな私でも世間の目とか、自分自身も家族に対してね、何か出にくいかなと思っていたと思います。ですから女の先生で良かったなと思いました。それで、一番はじめに読んだ本には、法蔵菩薩のはたらきが書かれていたのですが、私、いつの間にか自分が法蔵菩薩になっていくように読んでいくのです。今考えると、よく純子さん、あれを笑わずに聞いて、答えてくれたよなと思います。本当に楽しかったです。

そのうち純子さんが、私の家に来てくれるようになりました。そのような間柄になり、勝福寺の報恩講にもお手伝いをさせていただくことになりました。純子さんは当時、子育てに忙しいときでね、自分達の部屋は散らかっているのです。私の家も散らかっていて、自分の家の片付けもできん者が、よく純子さんの手伝いに行ったもんだとも思いますが、手伝いは理由であって、それはもう会いたいからお手伝いに伺ったのです。それで、報恩講前に二階の掃除やら準備やらを手伝っていたら、純子さんが急に「私ができないもんだから、こうして仏様が友だちを、こうして手伝わせてくれる人を遣わしてくれたんよね」と泣いたのです。そして、私に「岡本さんは、曠劫来の人の命の凝縮を、岡本照子として、生を受けたんだよね」と、おっしゃったのです。それを聞いて、私は涙が出ました。そのようなことの中で、「山を越える会」という聞法会がはじまることになったのです。

四、「山を越える会」を開く

「山を越える会」という会には、私の手次寺の坊守さんや宇佐組の婦人会の人達が集まってきました。会をはじめるにあたって純子さんは、「この会では日頃のドロドロしたものを出し合えるような会になったら良いね」といいました。私は最初、このドロドロしたものって何なのかなって思っていましたが、会を重ね親しくなってくると、だんだんと自分の内面を出していける、何でも話せる会になっていきました。そこではじめて、仏法というのは内面というか、自己を内観していくことであって、自己がどういうものとして生きているかということを、正直に話せるような会になればという願いが、純子さんの「ドロドロとしたものを出し合える」ということだったと気付きました。

はじめは、児玉暁洋先生(1)のテープを聞いた覚えがあります。先生はその中で、有漏と無漏ということをおっしゃっていたと思います。無漏とはどういうことか、先生は何をおっしゃりたいのか、とても気になる言葉でした。それから、真宗光明団(2)の細川巌先生(3)が近所のお寺に月一回『歎異抄』のお話をしにおいでくださっていたので、皆で聞きに行くようになり、そのこともあって細川先生の『歎異抄講読』を輪読しはじめました。純子さんが京都から勝福寺に帰ってきて、はじめて師としたのが細川先生だったのです。

「山を越える会」という名前は、私達から細川先生にお願いして付けていただいた名前です。細川先生は、私達の心の奥深くにある、鉄のように冷たくて硬くて暗い鉄囲山《てっちせん》を越えて行きなさい、という願いを込めて付けてくださいました。「山を越える会」は今も続いています。多くの同朋が亡くなっていき、かわりに新しい人が入ってきたので、会のメンバーは大分変わりました。しかし、会の形式は発足当時から基本的には変わっていません。時間は、午後一時から四時くらいまで。はじめに本を読み、わからないところは純子さんに教えていただき、それから、みんなの生活の悩みを話し合うのです。いつも自分が行き詰まっていることとかを話して、それに対して皆からアドバイスが返ってくる、という感じです。その言葉も愚かな言葉なのですが、何か言葉として伝えることがあったら、少しでも話すのです。また、この会ではたくさんの仏教讃歌も教えていただきました。それから毎年、福岡の細川先生の巌松会館へ行きましたし、遠くから先生をお迎えして会の報恩講を勤めてきました。諸先生にお育てを受けて、私は自分自身を語れるようになっていきました。

註

（1）真宗大谷派の僧侶。元真宗大谷派教学研究所所長。

（2）在家の念仏者の住岡夜晃が、聞法のために設立した団体。

（3）元福岡学芸大学教授。元真宗光明団運営委員長。

五、不思議な夢

勝福寺の報恩講には大勢の門徒さんが手伝いに来ますが、私も「手伝わせてください」と行ったとき、純子さんが「友達の岡本さんです」と皆に紹介してくれたのです。その「友達」という響きが、私にはとても嬉しかったのです。そしたらその夜、不思議な夢を見ました。

どんな夢かというと、一つは、みんなが手伝いをしているのに、純子さんがビールを出してきて、「岡本さん、残っていたビールがあるから飲もうよ」って、私と二人でビールを飲むのです。私は、周りの人たちの目がとても気になって、周りの人に「これはね、栓を抜いたビールが残っていたから、もったいなくて飲んでいるのよ」と言い訳をするのです。ところが、純子さんは平気で黙々と飲んでいるのです。

それからしばらくして、純子さんから「岡本さん、二階のお花活けたの見た?」と聞かれました。私はとっさに「見たよ」と返事をしてしまいました。けれど、本当は自分は見ていないのです。どんな花が活けてあったか記憶がないから、見てないはずなのです。つまり、見てないのに「見たよ」と知っているふりをしているのです。また少したってから、今度は二階に上がると、純子さんが当時一歳か二歳のお子さんを抱いて、お子さんも一緒に大きい声で「東方偈」をお勤めしているのです。そのころの私は「東方偈」のお勤めなんて全然聞いたこともないのに、お勤めをしているお経が「東方偈」だなと思いました。そして、フッと横を見たら、横の部屋に立派な生花が活けられていて、「本当だ、この花のことだ」と思ったのです。

この何の脈絡もない夢での二つの出来事が、自分を本当にいい当てているのです。まず一つ目は、言い訳しないと生きていけない自分。そしてもう一つは、本当は見ていないのに、とっさに嘘をついてまで「見た」と返事をする自分です。それから「東方偈」というのがとても気に掛かっていたら、それは『大無量寿経』の下巻の本願成就文の後に書かれていることを知りました。「東方偈」とは、十方の菩薩様が無量寿仏のいらっしゃる国に行って、恭敬し供養して、教えを請うて、慶びの身にさせてもらい、それをもって自分の国に帰って、衆生を教化する。そのためには、自分はどんな苦労も厭わないという、慶びの偈頌ということでした。そのことから、純子さんは、還相の菩薩様として私のところに来てくださっているのだと思ったのです。純子さんもよく、「私には先生から友といわれる資格はないけれど、先生のほうが『友達になってください』といってくださった」と、おっしゃっていました。だから私にとっても、本当に不請の友となって、純子さんのほうから友達になってくださったんだな、と思ったのです。

そういうような夢を見て思ったのは、私は本当に仏法を聞きたかったのだということです。そしたら、林暁宇先生[1]がおっしゃるには、私達は生まれるとき、「人間に生まれたら苦労するぞ、それでもいいのか」と聞かれるそうです。それに対して私たちは、「たとえ蓑虫のように枯れ葉をまとい、ミミズのように泥水をすすって生きることになっても、仏法を聞くために人間に生まれたい」と願った、だからこうして生まれてきたのだ、というのです。曠劫来、流転している身が、どうしても仏法を聞きたいという願いがあって生まれてきたのだというお話に、私は「そうなのだな」と思いました。それともう一つ、林暁宇先生のお話に、砂漠の花というのがありました。遠くから花の種が飛ばされてきていて、大雨が降った後、ある日突然、花畑になるのだそうです。それは何年かに一度しかないことで、土の中深く埋もれていた種子が、水と光という縁によって、ある日突然、砂漠が花畑になるそうです。この話を聞き、私たちが仏法を聞く身にさせていただくということは、そういうことなのだと思いました。

註（1）　真宗大谷派明達寺の元衆徒。私塾、具足舎を主宰。暁烏敏に師事した。

六、聞法の歩み

今までに話してきた林暁宇先生の他にも、松本梶丸先生[1]、鍵主良敬先生[2]、そして、福島和人先生[3]といったたくさんの方々に、報恩講等に来ていただいてお育てをいただきました。

その中で印象的なのは、私がはじめて、梶丸先生にお会いした時のことです。夕飯を皆で先生とご一緒させていただくのですが、家を出るためにはお義父さんが一番の難関でした。そのころは、家にお義母さんもいたし、お義母さんに家のことはやってもらえたし、主人は飲みに出ていることが多く、私が夕飯にいなくても、なんとか許してくれていたと思います。ところが、お義父さんはそういうわけにもいかず、お義父さんの目を逃げるようにして、家を出ていた気がします。それは、お義父さんが「なんで仏法聞かんとならないのか」というのです。そのころの私には、こんなどうしようもない者が仏法を聞く資格があるかのという、後ろめたさみたいなものがありました。それで、仏法を聞いているということを人にはいえないのです。ということは、仏法聞くということが偉い人間、聖人君子にでもなると思っていたのでしょう。だから、自分自身の生き様を見ると、仏法を聞いているということが恥ずかしくていいたくないというのがあったのです。そのような気持ちの中、ある日、お義父さんがまた、「なぜお寺に行くのか、なんでそんなに行かないとならんのか」と聞いてきたのです。そしたら、そのとき私、ふと、「私、のぼせているんよ」って答えたのです。それから楽になりました。だって、のぼせているならしょうがないでしょう。それをお義父さんにいえて、お義父さんも「のぼせているんだからしょうがないか」という感じで見てくれて、悩みの根が切れて楽になりました。そういうことも、お育てのおかげだと思います。

ずっとのぼせていると、湯あたりもします。本を読まなくては、本を読まなくてはという気持ちがあるのに、本が読めないと、本を読む時間がない、時間がないといって焦っていくということがありました。そんなときに純子さんは、「大変だね」といってくれるだけでした。そのような気持ちで、あれこれと悩んでいるときに、『観無量寿経』の「汝是凡夫《にょぜぼんぶ》　心想羸劣《しんそうるいれつ》」という言葉を聞いたのです。この言葉によって、自分の分限を知らされ、嬉しくて、夜半なのに純子さんに電話したことがありました。このようなこともありましたが、私は元来、あれこれと悩んでいるよりも、別院とか婦人会とか研修会とか、どんどん外に行くので、それもあまり引きずらない性格みたいです。それよりも、そういう研修会とかで、発表しなくてはならないことになって、そういうのが嫌で、悩むということのほうが多いです。だって、何をいっても、恥ずかしいことばかり出てくるのですから。見栄っ張りというか、こういうことを聞きましたということがいいたいのです。それはとても恥ずかしいのです。恥ずかしくて恥ずかしくて、もう行きたくないってくらい恥ずかしい。そんな恥ずかしさが続いたころ、純子さんにこういわれました。「肩の力を抜いて、頭を下げて、聞かせてもらいますって姿勢で行っておいで」と。それを聞いたときは、「ああそうか」と思って楽に行こうと思うのですが、実際に行ってみると、人が話しているのを聞いて、「あんなつまらんこといって」と思い、頭がムクムクと上がるのです。自分もつまらないことをいうくせに、人のことをつまらないと思うのです。今でもそうです。今でもつまらんことをいってと、人には思うのに、自分もつまらんことばかりいっている自分がいます。

註（1）真宗大谷派本誓寺の元住職。
（2）元大谷大学教授。
（3）元大谷高等学校教諭。元大谷大学非常勤講師。

七、今、そして、これから

私は、世渡りというか、人と折り合いをつけることがうまくできないのです。必ず途中で挫折するのです。そういう私を、私は生きているのだと思うのです。だから、そこで止まっている時間がないというか、本当にそこで止まらずに、次にステップしているのだと思うのです。それで生きていられると思います。これが頭で聞いて、頭で考えてあれこれしていたら、きっと行き詰ると思います。だから私は、いつも体のほうが動いて、自然に生きているのだと思います。林暁宇先生はそのような私に「天道生えの照子さん」というあだ名をつけてくださいました。一人で種が落ちて、一人で太陽と水とのおかげで芽が出てきて、というような生き方をしているんだっていわれたのです。

今、私は、ダウン症の子どもと一緒に暮らしています。まだ二歳にならない、私の三番目の孫なのですが、生まれてすぐダウン症といわれました。その子が、私に似ているのです。ダウン症だから似ているというわけではないのですが、私にとても似ているのです。また、我が家には世間では生きづらい青年が農作業の手伝いに来ています。彼らのほうが命に即したやわらかい心があるから、苦しみやすいのだと思うのです。だから、これからも、こういう世間で働けない人達と、大地に育まれながら一緒に生活し、皆さんに教えてもらいながら、生きていけたらいいなと思います。そういうことがはじまったらいいなと思っています。私、それは前からの願いなのです。そういう学びの家を作りたいということが、自分の願いだったのです。そして、そこでは自分の好きなことをする。嫌いなことはしなくていい。洗濯したい人は洗濯する。掃除したい人は掃除する。食べ物を作りたい人は食べ物を作る。そういう自由な生き方ができたらいいなって思うのです。今したいと思っているのでこれからやっていきたいです。願いはかなうと思います。今までかなってきたから、これからもかなっていくと思います。だって、ずるいのですから、私。理由なんか関係ないのですから。そのためには、私自身が天地に違逆し、人に従えない人間であることを聞いていかないと成り立たないと思っています。

あんたはそれでよかとね

中島尋子

一、熱心な母に育てられて

中島家に嫁いで五十年になりますが、中島家はもともと浄土真宗であったけれども、嫁いだ当初は、浄土宗か浄土真宗かわからないような状態でした。それに対して私の故郷は、朝倉市で浄土真宗本願寺派で、母はとても熱心な門徒でした。小さいころに三回ほど火事にあったのですが、母はそのときに「荷物持って行かずに阿弥陀さんだけ持って出れ」というような人でした。しかし、そのときに、「何であんな紙切れを持って行かなならんのか」と、反発したのが私なのです。ともかく、そのような母でしたから、ここに嫁いでくるときに、「久留米に行ったときは、最初に頭を下げて、仏さんだけは世話させてくださいっていいなさい」っていわれたんですよ。それで、結婚したら、お嫁さんが仏さんの世話をするのが当然だろうということを、私は思ってたんですよ。だから、嫁いだあくる日から、仏さんの世話はしておりました。仏さんの世話といっても、お水を変えたりするだけのことですけどね、毎日必ずしておりました。だから、ナンマンダブツは知ってたんですよ。

今思うと、母の存在は私にとって大きいと思います。たとえば、母は私が小さいころ、ナンマンダブツと仏さんに参らんと、ご飯食べさせられなかったというのは、別に不思議じゃなくて当たり前でした。よく「うれしかことも、かなしかこともナンマンダブツ」とか、「いつも何をしていても見てござる」といったことを、私たちにいっておりました。そのような母に育てられたのですが、中島家に来たら、誰も仏さんに参る人がいないんですよ、はっきりいって。盆、正月まとめて参るというような感じだったんです。しかし、中島家自体は、非常に封建的な家柄で、嫁である私は、僧侶の方とは話すことは許されないというような雰囲気でした。そんな雰囲気でしたが、家事などがうまくいかなかったときの「泣き場所」は、仏さんの前でした。

二、身近な人の死

そんな中、私が浄土真宗に本当に機縁になったのはですね、お義父さんと、お義姉さんと、主人が、五年間のうちに三人亡くなったことです。特に主人が亡くなったことが大きいと思います。主人が亡くなる前にも、お義父さんが亡くなっているわけですから、お寺さんにはずっと月参りは来ていただいたんですけども、僧侶の方と直接話すことは許されませんから、そういう話を相談することはけっしてないわけですよね。しかし、主人が亡くなって、さすがにちょっと聞いてよかっちゃなかろうかと思ったのが、はじめてだったわけですよ。忘れもせんですよ、その光景というのはいまだに。住職に、主人の法名の意味を聞いたんです。主人の法名は「啓道」というのですが、そのときに住職は、道が啓かれるという意味であると教えてくださったのです。道が啓かれるというのは、どういうことなのかということが気になって、あくる日に中島家のお手次ぎ寺である真教寺さんに、「道が啓かれるというのはどういうことなのですか」と問いに行ったのが、私の聞法のきっかけだったんです。

三、求道のはじまり

そして、真教寺さんに聞きに行ったら、そのときの坊守さんが、「あら、そうね。二、三日したら、九州連区[1]の婦人会が鹿児島で一度あるけん、そこに聞いておいで。近所の人も行かれるから、ついて行けばいいし」といいなさったわけ。だから、「そうですか」ということで、鹿児島の婦人会へ行ったんですよ。それが、聞法のはじまりです。そのときに聞いたことは、忘れもしないです。そのときの講師が、誰かとか全然覚えてないのですが、私はそのときのお話で、問題はあなたですよというふうに聞こえてきたんですよ。私は、中島家に嫁いで大家族の中で一生懸命我慢してきたのにという思いがあるもんですから、そのお話に腹が立って、腹が立ってですね。帰ってきても、私の何が悪いのかっちゅうことがあって、こんな腹の立つ思いをせにゃならんのなら、これはもう真宗やめるって思いました。だけど、先祖があるから、やめるわけにはいかんし。じゃあ真宗の勉強をしてみて、その結果によって決めようちゅうのが私の発想なんです。だから、そのとき帰ってきてですね、お姑さんに本当に両手ついたですよ。「すみません、私に真宗の勉強をさせてください」って。「これでは納得しません、主人がどこに行ってるかもわからんとに、このまま生きてはいけません」ということで、両手ついていったのが、聞法のはじまりです。

註（1）連区とは、全国の教区を五つに分けたもの。そのうち九州連区とは、日豊・久留米・長崎・熊本・鹿児島の五教区を指す。

四、聞法をしはじめて

そして、まず八女の明栄寺に、米沢英雄(1)先生が泊りがけで法話に来られておって、それに行ったんですよ。それから、米沢先生の本をボロボロになるまで、ずーっと毎日、読んできたんですよ。たとえばですね、お念仏というたらですね、結局は、太陽は東から出て西へ沈むとか、これは太陽のナンマンダブツとか、水は高きから低いところへ流れる、これ水のナンマンダブツ、とか。自然の一切はナンマンダブツしているが、人間の心はナンマンダブツしていない。そのナンマンダブツしていない心が、ナンマンダブツに目覚めるのは信というとか。こういう当り前のことですよね。何ちゅうのそれこそ、特別なことじゃないちゅうことが、驚きだったんですよ私。

もう一つのきっかけっちゅうのは、ある新興宗教の方に、「あなたの宗教って何するんですか」って聞いたんですよ。そしたら、即座に「人間を説く宗教」っていいなさったんですよ。それが問題になってですね、私、浄土真宗は何ですかっていわれたら、何ていうやろかって。本願とか念仏って何じゃいって。そして、何で何でと次から次へと問うていくのが、私のスタイルとなりました。

註（1）医学博士。開業医のかたわら、真宗に深く帰依し、全国にわたって伝道した。

五、亡き母との出会い

そんな中、一つの契機となったのが、今から十年程前に私の娘婿が、三十三歳で脳溢血になったことです。脳溢血になった娘婿は、言葉も不自由になって、分離症になり暴れるようになりました。被害妄想的な発想になり、娘婿にとっては、自分が正常で、私たちが異常っていうふうな感覚になるんですよ。まだ当時、一歳か二歳くらいだった孫を、普通にあやしていたかと思うと、孫が泣きだしたら、急に癇癪を起こして首を絞めようとするんです。それで慌てて孫を引きはがすということが、現にありました。多分本人としては、何でそんなに自分のことを嫌って泣くのかということで、思い通りにならなくてカッとしたのではないんじゃなかろうかと想像はしますけど。それからというもの、夜ふと目が覚めても、今ごろ孫が何かされよるんじゃないやろかという思いが、出てくるのです。事実としては、どうなのかはわからないのですが、そんな妄想が出てくると、寝れんわけです。馬鹿っちゃ馬鹿ですよ、妄想なんだから。けど妄想は止めれんわけ。それで、どうしようもなくて、ただ、仏さんの前で泣くしかありませんでした。そういうなことが、ずっと続いていたある日、亡き母に出会いなおすということがあったんです。

私の夫は、四十歳で亡くなって、そのときは姑さんもおったし、子どももまだ学生やったし、本当に困ったときやったけど、私の母っちゅうのは冷たいっちゅうか、私の夫の葬式には来ましたけど、あとは電話一本ないし、「大丈夫ね？」と声をかけてくれるわけでもないし、こげな母親がおるやろかって、本当に母を恨んでました。そういうことはずっと思っとったんだけども、それを日々の生活の中で毎日気にかけてる時間はなかったのです。そんな状態で、娘婿の件で仏さんの前で泣きながらお参りしとったらね、母のことがパッと出てきたわけ。そのときに、ハッと気が付いたのは、ひょっとしたら母は今の私のような状況ではなかったろかなーと思ったわけ。「大丈夫ね？」って電話したいんやけど、家にかければ姑さんもおるでしょ。そうするとかけたくてもかけるわけにはいかない。「母はそんな気持ちだったのか！　申し訳なかーっ！　ごめんなさい！」って、はじめて母に頭が下がったとよ。当時の私は、母は私に電話したかったけど、それを我慢して乗り越えてきた人だったいねえと思って、本当に申し訳ないと思った。そして、それまでは、母という本当になんていうひどか人かっちゅう思いやったのですが、そのときようやく母に頭が下がった。今はね、私の苦労も仏さんの仕事って考えるような母であったと思うんだけどね。

六、あんたはそれでよかとね

そのときに、涙をポロポロこぼしながら、トイレに行くと、私の家のトイレには日めくりカレンダーがあるんですが、そのカレンダーの木村無相[1]先生の「どうする　どうする　いまのまんまでいいのかね―― どうする どうする」っちゅう言葉を見て、「これじゃーー！」と思ったんですよ。これが私の念仏でよかって。つまり、あんたはそれでいいとねっていうところで、私は生きていったらいいっちゃないかなっていうのが、私のお念仏です。私からは、何も決めつけはできないというか、決めつけなくてもそれでよかとねっていう感じ。それから何とか歩んで行けるというか、歩みがはじまったとね。娘婿の状況が治るんだとか、治らないんだとか、そういう人の問題ではなくて、いつも私の問題なんですよ。真宗っていうのは、やっぱり外じゃなくて内と思うんですよ。そうすれば全部、何かに引っかかったときは、「あんたはそれでよかとね」っていって、ナンマンダブツばずっとはたらくって思う。だけん、私の念仏はというと、「あんたそれでよかとね」というとこです。そうすると、たいてい人の問題にならんで、私自身の問題になるみたいです。いつも苦しみよるとは、娘婿が苦しめてたんでしょうが。だけどね、それなら、私の都合の良いように、娘婿の状況が治って私を苦しめないようになるかっていったら、現実はそうはならないですよ、けっして。だから、自分の問題になってくるといっても、全部人を恨まんかっていうたら、恨みますよ、恨む自分しか見えないっていうことですよね、結局。そこから何か、変わるっちゅうのはおかしいんですけどね。

不思議なもんでね、亡き母に出会えたっちゅうときから、えらい楽になったとよ。うまくいえんのやけど、不思議としかいいようがないんやけど、安心したっちゅうか。それから、娘婿への妄想っちゅうのがあんまりなくなったもんね。お芝居みたいなことだけど、本当とよ。だから本当に不思議って思う。母にごめんなさいっていえたことが、「助かった」っちゅうことやけん。私にはそこしか決定的なことはないっちゃ。だから泣くっちゅうことが、仏さんに遇える契機なような気がするんです。

註（1）　仏法に自身の救いを求めて真言の門を叩き、後に浄土真宗の教えに深く帰依した求道者。

七、生活仏教

だから、私、あんまり僧侶さんと門徒さんと垣根を作らないんです。何ちゅうか、門徒さんちゅうのは、僧侶さんを奉ってっていうか、別のとこに置いとなさるもんね。そうすると、この垣根があるうちは、いつまでも僧侶さんは生活が見えてこんっていうような、私の根性があります。私はいつも、すぐ親鸞さんの流罪のときのことを考えるわけ。親鸞さんは、越後でご苦労なさって、私たちと同じ生活者として生きなさった。だから、生活仏教っておっしゃる方もいますけど、私はそれこそ、浄土真宗っていうのは生活仏教と思っています。どんなに立派な教えを聞いてもですね、その立派な教えが生活のどこをいうのだろうかといつも思います。私はどこかで、鈴木大拙先生(1)が「グレートリビング」っていうことをおっしゃっていたとお聞きしたのですが、それに加えて鈴木大拙先生は、「オー、ワンダフル」っていいなさる。ああ、不思議って。私それ大好きです。何ていうか、本当に当たり前の生活。「グレートリビング」とか、「オー、ワンダフル」ってものすごく好きです。

註（1）禅思想の大家で、国際的に活躍した仏教学者。大谷大学名誉教授。文学博士。

八、二十五日会

あと、夫が亡くなってから夫の命日に、夫の仲間が集まっての仲良し会というのを私の家でやっているのですが、それがそのまま続いているんですよ。命日が二十五日だもんだから二十五日に、ここに毎月十四、五人が集まります。八月と十二月抜かして毎月必ず。最初は多分私に、寂しい思いをさせんようにって、皆さん気を使ってくれたんでしょうね。それが三十何年続いてるんですよ。兄弟でも毎月会わんのに、この会は毎月あるので、とにかく毎月会うんですよ。そこで、大してご馳走するんじゃないけど、お酒飲んで食事して、それこそ別に教えを、聞法会とか何とかじゃなくて、健康の確かめあいとかっちゅうような感じなことで、とにかくここでワイワイ、毎月集まるんですよ。そして、祥月命日だけぐらいは、お坊さんに来てもらわんねということで、ここ十何年かは住職に来ていただいて、お話をしていただきます。

だから私は、浄土真宗はしきりと聞法とかいうけどですね、御同朋とか、御同行とかいうのは、何も仏教関係の人たちばっかりの集まりじゃなくって、いろんな方々と一緒に同朋であるっていうのが、私は大切だと思います。それはじつは、私の家に集まってくださる方々は、浄土宗の方もおれば天台宗の方も全部それぞれの方がいらっしゃるのです。でも、それは世間も同じで、いろんな方々が一緒にいるのが現状でしょ。しかもこの会は、聞法会をしようとはじめてるわけじゃないし、来たら自然とただお内仏に手だけ合わせているだけ。ひょっとしたら、ナンミョウホウレンゲキョウっていってるかもしれないし、ナンマンダブツといっているかもしれない。逆に私が、他宗のところに行ったときに、声には出さんでも、ナンマンダブツっていっているのと一緒ですから、別に構わない。だってそれでも、同朋じゃないんですか。私はそう思うけど。私はいつも、僧侶の人に「あなたたちは、真宗の人のところで話して、真宗の坊さんとしか付き合わんで、真宗のことだけしか知らんで、それで仏教ね」って、わざと皮肉でよういうんですよ。それは、私は間違っているか間違ってないかは知らないですよ。だけど、私はそういうことを毎月してますから、そういう人も含めて御同行でいいと思う。

九、孫から教えられたこと、癌は縁

だってこの集まり自体が、私がはじめたんじゃなくて、夫の仲間がいらっしゃったわけで。だけん、私の主体性っていうのは全然ない。みんなから、人から育てられとっとですよ。だから、私の発想じゃないですよ。今では、その方々も、もう年もいっとるですし、かなりの方が病気して、来れない方が多くなってきたですよ。そのうちに亡くなる人もいるし、その分私を含めた皆さんの孫が増えましたしですね。孫の舅さんまでいらっしゃるしね。今はそんなだけど、はじまったころは、私の子どもはまだ学生でした。それで、私の娘が結婚するときも、その仲間が親代わりっていう感じっちゅうか、そういうふうで。だから、結局それに増えたのが、子どもたちが結婚して娘婿が増えて、その次は孫が増えて、来たらわかるもわからんも、みんな仏さんに一応手を合わせるっちゅう習慣というのは、赤ちゃんのときからついてきたわけ。だから、それも私が教えたわけじゃなくて、その集まりの中で自然に身についていったことだと思う。そんな中で、孫が五歳くらいのときかな、「ばあちゃんのじいちゃん、どこ行ったと」って私に聞いてきたのです。孫からしたら、なぜか皆さんが毎月集まり、皆仏さんにお参りするもんで、やっぱり疑問に思ったのでしょう。「僕のばあちゃんには、じいちゃんがおらんし、むこうのばあちゃんには、じいちゃんがおんなさるし、だったら僕のばあちゃんのじいちゃんはどこ行ったと」って。そいけん、「仏さんになったとったい」って答えました。そしたら、「なんで仏さんになると」っていうわけよ。「死んだらみんな仏さんになるとたい」っちいうたらね、「なんで死ぬと」っていうわけよ。それは孫のそのままですよ。そいけんでっさい、「生まれてきたら死ぬとよ、みんな」っちいうたら、そしたら「なんで生まれてくると」っていうたわけ。そのときには、今度私が困ってね。「ああそうね、何で生まれてくるとやかね。一緒に考えようね」っていうくらいのことでごまかしたわけよ。

ただ、私はそのときはじめて自分自身で、「私は生まれてきたから死んだ」っていいよったやんね。その言葉が自分から聞かれたときに、私は気が付いたんです。今まで「あなたの旦那さんはなんで死んだんですか」って聞かれたときには、「癌で死にました」って、ずっと人にいいよったんけど、そこではじめて、ああ、癌で死んだっちゃないとって。癌は縁たい。それから、楽になったっていったらいかんけどですね、癌ば恨まんでもよかじゃないですか、縁じゃけん。それも孫から気付かされた。だけん、みんな私は、外から気付かせてもらったっちゅう感じ。

十、研修会について思うこと

だから、なかなか人の集まる生活っていうのが、今はないけんね、難しいっちゃろかもしれないけどね。教務所では、しょっちゅう婦人研修会とかなさってて、私も行きますけど、講師の先生方は、皆さんありがたいお話なさるっちゃんね。それに対して私は、講師の先生に、「うわー、ありがたいお話ですね、私はそんなありがたいお話イヤです」とかいうたりして、おちょくるわけ。また、聞かれる側の皆さんも、「ご立派」な方ばかりで、講師の先生に対して、「やっぱりありがたかった」とか、「よくわかりました」とか、そういうことをいわれる。昔は姑の問題やら何やらで、いろいろドロドロとして問題がありましたが、今は皆さん「ご立派」な方ばかりです。厳しい言い方になりますけど、やっぱりそういわずにはおれんようにお話されてるんじゃないか、お坊さんたちが。何ていうか、上手にご法話はされるなと。だから私は、話を聞いてる最中にいつも、「へー、ほー、私はそう思わん」という気持ちになる。「それ、生活のとこの、どこにあてたらいいんでしょうかね」っていうことを思うわけです。お話を聞いたときに、自分の生活に当てはめてみなければ、話にならないじゃないですか。こんなふうなことは、皆が思うことではなく、私がいつも意地悪だから思うんだと思うのですが。だからいいのか悪いのかわからないけど、私はそう思う。

まあ、答えを求めて仏法を聞いていくということを、最初はしますよ、やっぱり。だけど、それでは何か、親鸞さんの教えには違いますもん。「親鸞さんやったらどう考えるのかなあ」っていうことを、日常生活において常に考えているわけではありませんけども、やっぱり本当に困ったときは、入れていかないかんと思いますよ。それが生活仏教じゃないでしょうか。

十一、あなたは誰ですか？

たとえば、あなたは誰ですかって聞かれたときに、どういいますか？　私、ものすごく考えました。あなたは誰ですかって、私は中島尋子ですというのは、戸籍上の名前であって、世間の話でしょう。そうではなくて、あなたは誰ですかっていわれたとき、どういいます？　例えば、人間ですと答えたとしても、人間ですって、とおります？　私それ、えらい考えたんです。そして合ってるか間違っているかはわかりませんが、私は都合のいいことは好きで、都合の悪いことが嫌いな人間ですっていうことで、自分自身、納まりました。

なかなか、あなたは誰ですかっていわれてですね、難しいね。簡単にいうけど。戸籍上じゃなくて、あなたは誰ですかっていわれたとき。しかし、それも仏教なんです。ずっとそれで問われていきますよ。私、やっぱり都合のよかことが好きやもんね、都合の悪いことは嫌いな人やんねってとこにもっていくと、うーん、なるほどと思ってるんです。

十二、聞法の先輩、岡きよかさんからのお育て

私は、いろいろな方に育てられたとですよ。その中で、一番のお育てをいただいたのが、私を鹿児島に連れて行かれた、それこそお手次ぎ寺の真教寺のお寺さんのご門徒のご婦人の、岡きよかさんっていいなさる方です。その方は、常に私の前を歩いて行く人。その方がなければ、今の私はないと。もう亡くなられましたけどね。亡くなられるときにね、真教寺さんに頼んでお参りに連れて行ってもらいましたもんね。それからずっと、今でもきよかさんの祥月命日には、毎月真教寺さんとお参りに行きよるわけよ。そいで、きよかさんを思い出すご縁をいただいてると。そうすると、きよかさんはいつも、「問題は、外にあるのじゃなくて、内にある」っていいよりなさった。そんな方だったんですが、きよかさんが亡くならさるときはね、癌だったのですが、ものすごく苦しみなさった。でね、きよかさんが、「アイタ、アイタ」っといいなさると。私はきよかさんやったら、苦しいときに念仏が出るって思いこんどったわけ。だから、「なんでナンマンダブツ出らんと」って、きよかさんに聞いたわけ。そしたらね、火のつくほど怒られた。「痛い時は痛いと！」って。優しくじゃないですよ。それに私はビックリしました。この方は念仏が出る人って思いこんどったもんで。

十三、何も変わらない

また、次のようにもおっしゃいました。「尋子さん、今まで、あんたとあれだけ聞法に行きよったばってん、な

んしに行きよったのやろうか。何にも役に立たんごとなってしもうた」って。この「何にも役に立たんごとなってしもうた」っていう言葉は、きよかさんの私に遺した遺言です。この言葉をずっと考えたときに、ああと思ったことは、「きよかさんは、お念仏に遇いなさったとばいね」ってこと。逆にきよかさんが亡くなるときに「ああ、よかったよ、お念仏にずっと聞法に行っとったけん、楽やったよ」っていいなさったら、私逆やったろうなと思ったとです。つまり、聞法しても何か変わるとかそういうことではなくて、痛いなら痛いまんま、死ぬときには、聞法してきたということも役に立たなくなっていって、ただ死んでいくっちゅうことを教えられたとです。だから、みんな私、外から育てられとっと。きよかさんがいらっしゃらなかったら、私ないとですよ。そういう方が、何人もいらっしゃるわけですよ。

十四、まずは自分が喜ぶ

浄土真宗がこれからこういうふうになってほしいとか、そういうような大それたことはないですが、生活の中のたわいもないことに気づき、喜んでいく。そいで、自分が本当に生活に喜んどったら、次に繋がっていく、伝わっていくっちゅうことになるというか。やっぱり、自分が喜んでなければ、伝わっていくっちゅうことはないでしょう。そんな中で、私が門徒総代をしていたときに実践していたことは、「ようこそようこそ、あなた一人のお寺ですよ」って、一人ひとりに声をかけることですね。「一人」っちゅうことがなければ、聞法の道場になりませんから。それはずっと続けています。

第二部　解説篇——同朋会の意義を明らかにする——

日本仏教の課題とその可能性
―大谷派の同朋会運動を通して―

末木文美士

一、近代仏教の二重性

本日は、同朋会運動の研究会にお招きいただきありがとうございます。同朋会運動研究班の方から、外部からの視点で同朋会運動について話して欲しいというご依頼をいただきました。私は、同朋会運動の経緯について、あまり詳しくは存じ上げませんので、大谷派の大事な尊敬すべき方々に対して失礼な言い方などあるかも知れませんが、そういう点はお許しいただけたらと思います。

まずは信仰運動というものに関して、少しだけ思うところを述べさせていただきます。皆様は、同朋会運動の調査・研究をされるということなのですが、実際に私の知りあいの大谷派の住職さんなどと話していると、同朋会運動は本山がやるものだから自分たちとは関係ないよとおっしゃる方もいます。ですから私には、以前から同朋会運動は本山と現場の間に血が通っていない、随分冷たいものなのだなという印象が少しありました。それは、はっきりとはわかりませんけれども、こういう運動というのは、一生懸命やっておられる方とそうでない方との間に、実際の大谷派の中の人たちでも、かなりギャップがあるのかなと思います。

そのギャップは、具体的に何を意味するのか、少し考えてみたいと思います。実際多くの現場の住職さんが日々されているのは、お葬式や法事などの形で檀家さんと友好を結んでやっていくということでしょう。だから、そういうお寺の活動と、信仰運動とのギャップのようなものがあるのではないかと思います。こういうことは、他の宗派でもあるようです。以前、他の宗派で一生懸命色んな社会活動をされている方とお話したことがあって、実際にそういう活動をしていても、それが檀家の方にはなかなか理解されず、何を余計なことをしているのだというふうな目で見られてしまう。現実はこういうものなのかと、いわれたことがありました。ですから、そういったことは、何も大谷派だけに限ったことではないのだろうと思います。

そうした意識のズレは、いったいなぜ起こるのでしょうか。思うに、一方では近代の日本の仏教というのは、教団の上層部といいますか、あるいは問題意識を持った知識人の中では、典型的には清沢満之のような優れた方が出て、近代的な宗教として生まれ変わる。それが大谷派の場合であれば、信仰運動という形で現れてくる。ところがもう一方では、信仰運動を行う場合でも、その運動を底辺で支えるものは、いわゆるお寺と檀家さんとの間での日々の活動がベースになっている。このように、日本の近代仏教の二重性というのが、先ほど申し上げた問題の一番根本にあるのではないかと思います。これは大谷派だけではなくて、日本仏教全体の問題としてあるのではないかと思います。ですから、教学的な問題以前に、良い悪いではなく、そのような教団の実体をまずおさえることが大事であろうかと私は思います。

二、宗教と世俗倫理

そこで考えてみたいのは、宗教と世俗倫理という問題です。これも大谷派が、一番先鋭的に問題としているところがあると思うのですが、西本願寺の方でも同じ様な問題があるようです。たとえば、社会的な活動をしようとすると、それは教学的な根拠がないということになり、したがって、個人的にするのは勝手であるけれども、教団として、あるいは教団内の運動として行うことは、親鸞の教えから外れるものである。少なくとも、教学的にはそのように位置づけられている。これが特に真宗の場合、親鸞の教学とどう関わるかという形になりますから、そういう意味でいえば、東も西も共通したものであろうと思います。

ただ大谷派の場合、清沢教学の問題がもう一つ関わってくると思います。その立場から、教学と社会をどのように捉えていくかということです。基本的には、同朋会運動も清沢教学を踏襲しているのであろうと思いますが、そのあたりの問題が一つ関わってくるかと思います。そこで、かつての運動の中心になられた宗務総長の訓覇信雄氏の存在が大きくなる。私は、次のような訓覇氏の話を、以前に聞いております。それは、「同和が何か、靖国がどうかと、僕にはいう資格がありません。もっぱら自己とは何ぞや。これが人生の根本問題だ」というものであり、または、「清沢先生の教えは、人間がどうしても生きられなくなったとき、その道を歩みたいという志願に基づいたものであり、それが僧伽の発言である」というもので、つまり自己のことが、部落問題や靖国問題を問うことに優先する。それが清沢満之の精神とされていて、一つ大きい問題なのではないかということです。

これは確かに大きい問題でして、じつはそれに関して最近、清沢門下の精神運動としての初期の『精神界』(1)を読みなおしています。そうすると、暁烏敏氏の発言が問題になる。暁烏氏は、戦後宗務総長にもなられた方で、そういう意味では立派な方だと思うのですが、よく知られていますように、戦争責任等の問題がある方です。その暁烏氏が、『精神界』のごく早い時期に、足尾鉱毒問題について、発言しているのです。鉱毒に対して、被害者が自己の権利を主張するのはけしからん、鉱毒事件による被害は、素直に受けて服従しなければならず、自分心中の信仰というものに気付かなければならないというような発言です。それは権利主張、人権主張というものを、強く否定しているのですね。これは結構大きい問題でして、人権という社会的な問題と、信仰の問題というものが、どう関わるのかという問題です。それを一方的に、人権がけしからんという。それは、ある意味では、清沢の思想が本質的に含んでいた問題であり、弟子たちに残された問題であるといえると思います。

私も、清沢の著作には、大変大きい影響をうけました。やはり清沢の一番重要なところというのは、宗教というのが世俗とは違う次元の問題だということを、はっきり主張する点にあると思います。これは、当時の社会状況の中でいえば、「教育勅語」にも当てはまるわけでありまして、「教育勅語」は、道徳があれば宗教はいらないということにもなります。しかし清沢は、そういう価値観に対して、そうではないと批判するわけです。このように、宗教には道徳を超えるものがあるのだと主張したことが、やはり大きな意味を持つと思います。ところが、「精神主義」の出発したところで清沢が亡くなってしまったために、今度は宗教の領域をそういう世俗倫理の教育から独立させた場合、両者がどう関わるかという問題は、結局門下に残されてしまった。それが、清沢がよく批判される面だと思います。

たとえば、一度は国家を否定しながら、信念を確立すれば、国家のために戦争に行くのも良いというような発言を、どう解釈すれば良いのでしょうか。それは、清沢の譬えが悪いというよりは、むしろ清沢が早く亡くなってしまったために、結局その後突き詰められなかった問題であろうと思います。そのことが本来は、もっと門下で十分議論されなければならなかったし、実際に初めのころはされているのです。日露戦争に対する態度を見ましても、非常に両義的なのです。

暁烏敏的な言い方でいけば、もう戦争は与えられた状況だから、国のために一生懸命戦うべきであり、そうすればお浄土に行けるのだという、そういう方向性が一方にある。もう一方には、国のために戦うことも大事だが、しかし国のためということを超えた価値観があって、そのことを常に考えていかなければならないという、そういう見方もありうる。実際、同じ『精神界』の中の論でも、日本が勝とうがロシアが勝とうが、どちらでも良いのだというようなことをいっている論文もあるのです。一番先鋭的なものは、無署名のものですが、そういうような形で、それはどちらにも行きうる可能性を持っていました。ところが、そうした本来議論されなければならなかったはずの問題が、結局共存したままで議論にならずに消えてしまった。

こういうことは、非常に残念という以上に、相当に大きい問題を残して、その後のいわゆる戦時教学というものに、無批判的に流れてしまうような結果を招いた。戦後再び、同朋会みたいな形で信仰運動として立てようとしたときに、またそういう問題がほとんど十分に論じられないで出発してしまったところがあるのではないかと思います。このように、そこには二重の問題があります。一つは、既成仏教全般に通ずる問題、つまり檀家制度の問題と、もう一つは今いったような、清沢において政治的に解決せず、そうやって門下でも意見が分かれた問題が、十分に討議される暇がなかったという問題です。さらにいえば、こういう問題は、やはり親鸞の教義解釈の問題に関わってくるだろうと思います。

これは本願寺派のある先生と話したことなのですけれども、たとえば、自力と他力という問題というのを、それを非常にドグマチックに自力はダメで他力が良いとする。しかし、果たして自力なしの人間がありえるだろうか。つまり自分で努力しないで、他力が来るはずもないということです。自分の努力が、むしろ信仰を支える面もある。あるいは、我々の日常を考えたとしても、信仰のことさえ考えていれば、ともかく万事うまくいくということはまずありえません。やはり私たちは、日常のお金の計算もしなければならないし、また在家の方で会社勤めしていれば、会社の仕事はきちんとしなければなりません。ですから、信仰のことだけ考えていれば、会社の仕事がうまくいくかといえば、そんなことはまずありえないはずです。だから、我々に、個々人の日常生活は当然あるはずです。そのあたりの問題というのは、人間的個のぎりぎりの問題です。

今これを、親鸞の解釈の問題でいえば、自力というものをどのように考えていくか。それは二種回向という、回向の捉え方にもなろうかと思います。いわゆる往相と還相の問題であり、とりわけ還相回向というものを、どのように捉えるのかということです。還相回向を往生後というような、人間の実存とは遠い先の話で、自分と関係ないものだといえるのかどうかという、親鸞解釈の根本に関わってくる問題が、そこにはあるのだと思います。二種回向の問題は、一つの例ですが、私が申し上げたかったのは、現場の実際問題と清沢によって開かれてきた近代的な親鸞理解が、いったいどのようにかみ合うのかということです。

註（1）　清沢満之を中心とする、浩々洞の同人たちによって明治三十四年に創刊された仏教雑誌。

三、他者との関わり

清沢教学を嚆矢とする大谷派の近代教学は、時代に即応した新たな親鸞解釈を生み出しました。その結果、親鸞解釈そのものが、ある意味では非常に近代的なものになったと思います。とりわけ、本願寺派に比べて大谷派のほうは、かなりラディカルに現生（現世）に重点をおいています。公認されているかは知りませんが、現生往生のようなところまでいう方もおられるようです。しかし私は、確かに親鸞をそういう方向にひきつけて読むことはできるけれども、はたして本当にそうだろうかと思うのです。親鸞の時代状況に身を置いた場合、基本は当時の浄土信仰の中で活動しているわけです。その枠組みが前提となった上で、現生正定聚を語ってくるわけですから、その基本の枠組みというのは、当時の浄土信仰を前提とした上ではないかと思うのです。だから、親鸞の思想を正確に把握するには、親鸞の時代状況の中に戻して見たほうが良いのではないでしょうか。また親鸞の思想は、法然門下の中で形成されていくわけですから、親鸞だけ独立しているわけではないと思われます。ですから、もう一度当時の状況や法然門下の中に親鸞を戻して、その思想を考え直したらどうかと思うのです。

こうした浄土信仰とも関係してくるのですが、私は最近、死者とどう関わるかという問題を考えています。死は具体的には葬式という形で儀礼化しますが、死を思想的に考える場合には、じつは近代という時代が重要になってくる。近代は、大きくいって生の思想が中心です。いわば生きるということだけ注目される時代で、現世だけの問題を取り上げてくる。つまり、現世だけでもいいような発想になっていったのが近代である。それに対して、もう一度死という問題を、取り戻す必要があるのではないかと思うのです。

そうしたときに、私はいくら自分の死というものを考えても、それは観念の中でしか考えられないことであって、生きている内は経験できないものだと思います。しかし、死者と関わっていくということは、我々の中のそれぞれの生活の中であることですから、それは葬式という形式の問題ではなくて、身近に亡くなった人と自分がどういう形で関わっていけるのかという、私たちの現実の問題です。生きている人だけで、世界を作っているわけではない。そうではなく、死者とのもっと大きな関わりがあってはじめて、我々は生きているのではないか。ですから私は、この問題をそこまで広げて考えていかなければならないと思います。それを何でも生きている人だけで、死者は関係ないのだと考えたところが、近代の間違いではないか。そういう意味で、現代の葬式は、一つの儀礼化した形として表れたものですが、もっと根本の考え方として、生きている人間だけでなんでもできるのだという、そういう傲慢さを考え直す必要があるのではないかと思うのです。

そのときに私は、今一度、清沢教学というものを、きちんと捉え直す必要があると思うのです。清沢の教学は、ほとんど来世のことをいわないわけですし、そういう意味では、清沢には現世主義のような近代的な側面が見られます。それまでは、浄土真宗であれ何であれ、亡くなったら浄土に往くという死の問題であったのを、まさに清沢教学は、あくまで今私が阿弥陀仏とどう関わるかという今の問題に転じたという意味での、近代化した教学なのです。しかし一方で、清沢の教学は、近代化を超えていく可能性も持っているのです。もちろん弥陀という他者は、けっして自己の外側にある対象ではないのだが、そうかといって、すべてが自分の心の中で片付いてしまうわけではない。心の一番奥底にまで行ったときに、じつは自分の心でどうにもならない他者と、自分は関わっているのだというところに突き抜けてしまう。そういうところで、他者としての弥陀というものが出てくる。その発想というのは、近代の問題を突き抜けている。

ですから、自己であれ他者であれ合理化してしまって、自分の心の中だけで一切が解決するというのであれば、それは近代の問題の範囲で済む。そうではなくて、どうも自分の心の中を深く突き詰めていくと、もう自分の心でどうにもならない他者との関わりというものが出てきてしまう。だから、他者との関係というのは、信についての問題になるわけです。言葉として、信とか信心とかいったときに、実際信とは何なのか。それは他者との関わりの中において、信心とは何なのかという問題ですね。言葉で信といってしまえば、それでわかったような感じがするけれども、結局それが固定化して内実が伴わなくなって、空回りしてしまう。ではその信という言葉でいわれたものが、いったい何なのかということを、突き詰めていく作業も必要ではないかと思うのです。

四、寺檀制度から葬式仏教へ

ここから少し視点を変えて、葬式仏教の観点から同朋会について考えてみたいと思います。今首都圏の開教というのが、大谷派でも本願寺派でも大きい問題ですね。もともと真宗は、東京のほうはあまり強くないことに加えて、もう檀家制度自体が本当に危機的な状況にあって、どうしても改革をしなければならないという現実があると思います。そうした状況において、真宗の大きな課題は、葬式仏教をどう受け止めていくかということだと思うのです。これをもう一度、プラスマイナスいろいろ全部含めて総体的に位置づけ直し、いったい近代において葬式仏教とは何なのかというのを考えなければならないし、またこれはどうしても考え直す必要があると思います。

これがなかなか難しい問題で、簡単にはいい切れないと思いますが、まずいえることは、同朋会運動というのは、個人の信仰を強調していくものですね。これはいってみれば、近代的なキリスト教の運動と類似している。もともとは、そこから啓発を受けたのだろうと思うのです。私が、学生時代には、宗教というのは個人の信念の問題であると教わりました。そのおおもとは、明治はじめに島地黙雷(1)が近代的な信教の自由を確立したときに、宗教とは心の問題であるから、政治が関わることができないと主張したところにあります。

ところが、宗教を個人の問題とすること自体、もともとはヨーロッパから持ちこまれた思想です。江戸時代の仏教というのは、全然そうではなくて、人々は寺檀制度の下で個人の信仰以前に制度の中に生まれるわけです。それでは、明治以後の仏教はどうなのか。葬式仏教といいますけれども、葬式仏教というのが顕在化してくるのは、じつは近代の問題なのです。つまり近世の江戸時代には、宗門改帳がつけられまして、お寺は死後だけでなくて生きている人全部を管理し、お役所のいわば下部組織として機能していました。ところが近代に入って、お寺が役所と切り離されることによって、民間化することになる。

こうして、寺檀制度が近代の葬式仏教に変化してきていることはわかっていたのです。ところが、最近になって、家の観念がかえって近代以降強まってきたことがわかってきました。つまり家のシステムは、江戸時代から確かに封建的なシステムとしてあったと思うのですが、近代になって家父長制が非常に強くなって、一般の人々にも浸透していく。お寺を中心にして、人々が自分の家のお墓を建てるようになる。真宗の場合は、「何々家の墓」とはいいませんが、他の宗派だと「何々家の墓」と彫られています。こうした「家墓」というものは、基本的に明治以降のものです。それは、つまり近代に家父長的な家制度というものが、民衆の末端まで浸透したということです。

もともと家の制度というのは、武士や上級以上の人たちにしかなかった。それが末端まで行き渡るのは、むしろ明治になってからです。「教育勅語」などによって儒教的な忠孝の道徳が教え込まれると共に、明治には個人主義な民法を作ろうとする動きもあったのですが、最終的に家中心、家父長中心の民法ができるわけです。そういう中で、その家父長の家支配のシンボルというのが位牌であり、墓であって、それを守ることが重要視された。そしてそれの管理をするのがお寺でありまして、お寺が近代になって衣替えをしたわけです。

民間化することによって、普通だったらそこで仏教は衰退するはずです。いわゆる神仏分離があって、それで廃仏毀釈なんかでお寺が徹底的にたたかれて、実際かなりのお寺が経済的にも危機に陥り、しぼんでいたものが、もう一度盛り返して葬式仏教として確立する。ですから葬式仏教というのは、じつは近代の社会システムを、いわば底辺で支えるという役割をもっていたのです。そう考えると、近代的なシステムの中で、しかも個人の信仰というものと違うところで、仏教は一番重要な機能を果たしてきた。それを無視しては、近代の仏教も現代の仏教も語れないと思います。

ただ、現代は、急速に檀家制度が崩壊しつつあります。たとえば、少子高齢化による家墓の後継者不足という問題があると同時に、戦後の民法が変わって、そもそも墓や位牌を守るという家父長的な意識が段々崩れていった。それがある時点、八十年代九十年代あたりから、急速に戦後世代に世代交代していくような中で、意識そのものが劇的に変わったのだろうと思います。ところが一方では、書物や文化講座などを通した仏教ブームもあります。ですから非常に矛盾していますが、いわば檀家制度の崩壊による仏教の衰頽と、もう一方では、団塊の世代が老齢化していく中で仏教ブームが続いているわけです。つまり仏教ブームでありながら、組織としての、あるいは制度としての仏教というのは、非常に困難な状態になっている。大谷派も、そうした矛盾を抱えているでしょうし、仏教界全体としても、そうした矛盾した状況があるのだろうと思います。

そんなわけで葬式仏教は、本当は国家によって制度化されていないにも関わらず、近代国家の体制を支える意味を持っていた。その意味で、近代の社会組織そのものを支える裏側の意識を、よく反映している。だからこそ、江戸時代の寺檀制度を、明治期に入ってから葬式仏教として衣替えする形で受け継ぐことができた。今それが崩壊しているわけですが、だからといって葬式仏教がただちに信仰運動という形で個人の問題に切り替わっていこうとしても、やはり少なくとも打撃は受けるでしょう。今まで宗門を支えてきた葬式仏教が崩れていく以上、今のままでは多くのお寺が潰れてしまうのは避けられないし、その上、信仰運動として宗門の改革を行うとすれば、さらに多くのお寺が潰れることを前提とした形でやっていかないといけない。つまりお寺の組織を全部守っていながら、しかも新しい運動ができるという考えには無理があるのではないか。私は宗門の外の立場ですので、非常に無責任な意見だと思いますが、客観的に見てそう思わざるをえません。

註（1）明治期に活躍した本願寺派の僧侶。「三条教則批判」を建白し、政教分離、信教の自由を主張した。

五、個の目覚めと組織

ですから私は、教団内から起こす信仰運動というものは、極端にいってしまえば、無理だと思うのです。そんなことをいったら叱られるかもしれませんが、組織というのは組織防衛ということを当然しなければならない。しかし、その中で組織として個の目覚めをやりましょうといったとしても成り立たない。だいたい、組織の上の人たちだって、みんなバラバラなはずなのです。そうであるならば、極端かもしれませんが、本当に信仰運動をしようと思う人は、組織を飛び出して、個人の運動をすればいいのではないでしょうか。

禅のほうでは、弟子丸泰仙[1]という、フランスに行って伝道活動をした方がいらっしゃいます。あの方は、最初は全く一人でフランスに行きましたから、当たり前ですが誰も弟子がいない。それでただ座っている。そうしたらそのうちに、なんかおかしいことをしている奴がいるというので、何人か来る。その中から少しずつ育てていって、それが大きくなっていく。だから最初は、組織の援助があるわけでもなく、経済的な援助があるわけでもない。何も食べるものさえなくて、明日の食事さえどうなるかわからない中ではじめている。だから本当に、個の目覚めでやろうとしたら、それをやるしかない。組織で個の目覚めをやりましょうということ自体が、もうそれからして矛盾していると思います。

ですから、教団という組織に乗って個の目覚めをやろうとした場合、ものすごく複雑で矛盾した問題を最初から含みこんだ形でやらなければならなくなります。スローガンとして、個の目覚めを打ち出していくというのはありうることですが、ただそうすると、個人としての個の目覚めをやろうという意見と、それでは組織をどうするのかという意見が、教団活動の中で常に衝突してしまい、実際に教団として動くときにはかなり難しくなる。

そういった意味では、清沢の場合も、教団内の矛盾という点から、一つ考え直してみる必要があると思います。清沢自身が、一方では強く個人の信仰問題を考えながら、もう一方では宗門改革をしようとしていますし、晩年の浩々洞にしても、集団として、グループ運動としてスタートしている。それで出発しているから、『精神界』を出して社会に訴えかけるというスタンスを取っている。清沢としても、宗門を変えなくてはならないと思っていた。だから晩年まで、門主教育に関わっていたようですね。そういう意味でいえば、清沢教学自体を、もう少し教団における位置づけとして考える必要がある。愛知のお寺での檀家さんの目から見た清沢は、全然檀家さんの面倒を見ないひどい住職だったという見方もできる。実際そういう意味でいえば、檀家の方の教化を放棄してしまったという問題にもなるので、そういうことが全部絡んでいく問題として考えなければならないと思います。

個の目覚めといっても、そもそもそれが何か高度なものだというようなレベルの違う問題ではない。レベルの上下ではなくて、実際の人間の生活から出発し発想しなければ、人間の本当の問題は出てこないのではないか。大多数の民衆には、葬式仏教として仏教が浸透しているにもかかわらず、自分たちだけは高度な個の目覚めをやっていて、相手にはわからないという発想は、まず基本的におかしいと思うのです。また個の目覚めという、いわば個人化した仏教の発想そのものが、先ほど述べたように、非常に近代的な、いわば表層的な知識人の中に自分を置いてしまっているということなのです。もう一度、背景にあるトータルな問題として、そういうものも含めて、それから社会的な組織の問題だとか、教団の再生運動や教団そのものの活動運営というものを考えないといけないと思います。

現代の宗教の問題の捉え方は、特に宗教学の方面では、かつての宗教の捉え方である個人の信念の問題という発想では、ほとんど捉えられないようになっています。現代では、宗教の捉え方は、組織制度や個人の信念等を含めて広くおさえていくような、トータルなものになっています。ですから、現代において私たちが、個人の信念というものを考えようとした場合も、やはりそのような、トータルな中で考えていかないといけないだろうと思います。

また、親鸞教学の解釈としてある信心の了解の仕方についていえば、たとえば現生正定聚という言葉の解釈にしても、親鸞の難しさというのは、他と比べてみた場合、信の確立というものがどこで証明できるのかという点にあります。それは、非常に主体的なものですから、他に証明することがものすごく難しいですよね。これが禅であれば、お師匠さんが指導して、良ければ印可する。これは要するに、お前はここまでわかったということを、ちゃんとお師匠さんが証明してくれるということです。それで自分は、どこまで達しているかということがわかる。そういうように、ちゃんと知ることができる。ところが真宗では、信心、信心というけれども、それでは信があればいいのだという場合、その信心とは何なのか、どこで信心が証明できるのか。そこで禅と同じく、真宗も師のところへいったら良いと思われるかもしれないが、いったいどの人に信があるのかわからない。自分自身がどこまで行っているかも、まずわからない。他の人と比べてみると、これはどうも自分も不信心だというふうになってくることもあると思います。逆に、自分のほうが優れているという、増上慢も起こりやすい。

おそらく、親鸞もそうなのだろうと思うのです。自分は絶対に信があるのだといって、あいつらは信がないという言い方は、たぶんできないだろうと思うのです。つまりは、大谷派の教学で積極的に主張されるような、自分はもう現生正定聚になったということをいえる人が、どれだけあるのかというあたりに、問題があるかと思います。ですから、もう一度清沢の個の目覚めということも、考え直す必要がある。たとえば、訓覇総長の言葉の中でも、自己とはなんぞやというのが根本問題だというけれども、このような言葉を、親鸞は絶対にいっていないですね。だからいけないというわけではないですが、それはその時代その時代で親鸞を受け止めながら、それをどういうふうに捉えなおしていくかという問題なのです。捉える方向性を固定化して、これでなければダメだというふうな考え方というのは、非常に良くないと思います。

それで先ほども申し上げましたように、教団には教団の利害がある。教団の施策として自己保存をしなければならないし、その中での勢力間の問題もいろいろとある。そういう教団の複雑な問題を考えないで、他方で檀家の問題も考えないで、個人の問題のみを考えるのではおかしい。そうではなくて、教団はもっとトータルなものとして宗教運動を行うべきで、これは真宗だけ、大谷派だけの問題ではない。教団問題は、檀家、教団、社会といったものが、どのように関わるのかという、トータルな問題として考えないといけないと思うのです。

註（1）　曹洞宗の僧侶。昭和四十二（一九六七）年に渡欧し、フランスで禅を布教した。

六、仏教者と社会運動

それと関連して、最近いろんな宗派で講演に呼んでいただいたり、お話していて感じることなのですが、お坊さんの常識は世間の非常識ということを、本当に実感させられています。それは、ものすごく真面目で、一生懸命考えているお坊さんの中の真面目さが、実際の人間生活の切実な問題と完全にずれて、真面目になれば真面目になるほど、じつはどんどん外れてしまうところがあるように思うのです。それでお坊さんは、こんなに自分は一生懸命やって檀家さんにも説法しているし、こんなに修練しているのに、檀家さんは何も自分のことをわかってくれていないというようなことを思われる。それは、その一生懸命さの方向というのが、やはり少し違うのではないのですかということです。つまりお坊さんと檀家さんの問題が、共有されていないという現実があるのだと思います。

私自身も、古典を読んでそれを解釈するという仏教学を継続してやってきて、それまでは本当に文献の領域の中で、正しく解釈できれば良いと思ってやってきました。ところが、ある時点でちょっと発想を変えてみるべきではないかと思うようになりました。もし仏教学の研究が現実と合わなかったら、敢えていえば親鸞だって間違っているかも知れないのです。それでそういうふうに、学問の視点を変えてみて、こちらからの発想をあちらからの発想に、方向性を変えたときに、意外に仏教というのが、じつは結構楽しいものになってきて、今までの研究の意味も結構わかってくるところが出てくるのです。

ですから、自分の問題に、いつも立ち返っていくということは大事です。空虚な机の上だけのことでは、仏教は成り立たない。たとえば、仏教者にも社会運動に関わる方がおられるのですが、今までの仏教者の社会運動を見ていると、仏教者だからこういう運動をするというのではなくて、すでに行われている運動に、無批判に加わっていっているようです。仏教者が、社会的に何か既成の運動に関わって動かなければならないような雰囲気になってしまっているようです。今までもそういう環境問題や、平和問題などの問題、あるいは同和問題などの場合は、複雑な事情があるとは思いますが、それは要するに社会でやっていることを、宗教者が後追いしていくというか、自分も参加していますよという姿勢だけ一応対外的に見せて、自分の主体的な問題がどうなのかということが、宗教者自身にも十分に捉えられていない。だからそれが、仏教者の平和運動なり、そういう社会的な取り組みの弱さになってくるのではないかと思います。

たとえば、死者の問題があります。広島に行ってみると、慰霊碑に「安らかに眠って下さい」とありますね。そして「過ちは繰返しませぬから」とある。あの言葉に、私はずっとこだわっています。このことは、真宗でも問題にしていると思うのですけれども、一般的に「永眠」という言い方というのは、近代の言い方で、私も非常におかしいと思うのです。要するに、死者を眠らせておいてしまう、死者を向こうへ排除しておいて、それで生きている人たちは、生きている人たちで生活するということですが、それでは生者だけでいったい何ができるのかという疑問が残ります。慰霊碑の言葉には、この点で違和感があります。

そのような平和運動の原点になるものを、もう一度考え直してみる必要があるのではないかと思います。逆にいえば、原爆で亡くなった人達と、どうやって一緒になれるのか。そういうところを考えないのであれば、いったい宗教とは何なのかということです。現状では、そういうことを問題としないで、ただ賛成か反対かというだけになってしまう。しかし、次元を変えて、宗教の立場から考える必要があるのではないか。たとえば、靖国で、政治的なことはともかくとして、死者が神になるという発想は、ものすごく大事なところがあると思うのです。人が亡くなって、その亡くなった人をお祀りする。これはじつは、古典的な神道の教義からすれば、おかしなことなのですが、この亡くなった人が神になるという発想によって、逆にその死者が生きている人に力を与えることができるという発想にもなる。その発想自体は、けっして馬鹿にしてはいけない大事なことだと思います。つまり、これは生者が死者に助けてもらおうという考え方だと思うのです。だからそれを、賛成か反対かではなくて、もっと形而上的なレベルで、宗教の問題として考えたときに、どういう形ではたらいていて、どういう意味があるのか。このような関心で、考えてみなくてはいけないだろうと思います。

最近知ったことですが、広島の場合も、全日本仏教会が募金をして、仏教界全体として平和塔を作るという計画があったらしいのです。それが企画は大きく打ち上げたけれども、途中で資金がどこかに消えてしまって、結局その計画が消えてしまったということで、非常に情けないことです。今広島に一つだけある仏教の平和塔は、日本山妙法寺が造ったものだということです。そうやって、仏教界が総力をあげて、大きい塔を造ろうとした。その企画が壊れてしまって、何もできなくなった。そういう情けない状況は、一派の問題ではなくて、日本の今の仏教界の状態を如実に表しているのではないかと思われます。そこには、宗教というものが、戦後社会の上で、一種のよけい者扱いにされてきたということもあるのではないでしょうか。

そのことは、広島に行くと本当によくわかるのです。平和運動で宗教色を出すということは、絶対排除という向きがあります。宗教色というのは、戦前の国家神道の問題などと関わって、危ないというイメージを持たれており、その結果、宗教問題は、政教分離の原則のもとに、いろんな法律に縛られて、宗教者が萎縮してしまうという現状に至ります。それは宗教者自身が、内に宗教としての理念、仏教としての理念をしっかりと立てられないために、結局世俗運動に追随するか、あるいは自分たちで何かしようとしても、企画だけは打ち出しても、結局潰れてしまうという問題となってしまう。

だからもう一度、我々は、宗教というものを考え直す必要があるかと思われます。宗教が、社会の枠の中で限定されて何をなしているかということよりも、そのように限定された以上の、どのような機能を宗教は発揮できるのかということを問題にすることで、宗教が持つ本当に重要な意味を自覚できるはずです。そのことを宗教界、仏教界自身が、もっとしっかりと自覚的に考えていかないといけないのではないかと思われます。

清沢満之とは誰か
―当時において、そして現在の私たちにとって―

上田閑照

一、清沢満之との出会いの縁

今日は、清沢満之についてお話したいと思っております。清沢満之という方は、私にとって非常に因縁があるといいますか、気持ちがしっかりそれに向かっている、そういう方であります。

ここに、一冊の古い本を持っております。古い本なので、茶色くなってバラバラになってしまったので、自分で綴じて使っているのですが、これは、『清沢先生の言行』という表題で、当時の崇信学舎(1)というところから出されたものです。昭和二十六(一九五一)年に出た本で、その年にこの大谷大学で講演会があって、そのときに私の直接の先生でありました西谷啓治(2)先生が、講演の中で清沢満之にちょっとお触れになったのです。そのときは、二言、三言でありましたけれども、何か印象に残り感銘を受けたものですから、その講演会が終わって講演会場の外でいろんな本が売っていたのですが、そのときに買った本がこれです。これは、清沢先生の言行録といいますか、集められたもので、わかりやすく文章を直してありました。内容的には非常に感銘を受けたのですが、元の文章の調子は、もう少し何かピリッとした感じのものではないかと思っておりました。その文章の最後のほうに、元々の文章が僅かですけれども載っておりましたが、その後、岩波文庫で『清沢文集』というのがあるということがわかって、それを買いました。それ以後、これは私の座右の書の一つといっていいものになっております。非常に古いもので、昭和三（一九二八）年、それが第一刷りです。あと、大きな立派な全集も出ておりますけれども、この岩波文庫は大変良い編集になっていて、読みやすくて、それ以後私はこれを使っております。今日も引用をするときには、こちらでしたいと思います。なお、「絶対他力の大道」についてはこの岩波文庫に収録されていませんので、永田文昌堂の『清沢満之先生のことば―生誕百年記念出版―』から引用したいと思います。

註（1）金沢第四高等学校の学生塾として明治四十年に創立された。暁烏敏を中心とした。
（2）西田幾多郎に師事した宗教哲学家。京都大学文学部名誉教授。元大谷大学文学部教授。

二、満之の思想の大局―自己・如来・信念―

どういう話になるのか、どういう話をしたら良いのか、私は、いつも話をする間際まで自分でもわからないという、そういう癖があって、話しているうちに、だんだん自分でもわかってくるとか、はっきりわかるのは話した後だとかで、これではもう役に立ちません。今日は、清沢満之が当時どういう意義をもって現れてきたかということと、現在のこの私たちにどういう意義を持っているか、ということをお話できればと思っております。言い換えれば、現在の私たちが、清沢満之から何を学ぶことができるかというよりも、何を学ばなければならないのかということです。そういうことで、当時の清沢満之と、現在私たちにとっての清沢満之という話が、入り組んだり相互に挿入しあったりした形になるかと思います。

まず大局的に、清沢満之の思想。この「思想」というのは、たんなる思想ではなくて、清沢満之自身の生き方の自覚から出てくる言葉です。まずキーワードとして、三つ挙げておきたいと思います。「自己」「如来」「信念」、この三つの言葉です。これだけで清沢満之の思想、精神、生き方、すべてがここにこめられているといって良いものであります。けれども、これは、他力宗の宗義、あるいは伝統的な教学の言葉とは、非常に違った感じのものです。あるいは、普通の言葉といっても良いと思います。満之は、真宗の教学、真宗の信仰、それができあがったところで受け取るということをせずに、真宗の教学や真宗の宗義が生まれてくる、もともと成立してくる、その大本まで戻って、それを自分で生き直して、まったく新しい言葉で表現する。そのような意味で、やはり真宗のみならず、大乗仏教の真義を近代日本に、本当に大きくはっきり示した稀有な人、このようにいって良いと思います。

それぞれに、一つ二つの特色をあらかじめつけ加えておきますが、たとえば「自己」。満之が「自己」というときには、もちろんこれは人間の「自己」という在り方ということも踏まえてはいますが、それ以上に、はっきりと満之自身の「自己」、満之が「我信念」というときの、満之の「我」、そこに立ってそれをはっきり提出している。「私はこういう人間であります」というように、はっきり示して、そして同時に、それが人々に或る共感を呼ぶということを、満之が願っているということです。

それで、もう一つ特に「自己」について、満之の場合に大きな特色は、ただの「自己」とか「私」「我」というだけでなくて、満之の言葉でいうと、「自己とは何ぞや」（「臘扇記」『清沢文集』一八五頁）。「絶対無限の妙用に乗託して、任運に法爾に、此現前の境遇に落在せるもの、即ち是なり」（「絶対他力の大道」『清沢満之先生のことば』四六頁）。そのように「此現前の境遇に落在せる」（日記での初出形は「此の境遇に落在せる」）「我」です。ここでの

「落在」という言葉は、面白い言葉ですね。「落ちる」という言葉と、「在る」という言葉です。「落ちこんでそこに在る」というニュアンスを、聞き取りたい気持ちがします。これは面白い珍しい言葉ですが、満之が発明した言葉というわけではなく、あまり使われていませんが、たとえば『臨済録』にも、「落在」という言葉が出ております。つまり、たんに「自己」という在り方、「私」という在り方ではなくて、それが現実にどういう目になっているか、どういうことになっているか、そこを離れずに生きていくというところです。

それから「如来」についていいますと、「如来」という言葉自身は、けっして珍しい言葉ではなく、むしろ仏教の基本的な言葉の一つです。たとえば道元禅師でも、「諸仏如来」ということを度々いっております。ただ、満之が「如来」というときには、何か新しい感じがするのです。満之は若いときに、稀に「阿弥陀如来」とか「阿弥陀仏」という言葉も、自分の論文の中で出していますが、自分が、自分の思想、自分の生き方を語る場合には、いつも単純に「如来」です。これは最後まで「如来」と、これ一本槍です。やはり、仏教にまつわる様々な既成のしがらみ、思想的にもいろいろなしがらみがくっついていますが、そういうものをすっかり払い落として、自分が「自己」として生きる、その直接のところで現れてくる。満之は、場合によっては「絶対無限者」というような言葉も使いますが、自分が生きるという、そこに直接に現れてくる「絶対無限者」、それを「如来」という言葉で語り、最後までこの言葉で通しています。

それから「信念」という言葉。これは普通に、私たちが使う言葉です。そして「信念」というと、何か個人的な、場合によっては自力的な感じも入っているような言葉ですが、満之は「信心」とか「信仰」という言葉は使わないのです。しかし満之の書いた物の中に、「信心」とか「信仰」という言葉がまったく出てこないかというと、そうではなくて稀に出てくるのです。それは自分の言葉としてではなくて、何かを紹介するときに、そういう言葉を使います。ここにやはり、あくまで「自分で」という満之の自主的な生き方、それがはっきり出ていると考えることができるでしょう。

以上、大まかな説明で、それが相互にどういう連なりになってくるのか、これをもう少し見る必要があると思います。

三、満之の他力の信念の構造

その「絶対他力」の信念、そこにはやはり構造があります。まず「自分が自分自身に帰る」ということ。外に散らばっていた自分を、自分のところに取り戻して、そうして自分に帰った自己。それを今度は、すっかり、先ほどいいました「如来」にお返しする。そういう二つの契機が、非常にはっきり畳みこまれています。

いろんないい方を満之自身はしていますが、たとえば「自分が自分自身に帰る」。それを「主観主義」というような言葉でもいっています。これは、今は必ずしも良い意味では使われないのですが、満之では、あくまで「自分」のところに立つという意味です。ということは、積極的にいうと、自分以外の人や物を相手にしない。ただ自分の精神一つに依ると、あくまではっきりと自立的な自分を、今度はそのまますっかり絶対的なもの、「絶対無限者」あるいは「如来」にお返ししていく。そういう二つの節目が、非常にはっきりしています。

しかしこれは、やはり「自分から信念を求める」、そういう「自分から」の方向の二つの節ですが、この「自分から」の方向が、今度は大きく折り返されて「如来から」となります。「自分が信念を持って生きる」という、そのことも如来の仰せのままであると。そして「如来の仰せのまま」というのは、自分の在り方ではなくて、そのこと自身も「如来のまま」として自分に与えられたものであるという、今度は「如来から」の方向に転換してきております。

そのようにして、最終的には満之自身が「虚心平気に」（「我信念」『清沢文集』一〇〇頁）、思うがままに、「思うがままに」というのは「思いにまかせるままに」ということも含んで生きていく、そのような生き方を確立していきました。

四、「臘扇記」の言葉

そういうことが非常にはっきり出てくる満之のよく知られた言葉ですが、満之の最も核心的な生き方、考え方は、これだけで完全にいい尽くされているといわれる、そのような文章があります。これは満之に触れた方々はどなたでもすでにご存知だと思いますので、まず説明なしにご一緒に唱えたいと思います。これはもともと「臘扇記」という満之の晩年の日記の中に含まれていたものです。後にまた「絶対他力の大道」という、亡くなる少し前に満之自身が編集した文章の一番先頭に置かれる文章です。これはこのようにはじまっています。

自己とは何ぞや。是れ人生の根本的問題なり。

（「臘扇記」『清沢文集』一八五頁）

そして、

自己とは他なし、絶対無限の妙用に乗託して、任運に法爾に、此現前の境遇に落在せるもの、即ち是なり。

（「絶対他力の大道」『清沢満之先生のことば』四六頁）

と述べ、またその後に、

只夫れ絶対無限に乗託す、

（「絶対他力の大道」『清沢満之先生のことば』四六頁）

と文章は続き、一番最後の締めくくりが、

我等は只管、絶対無限の我等に賦与せるものを楽まんかな。

（「絶対他力の大道」『清沢満之先生のことば』四六頁）

です。これがひと続きの文章で、もうこれだけで清沢満之の生き方、思想、それがすべていい尽くされている。むしろ、文章としても完璧な文章といってもいものだと思います。この文章は、皆さんも自分で暗記して、ふと思いついたときに自分の中で繰り返して味わう、そのようにしたら非常に良いのではないかと思います。

まず、「自己とは他なし」。じつにまっすぐ端的に、「自己とは他なし」といわれています。そして、人間存在の主体的な核である「自己」という在り方と、満之が「自己」というときの満之自身の「我」。死の直前に書かれた文章に、「我信念」という文章がありますが、その「我」。それが一つになって、ここで「自己」ということがいわれているわけです。そしてこの「自己」は、けっして「我は我なり」というような「自己同一」ではなくて、「我は我なり」がはっきり切断されて、真宗の言葉でいえば「横超」せしめられて、そこに「絶対無限の妙用」が入ってくる。そしてその「絶対無限の妙用」に「乗託」して、「乗る」そして「託す」というのは、自分をすっかりあずけてしまうということです。そして「任運に法爾に」の「任運に」というのは、この現実の世界の中での成り行きです。それに対して「法爾に」は、「自然法爾」という言葉があるように、法の世界での「理」です。ですからここでも、現実の只中にいると同時に、そのことが法の世界の出来事であるということが、一緒にいわれているわけですね。

そして、「此現前の境遇に落在せるもの」。さっきもいいましたように、清沢満之が「我」とか「自己」というときには、たんに「自己」というだけのところで問題にしているのではなくて、絶えず、自己が置かれている「現前の境遇」、それを含めて「自己」の自覚になっています。「現前の境遇」といわれるとき、その言葉がすでにそのニュアンスとして持っているように、けっして良い状態の中にいるというのとは違うわけです。絶えずそこには、あらゆる問題に責められ、今の文章の途中、もう少し先のところに、たとえば「牢獄甘んずべし」とか、「誹謗・擯斥・許多の凌辱」(「絶対他力の大道」『清沢満之先生のことば』四六頁)、そういう様々なこと、これは満之自身が自分の生涯の中で実際に具体的に経験したことですが、そういう事態の只中で、その只中に落ちこんでいる、それが「絶対無限の妙用に乗託して」と受け取れるときに、そこに清沢満之の信念の確立があるわけです。

五、リアルな信念

この、今の「現前の境遇」といわれた、そこを離れないこと、これは満之の思想の非常に大きな特色です。いつもそこから離れないで、その中で生き抜きうるような、そのゆえんとして、「絶対無限の妙用」を受け取っているということです。そういう「現前の境遇」の中で、「絶対無限の妙用」を受け取る、それが満之のいう意味の「信念」ということです。つまり満之が「信念」というときには、「絶対無限」がはっきりそこに現れてくる。満之の中に、「絶対無限」が現れてくる。そこが満之の、「信念」ということになります。そして「絶対無限」が、そういう「信念」として満之の中に現れているとき、満之が「此現前の境遇に落在」というそこのことが、質を変えてくるわけです。質を変えてきて、それが満之のいう「安楽」となります。教学の言葉でいいますと「安心」ということですが、満之は「安心」というよりも、もっと積極的に「大安楽」とか「大平穏」(「我信念」『清沢文集』一〇三頁）と強調していっております。

今、私は「如来が現れるとき」とか、「信念が現れるとき」といいましたが、ここにまた満之独特の考えがはっきり出ています。つまり「我信念」というのは、けっして「私が持っている信念」という意味ではなく、「信念が私に現れるとき」という意味です。「私が如来を信ずる」という仕方で、如来が私に現前する。ところで、このような「如来が私に現れるとき」といういい方の中には、「如来が私に現れないとき」ということも予想されているわけです。そして実際にまた如来は、いつも満之の信念の中に如来として現前しているというわけではない。その現前が、少しずつ薄まっていく。もちろん、一旦如来に触れた場合、如来との関係がなくなるわけではけっしてないのですが、それがピタッと自分を「此現前の境遇」の中で生かすものとしてはたらいているという、その「現にはたらいている」ところからちょっと緩んでしまって、そこに隙間ができてくる、そういう事態があります。そしてそういう事態に、満之が特にセンシティブであったというか、これが大きな特色になるわけです。つまり、如来との関係に入ったということが、「建て前」となって「もう信仰は確立した」とは思わないわけです。多くの場合には、「もう信心が決定した」とか、「如来との関係に私は立っている」ということになってしまうのですが、立っているということはあっても、その立ち方に、本当にしっかり立っている場合と、何かひょろひょろしているという場合があるということを、満之自身はっきり自覚しているのです。

これが、やはり、満之の非常に大きな意義のあるところだと思います。「建て前」の問題で済ませない。そうではなくて、現に私がどう生きているかという、そこがいつも自分として問題になっている。そこを問題にする場合には、如来がはっきり現前しているときと、その現前がなんとなく薄れてくるときということがあって、今度は薄れてきたときにどうするか、ここにつまり決定的な生き方のポイントがあるわけです。

六、自力の修善

そこで結論的にいうと、「修養」とか「修善」ということが、満之の思想の中で非常に大きな意味を持ってくるのです。つまり、満之が自分の現実から離れないで、如来との関わりを受け取っていたということです。

そこで、すこし「修養」とか「修善」ということに着目して、「修養」と「信念」、「信念」と「修養」、これはまた満之自身が、「自力」と「他力」に言い換えています。だから「他力」と「自力」ということは、満之がはっきりと使っている言葉です。普通は、他力宗に立つと「自力」というのは、何というか、悪いことに決まっています。「建て前」からすると、確かにそうです。しかし「此現前の境遇」の中で自分がどう生きるかというときに、「自分で」ということを通さなければ、如来との関わりもリアルにならないわけですね。その「自分で」というのが、満之の言葉でいう「自力」ということであるし、また「修養」あるいは「修善」ということです。

ですから、如来の現前の中で生きるというのも、ただひたすら如来の「ひとりばたらき」ということ、これは、満之でもおさえられているわけですが、それだけが如来との関わりではない。自分が如来から離れる、しかし如来は自分から離れない。その一つの隙間です。その隙間をどう生きていくかという、そこまで含めて、満之における「信念」の実際のはたらきなのです。ですから、「絶対無限の妙用に乗託して」といっても、それで苦がなくなるわけではない。苦があって、苦ではないということになるわけです。妙好人などの場合に、「苦があって苦がないだけのう」（因幡の源左）というようないい方が、折々に出てきますが、そこなのです。楽しいことを楽しむのではなくて、苦の中で楽しみうるということです。そこでさっきいいましたように、信念の現実性の中で、如来とのつながりが少し薄れてくるというときに、もう一度如来に向けて関わりを密にしていく。それが「修養」ということ、そのように満之は強調していっています。

ですから、その「修養」というときには、いつも「～でなければならない」というような形で示されるのです。徳目ふうにいわれる場合もあります。たとえば「諂諛する勿れ」（「臘扇記」『清沢文集』二一三頁）とか、あるいは「妄念妄想は之を退治せざる可からず」（「臘扇記」『清沢文集』二二〇頁）とか、そのように「～せよ」とか「～してはならない」ということまで含めて、満之の信念であって、そしてそのように「～しなければならない」ということまで含んだ信念であるが故に、現実に力を持った信仰になってくるわけです。ですからこの「修養」とか「信念」というものは、繰り返しそこに「絶対無限の妙用」が着地する足場になってくるのです。その「修養」を通さずして、「絶対無限」が満之の生き方のリアリティになるということはないのです。こういうことは、やはり他力宗の「建て前」とは少しはずれた形になります。ですから、満之自身そういう点では批判されたり非難されたりしたわけですが、満之にとっては教義の問題ではなくて、現に自分がどう生きるか、どういうように生きられるかという、そこを離れない。自分が現実の中で、実際にどう生きるかということを離れない。ここに、満之の思想の強みがあると考えられます。

七、自力の大切さ

この「修養」あるいは「修善」という問題は、さっきも少し触れましたように、満之における「自力」の問題とも密接に結びついています。その「他力・自力」あるいは「自力・他力」ということは、満之自身の文章の中に、はっきりいろんな形で出てきています。非常にわかりやすいものには、こういう言葉があります。

　彼に在るものに対しては、唯他力を信ずべきのみ。我に在るものに対しては、専自力を用うべきなり。
（「臘扇記」『清沢文集』一八四頁）

この「彼」というのは、如来のことを指していますが、満之はこのようにはっきりいうのです。その上で、

　而も此自力も亦他力の賦与に出づるものなり。
（「臘扇記」『清沢文集』一八五頁）

これなども非常に単純に書かれてわかりやすい文章ですが、何といいますか、「信仰の機微」がはっきり分節されて明確に出ています。

「彼に在るものに対しては、唯他力を信ずべきのみ」と、「他力」に対しては「信ずる」という言葉が使われています。それから「我に在るものに対しては、専自力を用うべきなり」。これは、自分でできること、自分でしなければならないこと、これは「専自力を用うべきなり」と。しかし、「自力でできる」ということまで意味しているわけではありません。どこかで自力が行き詰る、挫折するという経験を通して、この自力もまた「他力の賦与に出づるもの」であると。

そしてこの「我に在るもの」。これは一応目安というか、概念的にはわかるけれど、実際に自分の「分」がどれだけの「分」であるか、自分の力がどこで限られているかということは、あらかじめわかるわけではありません。あらかじめわかっているわけではない、ですからこれは、やってみる、実際にしてみるという努力を通さずしては、自分の限界にはぶつからないわけです。自分の努力を通して限界にぶつかることによって、その限界において「他力」がそのまま受け取られる。「他力」が、リアルに自分に入ってくる。ですから満之がいう「他力」は、けっして「自力」を消し去ってしまうのではなくて、「他力」が「自力」を含んでいる。そして「他力」が「自力」を

含んでいるところに、満之における他力の信仰が、現実を本当に生き抜く力を持っていたというようにいえます。

そういう点は、満之自身冷静に見ていて、このようにいっています。

今日の仏者に憂ふる所は、実に此の自行の荒廃に在り。

（「教界回転の枢軸」『清沢満之全集』、法藏館、四巻、三四五～三四六頁）

「自分は何もできない」ということにしてしまっている。しかし実際は、「自分が何かする」ということがなくては、生きていくということは本当はできないわけです。自分で何かしながら、それは自分の思想の中にはっきりそういうこととして自覚されながら、これによって自分の限界や無力が実感実証され、それが「他力」へのリアルな受容性になるのです。そういうことを通さなければ、「他力」も空虚なものになってしまう、というわけです。

この「自力」ということについて、ある人が、「それでは信仰は自力ということでしょうか」と尋ねましたら、清沢満之は、はっきりと「まずそれでよろしい」と答えました（「信仰問答」『清沢文集』九四～九五頁）。そのときに面白い例を出すのです。「たとえば饅頭を食うようなものである」と（「信仰問答」『清沢文集』九二～九三頁）。清沢満之は、饅頭が好きだったのでしょうか。「饅頭を食う」というのは、たしかに自分の働きです。しかし饅頭は自分で作ったものではない。「食う」という自分の働きを通して、饅頭が自分に与えられてくる。自行を通して、絶対他力が自分の中に生きてくると。そういうことで、この「饅頭を喫する」という言葉になっていますが、この例は大変わかりやすくて面白い良い例だと思います。

今いいましたように、建て前として「自力無効」というのではなくて、自力を尽くして自力が尽きたところで他力が現前する。そのときに、自力といわれたその在り方が、他力の中に止揚されて含まれているわけです。満之が「信後の修養」を説くときに、満之における「自力と他力」が、一層際立った意義を現してきます。たとえば、少し逆説的に響く、次のような言葉があります。

吾人は他力を信ぜば、益々修善を勤めざる可からず。

（「臘扇記」『清沢文集』一九〇頁）

「修善」というのは、あくまで「自分で」ということです。もちろんこれは、「修善」によって自分が善くなるとか、善が実現されるということを意味しているのではなく、「修善」によってリアルに自分の限界がはっきり体験でき、リアルに限界が体験できたときに、そこに絶対他力が現前しているという、そういう脈絡です。

ところで満之自身、長い間「行者」のような生活をして、修行僧のような在り方を徹していたわけですが、満之にそういう性格や気質がもちろんあったわけでしょうが、それだけに、それが転換されたときの「他力」の意義が、力を持ってきていたということがいえます。そして、繰り返しになりますが、後から振り返って「吾人は他力を信ぜば、益々修善を勤めざる可からず」、「信後の修養を務むべき也」（「臘扇記」『清沢文集』一九一頁）と。そういうわけで満之は、その「信念」と「修養」との循環、交互的な循環、これが本当にリアルな信念であるといいます。「修養」ということを廃してしまったような他力、これは他力としても空虚になっていく。そういうわけですから、いわゆる「本願誇り」というような可能性は、満之の場合にはないわけです。あくまで「自分で」ということを繰り返し繰り返し踏まえた上で、「自力の無功」（「我信念」『清沢文集』九九頁）において他力を受け取るわけです。

八、無責任主義

思想的にはそういうことですが、満之が説くときには、言葉の上ではときには非常に過激、激烈な言葉になる場合が実際にあったのです。たとえば、よく問題になるのは、満之の「無責任主義」ということがあります。簡単にいえば、「仏法はすべてを如来のお力におまかせして、まったく無責任になることである」というのです。これは満之が、ことに晩年しばしば強調したことですが、それだけにまた人々に多くの誤解を与えたいい方です。

ここで「無責任」というのは、如来を信ずる純粋な信念の頂上から直接にいわれている言葉です。しかし、満之にとっては、自然に出て来る言葉であっても、聞くほうにとっては過激な言葉として聞かれます。仏法のいわゆる「無我」の、一種の劇薬的な表現といえるでしょう。ここで満之がいう「すべてを如来におまかせして無責任になることである」というのは、いわゆる「悪人正機」とか「悪人正因」というのと同じ質の言葉です。浩々洞で満之と生活を共にした弟子たちは、満之が実際の生活の中ではむしろ非常に責任感の強い人であったと語っています。

満之にとっては、立場としての自力とか他力とか、それは問題ではありませんでした。あるいは、聖道門的に自分の言葉が響くというようなことも、まったく気にしていません。聖道門とか浄土門とか、難行道とか易行道という、そのことが問題ではなくて、あくまで自分がこの現実の中で実際に安心できるかどうかという、絶えずその「現前の境遇」の只中での信念の試練です。これは宗教者にとって、なかなか難しいことです。どうしても、宗教者として話をするときには、話をしているうちに、だんだん高い立場に立った形になってしまうのです。

九、ひゅーどろ

満之が最後にどのように亡くなっていくか、そのことも非常に印象的であるし、感銘深いことですし、宗教的人格の在り方として非常に大きな意味を持っていると思いますので、そこに触れておきたいと思います。

満之の、「現前の境遇」といいますか、現実の生活、それは晩年になればなるほど責めつけられるような困窮のなかに陥っていきます。宗派の中でもそうですし、家庭的にもそうです。そのような中で、よく引かれる「我信念」がありますが、もし満之のものに直接に一つでも触れたいと思われるときは、この文章を繰り返し読むことをお勧めしたいと思います。その「我信念」という文章が書かれて、それから明治三十六（一九〇三）年六月六日、満之が四十一歳で亡くなるのですが、亡くなるその五日前（六月一日）に、満之は自分の寺である大浜の西方寺から、東京の浩々洞の暁烏敏宛の手紙を書いております。その手紙の本文、これがなかなか大切というか、また面白くもある手紙なのですが、こういう文章です。全文は挙げられません、最後の部分だけです。

「浜風《ひんぷう》」と云ふ号は近頃の得物であります。大浜は風の多き処と云ふ話から取りましたが、丁度小生の如き半死半生の幽霊には適当と感じて居ります。此の一号が又小生の今日迄の諸号を総合して居りますのも、自分には面白く存じます。諸号とは（在名古屋時）建峯、（在京都時）骸骨、（在舞子時）石水、（在東京時）臘扇の四つであります。是でひゅーどろと致します。

（「大浜西方寺より・東京浩々洞暁烏敏宛」『清沢満之全集』、法藏館、八巻、一七〇頁）

満之は六月六日に亡くなりましたが、その二日前の夜に大変な喀血をしました。世話をしていた侍者が、「先生今度はどうしても死にたもうべし。言い残すことなきや」と聞くと、「先生はただ一言（何もない）と答えられた」。「ただこの一語のみ」と、その侍者はつけ加えております。「何かいい残すことはありますか」と聞くと、「何もない」と、この一語のみ。これはなかなか感銘の深い最後の言葉だと思います。最後に何か、あれこれいうということはまったくない。ただ「何にもない」と。それで終わり。

さっき挙げましたように、満之は一生の間、場所場所で様々な号をつけておりました。そしてその場所場所というのは、また、そこで満之がする責任のある仕事、そういうものとも結びついているわけですが、つまりは満之がその都度、満之の言葉を使えば「落在した境遇」のあり様と、そしてそれをどう生きていくかという満之自身のあり方の質、それを一つに表す自覚の名、それがさっきのように「骸骨」とか「臘扇」とか「浜風」という号となって自覚されていたわけですね。そして最後には、これらのすべての号を総合して、総合してというのは、自分の全生涯を本当に「浜風」という一つの号に集約して、そして「是でひゅーどろと致します」、つまり、いわば死へと落在しつつ「是でひゅーどろと致します」と。これは暁烏や、暁烏と一緒に浩々洞にいた人たちへの最後の挨拶でもあるし、同時に一種の遺言というか遺戒と、そのような意味にもなります。つまり「浜風」は「ひゅーどろ」として「無」になる。これは満之として、満之においてどういう出来事であったか。さっき暁烏への手紙の中に「小生の如き半死半生の幽霊」とありましたが、この「幽霊」という言葉は、たんなる表現ではなくて、おそらくこれはその当時の満之の実感であったに相違ないと思います。

「浜風」と名をつけたその年、四月二十六日の日記に、その「浜風」と結びついて、「幽霊の浜風に擬するも亦た可ならんか」（「当用日記」『清沢満之全集』、法藏館、七巻、四八一頁）と述べています。浜の風がひゅーっと吹いている、それを幽霊と思う、いかにも我ながらそのように思われると。そして最後が、「是でひゅーどろと致します」。「是で」というときに、何かこの幽霊の浜風、これがたんなる譬喩ではなくて、いよいよ「是で」終わりにしますという、「是で」ひゅーどろと消えていきますと、それが非常に強く出ています。この「是で」の「是」は、一番最初に少し読みました「自己とは何ぞや」というときに、最後に「即ち是なり」という言葉で結ばれておりました「是」です。それと同質の「是」です。

そしてもう一つ、それこそ面白いと思われるのは、さっきの暁烏への手紙の中に、「自分には面白く存じます」

という言葉が挿入されていました。浜風という号をつけたということと、この浜風という号が「小生の今日迄の諸号を総合して居りますのも、自分には面白く存じます」という。「面白」いと。やはりそこに何か、「ひゅーどろ」と消えていくそのこと自体を、同時にある仕方で「面白」いと思うような一つの余裕というか、もう本当に力を尽くして生き切ってしまったその後の余裕です。それが表れているように思います。極端にいえば満之自身、自分が幽霊として消えていくということに、何か軽やかな面白さというか、そういうものをも感じたとさえいっても間違いではないでしょう。

もちろん、このようにして満之は「ひゅーどろ」として消えていったわけですが、消えていくだけではなかったわけです。満之がどれだけ大きな働きをして、それが多くの弟子たちに決定的な影響を与えたかということ、これは私たちもよく知っていることです。

十、満之出現の意義

私は自分の気持ちからか、満之が最後にいうこの「ひゅーどろ」という言葉、これに深く動かされたというか、また、ちょっといいすぎかもしれませんが、「良いなあ」という感じがします。そこに満之の生死を貫いた、限りない一つの真実の響きがあると、そのように思われます。

満之が亡くなってからしばらくの間、色々と満之に対する批判、これは現在もありますが、いろいろな批判が起こってきます。一番極端な例は、満之にもっとも近く親しくしていた弟子の一人の多田鼎(1)が、満之が亡くなって十年経ってから、清沢満之の信念、これは親鸞聖人の教えに合うものではないということに気がついたとして、満之からすっかり離れたということがあります。そして満之を公に批判するということがありました。それからまた、曾我量深は、浩々洞に入って一年ぐらい居ただけで満之が亡くなったので、清沢満之の最後の弟子といって良いのですが、このようにいっています。

先生は若くして死なれたので如来と言はれたが若し更に十年なり十五年なり長命なさるなら先生は必す南無阿弥陀仏ということを教えて下されたに違ひない。

（『絶対他力道』法藏館、五一頁）

「もう少し長く生きられたら」と。しかしこれは、何歳で死んだという問題ではなくて、あれだけの生涯の清沢満之が、もうちょっと長生きしたら南無阿弥陀仏といったのではないかというような発想は、満之そのものに触れる道とは私には思えません。むしろ、満之は「南無阿弥陀仏」でなくて「如来」といったところが、満之の真実なのです。南無阿弥陀仏といってしまうと、もうこれは既成の真宗の立場に身を置くことになりますから、裸の人間として、「裸の人間として」とは、一人の人間としてというだけではなくて、明治になってすっかり日本も新しくなるという、その新しさの中で裸の人間として真新しく信念を得たいと、従来の仏教の言葉を使わないで、この「生きる」ということ自体で掴む。そういう仏法の真実があるに相違ないと、そういうことからはじまって、それで一生、一貫して生きてきたわけですから、満之が南無阿弥陀仏といわなかったということを問題にする必要は、まったくないと思うのです。それよりもやはり、最後の「ひゅーどろ」の響きをどう聞くか、それによって満之をどう受け取るかが決まってくると思います。

どうも、あれこれあれこれという話になってしまいましたが、清沢満之という独特な存在の片鱗にでも触れたいと思って、感じたり考えたりしたことをお聞きいただきました。有難うございました。

（追記）なお清沢満之に関して、少し詳しく考察論究した拙論、「場所に於ける人間――清沢満之の「境遇と境

涯」に即して」（二〇〇三年一二月）がある。（岩波書店刊『上田閑照集』第三巻「場所」に所収）

註（1）　真宗大谷派の僧侶。暁烏敏、佐々木月樵らと共に、浩々洞の三羽烏と呼ばれた中の一人。

真俗二諦の意義について

下田正弘

一、『大谷派なる宗教的精神―真宗同朋会運動の源流―』を読んで

同朋会運動について、これまで研究を進めてきているので、何か話をしてもらいたいというお申し出をいただきました。私は、大谷大学の先生方とは、さまざまに関係をもちながら、しばしば協同して研究活動を進めておりまして、喜んでお受けした次第であります。

しかし、これからお話を申し上げますことは、まったく素人の目から見た提言でありまして、果たしてどのくらい皆さんの趣旨に沿ったものであるのか、自信がございません。

本日の話をするにあたって、私の立場は三つあります。一つは、私は真宗学の専門ではなく仏教学が専門です。インドで大乗経典がどうやって形成されたかというテーマを、専門に研究してきた者でございます。ですので、真宗学については素人であるとご理解ください。その立場から見て、何が見えてくるのか、それをお聞きいただきたいと思っています。

二点目は、私はこれまで、『大蔵経』のテキストデータベースを構築する仕事を進めていまして、十七年になります。この事業には、さまざまな宗派や宗派の大学、研究所の方々が関わっており、一緒になって一つの経典の集

成を作り上げているわけです。この事業に携わるとき、日本の仏教と、仏教学全体の将来について考える機会にしばしば遭遇します。さらにその立場から、仏教が日本の人文学、あるいは人文社会学のなかで、どんな役割を果たし、どういう使命を課されているのだろうかということも考えざるをえません。宗派を超えた経典の意味、さらに仏教学をも超えて、日本の人文科学、人文社会学の文脈において、仏教がどう貢献していくのかを、問いとして持っております。それが二点目の立場です。

最後に、第三点目。これは私のプライベートな話になりますが、私の個人的な立ち位置は、在家の仏教者です。出家者、僧侶として仏教を担う立場ではなく、反対に出家者の方の指導を仰ぐという立場にあります。

以上の三つの点を、私の話の背景として、まずご理解いただいてお聞き願いたいと思います。「真俗二諦の現代的意義」という立派なタイトルに沿った内容に、どの程度まで入っていけるか、自信はございません。

さて、今回のこの研究会にさいして、水島見一先生から、じつに体系的に同朋会運動をまとめられた『大谷派なる宗教的精神―真宗同朋会運動の源流―』というご著書を頂戴いたしました。同朋会運動が背景にどんな歴史をかかえて、どういう立場で捉えられるかを、緻密な資料調査で辿られた研究でありまして、たいへん勉強になりました。これによって、私もこの運動の内容に触れることができました。まずそのことを感謝申し上げます。そして、このご著書から私自身が感じたものを、話題提供したいと思います。

真摯なる運動

同朋会運動の特徴といいますと、まずそれは「真摯なる運動」という一言にまとめられるでしょう。清沢満之からはじまって、戦後を通して現代にいたるまで、その運動の精神を受け継ぎながら、さらに時代に即した仏教、真宗の教えというものを開き出していこうとする先人のすがたは、信仰者として真摯なすがたです。それは、まず心しておきたいと思います。

そのうえで、しかし、そこには問題がないわけではありません。さきに申し上げました、私の三つの立ち位置から見て、気が付く点をお話したいと思います。議論を活発にするために、できるだけ問題点を提起するという方向でお話をいたします。それを、二点ほどにまとめてみました。

前の時代を否定する功罪—他者の批判の否定—

水島先生の著作を拝見しまして、少し考える余地があるのではないかと思った第一点目は、このご著書においては、明治以降、時代が進めば進むほど評価が高く、それと対照的に、江戸時代は封建的であり否定されるべき対象として描かれていることです。しかし江戸時代が資料にもとづいて実証的に批判されているのかといえば、それはそうではなく、ただ否定の対象にされているという印象を受けてしまいます。

これはじつは、近代の歴史の描き方一般にみられる問題点です。同朋会運動や仏教運動に限らず、明治期以降の運動の意義を描くとき、江戸時代を封建的で否定されるべき対象としてしまうのは、ほとんど決まったパターンになっています。辻善之助(1)によって確定的に作りあげられたこの理解の構図は、今いたるところで見直されていますので、同朋会運動の歴史においても、再考すべき点であろうと思います。

前の時代を否定し斥けること、さらには広く、他者を否定し斥けることによって、本当に成功した歴史的運動は、あまりなかったと思います。前時代との継続性がはっきりすること、そのうえで斥けられるべき部分がはっきりすること、これが重要であろうと思います。

註（1）　戦前に活躍した歴史学者。東京帝国大学名誉教授、文学博士。

江戸時代の檀家・門徒制度の問題―改革運動の結果、門信徒はどうなったのか―

江戸時代に創成された制度として、つねに批判の対象になるのが、檀家・門徒制度であります。形骸化した門徒制度、檀家制度というものを封建的な残滓ととらえ、それを斥けて、もう一度、息吹あるものにしていく、個の信仰に立ったものにしていくという、強い問題意識が近代仏教のリーダーたちに存在することは、伝統仏教を批判する場合に必ずといってよいほど出てきます。

個の自覚を促すということ自体は、もちろん歓迎すべきことであります。ただ、それがどう実現されるかは、慎重な考察が要求される、きわめて高度な問いであると思います。それが本書では、十分に掘り下げられていません。はたして個として超越的な神に向かうような姿勢が、仏教という教えのなかで、さらに日本という独特のホモジーニアスな社会のなかで、いかに実現されるのか、これはかなりの難問です。

地縁によって集った人々が、お寺を支えていくこと、またお寺によって支えられていくこと。それがなぜ、それほど非難されるべきなのか、私にはよくわかりません。もちろん、こうした制度は、つねにときどきの特定の政治的な文脈に巻きこまれざるをえませんから、制度の歴史全体が是認されるわけではありません。けれども、それぞれの地域の人々が、お寺と関係を持っていく。それも個人を超えて、何代も何代も共にかかわり合っていくという繋がりを作り上げていくことができた。これ自体は、たいへん素晴らしいことではないでしょうか。

確かにいつか、形骸化されてしまうでしょうけれども、しかし、それは人々が仏教徒になっていく重要な契機です。あらかじめ制度として準備され、それを通してお寺を支えていく、お寺に支えられていく、こうしたことは前向きに捉えてよいのです。ことに戦後の社会では、前の時代の遺産を、すべて負の遺産であるかのように全否定しようとする態度が目立っています。

一文不知の在家信者のすがたは—高度な信仰、住職はどこに—

第三点目は、一文不知の在家信者のすがたは、いったいどうあるべきか。あるいは実際に、どうあることができるかという問題です。水島先生のご著書を拝見しますと、そこに現れてくるのは、一般大衆ではなく、求道の姿勢において、きわめて高度な仏教者であり、その意味で、宗教的に選ばれたエリートであると思います。求道精神においても、その中身を言語表現にし、一つの思想として打ち立てていくという営みにしましても、この運動を支えてこられた方々は、極めて高度な信仰心を持ち、求道心を持ち、力を持った人たちのように映ります。それ自体はもちろん、たいへん素晴らしいことです。

けれども、厳しい自己批判の姿勢を、あらゆる人に要求するのはむずかしいだろうと思います。そうした攻め方が向かない人、積極的に包み込んでいくほうが育っていく人もあるはずで、一律に高度な表現の宗教心を要求するのは、現実には無理があるのではないかと思います。住職にしても、いろんな能力を持った人たちがいて、その相違はまさに千差万別です。

その点、このご著書からは、文字どおりの「一文不知の尼入道」たちの、在家の信者たちのすがたが見えませんでした。もちろん、このご著書は、教学という課題をもって問いを整理されたものですので、そこに何もかも盛りこんでしまうというのが難しいことはわかります。しかし私は、同朋会運動というのは、学問もなければ、仏教の「ぶ」の字もわからない、けれどもお念仏をいただいていくという方々が参加され、愚の自覚の中から推進されたのだろうと、勝手に思いこんでいたために、それが見えずにやや当惑してしまいました。

二、近現代という背景

断片化された個、核家族化―家族の崩壊、虚無の自覚―

つぎに、個の自覚を問うといっても、まず、私たちのいる現代が、いったいどういう時代であるのか、また、どんな問題をかかえた時代であるのか、まずそれを確認する必要があります。私たち自身が出くわす問題が、どういう背景に据えられるべきか、問題の背景となっている現代、さらにはそれに先行する近代という時代がどのような世界なのか、これが問題となります。

同朋会運動の一貫したテーマとして、自己の自覚、「機の深信」ということが問われております。これは、この運動の核であり、命であり、それ自体は至極真っ当なことだと思います。けれどもこのテーマは、置かれる場所、背景、景色が異なってくれば、その意義も変わってきます。そして、現代において、その背景の景色は、かつてとは大きく変わってしまっている点に注意が必要です。

戦後になって、戦前をたとえば全体主義という言葉で一括りに否定し、民法の改正をして、それを基盤としながら、核家族を一つの理想に立て、その方向に進んできました。けれどもその結果、今度は、親子の繋がりさえ薄くなってきている。つまり、個としてはじめから断片化されてしまっているような、ときに殺伐とした背景が出現してしまっています。そんな中で個を強調することは、火に油を注ぐようなことになりかねず、慎重を要する時代になっていると思います。

おじいちゃん、おばあちゃんたちと、一緒に生活することがない。また、父親や母親も、それぞれ働きに出て、子どもはどこかに預けられている。あるいは、子どもはもう小学校低学年から塾に行って、触れ合うチャンスがない。

そのような状況の中で、「個の自覚」という言葉を無造作に手渡してしまいますと、ほとんど虚無のなかに突き落としてしまうような事態にいたるのではないか。そうした懸念が出てくると思います。

それよりもむしろ、個の背景には全体というものが存在し、そのなかの自己であることを、身近な世界、つまり家族や地縁を単位として具体的に教えていく。そういう場を復活していくという手立てがいま求められているのではないか、そう感じます。

明治以降、百年以上のときが経って、個を中心とする西洋の思想がかかえていた奥深い問題が、現代においてより鮮明な形で現れてきているように思います。さらに個の思想を、日本という歴史も文化も言語も異なった土壌に直播きすることが、どんな弊害をもたらしてきているか、むしろそちらに目を向ける必要があるように思います。

個人を基礎とする西洋的近現代の功罪―個の全体の理解の相違―

そこで、次に「個人をその基礎とする西洋的近現代の功罪」を問題としたいと思います。西洋のキリスト教世界は、個としての人と神とが対峙をします。それが、あらゆる思想の基礎として与えられております。

それに対して、インドであれ、中国であれ、日本であれ、仏教を見たとき、個が切り離され、それを基礎原理とするといった在り方をしてはいません。個の背景には全体がつねに予想されて、そのなかに個の自覚があります。

それがじつは、同朋会運動においても、はっきりと目指されていたと思うのです。水島先生のご著書から、それが伝わってきます。僧伽という運動になる。友を発見していく。仲間と共にある。それなしに、絶対者と対峙していけば良いということではない。そこに仏法僧という、三宝というのが三つの宝であるというところに、個の自覚というものが、じつは全体というものを予想して成り立っているという、とても大切な点があると思うのであります。

ところが、このことが現代においては、きわめて実現しがたくなっている。いったい、どこに本当の仲間を発見すれば良いのか、変わらぬ安心の場を発見すれば良いのか。むしろ、最初に申しましたように、個は、全体からは切り離され、断片化して存在してしまっている。同朋がほんとうに発見されたのであれば、そこに、この現代の問題の解決の糸口は発見されるだろうと思います。ここに焦点を絞ってみると、かえって見えてくる個の解決があるように思います。

人間化された知識世界の爆発的拡大

それからもう一つ、注意すべき現代の特徴があります。現代の思想の問題は、「人間化された知識世界の爆発的拡大」という点にあります。西洋の思想史をごく簡単に、ギリシャから近現代まで辿ってみますと、ギリシャの時代には、たとえば、自然に対して、自然がそれ自身の中に生成、発展の原理を有していると考えられていたのです。それが次第に、自然がむしろ操作的に解明していく対象となっていくという変化が起きているわけです。ヘブライズムにおいては、もともと、神が被造物である世界を造って、人間は自然を使って良いという特別な力が与えられていたという、自然との関係が与えられている。そうすると、操作的に自然を製作していく、利用していくという原理的な立場があるわけです。このことが、近代科学の方法的な合理性という考えと密通しています。

近代における人間中心知識世界、あるいは自覚の無効

こうして、知識社会が成立して科学の思想というものが自立してくるなかで、思想界は形而上学的な問題から離れ、神の問題には踏みこまないけれども、人間世界の問題については、徹底して解明をしていくという立ち位置に立った。人間の知恵で、この世界のすべては解明できる。此岸は、すべて解明しうる。そのかわり、彼岸にはタッチしない。そういう立ち位置に立って、今日を迎えていると思います。

そうしたときに、私たちが、今、提示する知識、知恵というのは、人間化された知識世界でのできごとを対象としています。そしてその人間世界の知識は、信じられないほどの規模と速度でもって展開をしているわけです。

ここでは、個人の自覚という問い自体が、実質的に無効化されてしまう。個ではとても間に合わないのです。それを前提として、あらゆる問題を解決しなければならない。たとえば、脳死の移植の問題も、「医学という知識で踏みこむべき課題」という姿勢で、あらゆる人に向けられればじめるわけです。それは、形而上的な問題、彼岸の問題からは手を切って、此岸の問題として問いを立てていますから、私たちが此岸に生きて、ここに今、巻きこまれている以上、それを拒絶できないように仕組まれています。

そうしますと、此岸の世界での知識を相手にしている、あるいは、それのみしか自分自身が持ちえていないときに、そこで何かを自覚をしていく、しっかりとそこを見据えて思索をしていく。あるいは、思索をしていけといわれても、動きようがなくなってしまう。この問題こそが、いま私たちに与えられています。社会問題に対する、個人としての自覚が、そもそもきわめて困難となり、あるいは無効化されているのです。

倫理の大きな転換が迫られている。これはたとえば、哲学者であり美学者である今道友信[1]さんが、明確に発言されています。ギリシャ時代から現代にかけての思想史のなかで、近現代とそれ以前の倫理の違いというのはどこにあるのか。近代になる以前、ことに古代の場合には、目的と方法との関係がはっきりしていて、方法は目的を実現するためにあった。目的が第一に立つわけですね。そして、正しい倫理的な目的に従って、最も適切な実現の方法を取ることに、倫理的判断の道筋があったわけです。ところが、近現代においては、方法と目的が逆転した。方法が、目的に代わった。この転換に、近現代とそれ以前の大きな倫理の相違が見られるのです。

たとえば、目的としての事業をするために、どれだけのお金が必要だということで、最初は目的があってお金を準備した。ところが現代は、お金があれば何でもできる。とりあえずお金を手に入れ、それから目的を考えていこうとする。目的は、事後的に構成されていく。いくらでも作っていける、というように変わっているわけです。

エネルギーでもそうです。何かの目的、事業を果たしていくために、これだけのエネルギーが必要だ、だからエネルギーを生産しようという判断であったものが、今は、エネルギーをとりあえず確保しておけば、これだけの発電量を保っておけば、何にでも使える。だから、とりあえず、国や共同体が豊かに過ごすためには、これだけの資源を確保し、エネルギーを確保しよう。目的は次に考えてゆけば良い。そのように、目的と方法が逆転してしまっているわけです。

この問題は、マックス・ウェーバーの(2)、『プロテスタンティズムの倫理と資本主義の精神』に、わかりやすく表されています。本来はプロテスタントという、宗教者、信仰者たちが、職業を通して自分自身の信仰を明らかにしていくという目的を持って成されていた一つ一つのシステム作りが、そのシステムが自立をして利益を生み出す道具に変わった。そうして、結果の一部でしかないものを、反対に目的とし、本来の目的であった神に対する信仰を明らかにするという理念が、いつのまにか切り捨てられてしまう。やがてすべては、この目的なきシステムのなかに回収されて動いていくわけです。

この大きな「近代」というできごとを、どの世界も受けていかざるをえない。現代の倫理問題も、生命倫理であるとか、あるいは臓器移植であるとかということにしても、経済的に成り立たなかったら、倫理問題は生まれてこない。ですので、経済的に成り立つかどうかという、大きなこの世のシステムに、倫理の問題は結局回収されてしまっているという、恐ろしいことがあるわけです。

このことは、しっかりと自覚をしていかないと、宗教者、あるいは仏教者が、どのようにこの倫理問題に対して考えますかという質問に、うっかりと発言をしてしまうと、それは大きなこの世のシステムを是認し、その中に回収されてシステムを動かす一部になってしまうという危険があるわけです。こうした問題を、私たちはかかえています。

註（1）美学者、中世哲学研究者。東京大学名誉教授。

（2）ドイツの社会学者、経済学者。社会学黎明期の主要人物の一人。

三、縁起の功罪、および出家と在家

異なる領域の併存—此岸と彼岸、輪回と涅槃、煩悩と菩提—

こうして、救済という彼岸の問題が、経済という此岸の枠組みで捉えられ、彼岸が此岸に取りこまれていく。そのような現代の状況の中で必要とされていることは、彼岸に立って、此岸の問題を考えることです。

彼岸と此岸という問題としては、「出家」と「在家」という差異が仏教の世界にはある。これが継承されてきています。相反する価値領域が、同時に存在している。彼岸と此岸、輪回と涅槃、煩悩と菩提という、けっして一つになりえないものが同時に説かれ、実際にその内容を、それぞれに行ずるべき出家と在家という、大きく異なった生き方が継承され続けてきました。

出家というのは、古代のインドの原則で考えてみますと、生産に携わらない、仕事、生業を持たないということと、子孫をもうけないという生き方になります。これは、一般に人間が有する存在意義から、すっかり外れています。生産に携わらずに、子孫をもうけないとすれば、それは人間が滅びていく道ではないか。この点が、どの仏教が伝播していった地域においても、仏教を弾圧する口実となりました。

しかし、仏教世界においては、在家者からなる唯一のシステムを作りあげず、それとは別に、出家者が存在し続けてきた。これはきわめて重要な点でした。出家者は、じつは、この世を作りあげるのではない生き方を選び取った。生業も持たず、子孫をもうけない。現代では、人間の尊厳の否定につながる二つの権利を、みずから放棄するのです。この世から、漏れ落ちてしまうしかない生き方を、出家者は選び取っているのです。

縁起思想の功罪

この出家と在家との関係は、まさに真俗二諦の代表的なものだと思います。これを、現代の仏教研究において、ほとんどオールマイティとなっている縁起思想によって説明するのは、危険なことになりかねません。

縁起というのは、よほど深く解釈しないかぎり、システム論を超えることができません。それは本来、有為法を説明するための、ひと連なりの言葉であります。そして、私から見ると、仏教思想を語る少なからぬ研究が、現代の周到なシステム論の前には、屈してしまうしかないように思えます。もちいている言葉が異なっているから、批判から逃れているようにみえるけれども、そのじつ、きわめて素朴な段階のシステム論にとどまっているのが実情のように思えます。

出家者と在家者とが、共に仏教を築きあげてきたというところに、真俗二諦のそもそもの意義はあるはずです。そして、出家と在家という生き方には、まず断絶がある点が重要です。それがいきなり、縁起的に解釈されてしまえば、この両者の間は、ようは経済行為によって説明のつくシステムへと変容させられてしまいます。

生活経験世界における仏教

出家と在家という問題は、形にばかりこだわりすぎると、またやっかいな問題になります。文字どおりに、職業に就かないで托鉢で生きていく。そして、子どもをもうけないということになりますと、浄土真宗、親鸞の教えというのは、出家と在家という制度から、すっかり外れるということになってしまいます。そして現代の日本の仏教は、ほとんどこの枠から外れてしまいます。

さきほどから申し上げてきましたように、近現代という世界がかかえている背景、図柄がそれ以前とは大きく変わってきた中で、出家と在家という関係がどうなっていくのか、それが問題です。古代のインドの世界において実現されていた、その社会において存在していたある生活の方法、実現の方法と、もはや抵抗不可能なほどに人間化された知識世界に覆われた中で、その知識システムに回収されないで、彼岸という世界がいかにすればこの人間世界に復活できるのか。これが重要な問いであります。

日本の仏教は、明治政府が政令を出して以降、多くの宗派で妻帯が許され、形としては出家と在家の区別が消失しました。ただ、この点を取りだして仏教の対応のみを批判しても、できごとの歴史的意義の考察にあまり役立ちません。詳細に立ち入りませんが、すくなくともここには、天皇制、近代、世俗化、日本仏教の特異な歴史という、いずれも重要な課題が隠れています。

さて、ここで考えるべき問題は、明治になって日本が開国をし、近代という大きな潮流の中に巻きこまれていったのですが、それは個々の宗派より、はるかに大きな力を持っていた事実です。というより、仏教は宗派となった時点で、この力には抗しきれないものとなっていること、近代国家という中におさまってしまったこと、それをまず自覚しなければなりません。宗派は、もちろん、それ以前の流れを踏まえながらではありますが、明治政府が再編したものです。大谷派も、もちろん例外ではありません。

この巨大な力の中で、どうやって伝えられてきたものを表現しなおすか、という問いを立てることが必要です。変わらぬなにかをずっと守り続けていけば、それによって理想が実現されると考えるのは、現実離れしています。日本仏教には、各宗派には、近現代的な形態に変わってしまった出家と在家のありようを、もう一度それぞれに理解し、反省し表現しなおす努力が求められています。

最初に申しましたように、私は『大蔵経』のデータベース構築の仕事を進めてまいりました。この過程で、仏教界から多大なお力をいただきました。大谷派にも大変なお力を賜わりました。アジアに伝わってきた『大蔵経』を、日本の責任で次世代に向けて世界に発信し続けるという、この決断を全面的に支持していただきました。その経験を通して、出家と在家という二つが日本にあることは、素晴らしいことだと実感するようになりました。

出家と在家、これは広く、「他者問題」として捉えられると思っています。いろんなところで、弱い他者、生きてゆく力をなくしてしまい、この世から脱落していかざるをえない人たち。その人々とどう向かい合っていけるのか、どう一緒に道を歩くことができるのか。この問いをかかえうるところに、出家と在家という、二つのありようの意義が、明らかなかたちで現れてくる。

この世だけしかない、この世の話だけしかできない、この世の知識や言葉しか手に持っていない者にとっては、この世から脱落したらすべて終わりです。できることは、ただ脱落しないようにすることだけです。けれども、仏教が伝えてきたものは、この世から脱落しないための手立てではない。それは、生老病死を、みなが例外なくかかえている事実をまず受け止め、この世を離れ、出離度脱していく道でした。いま必要とされているのは、第一にこの道が存在すること、この世に回収されてしまわない、在家に留まらない道があることを示すことです。彼岸に向かって歩いていく道の存在が、まず宣言されなければならないと思います。

輪回から涅槃へ、涅槃から輪回へ―無住処涅槃の意義―

そのうえで、さらに次の方向が求められます。現代は、個人が最初から断片化されてしまっている。そうすると、そこに必要なものは、輪回から涅槃へという、その向きを個として歩むことを進めることになります。しかし、大切なことは、むしろ涅槃からこの輪回に戻ってきてもらう存在に会うこと、それによって彼岸への道が開かれること、そこにあると思います。言い換えると、この力がなければ、輪回から涅槃へとは進みようがないのです。

この出会いは、特別なものです。寸断されてしまった関係が回復されることと、道が開けることが同時に起こる。そんな希有なできごとです。そこでは、本当に安心を得つつ、しかも独立した自己の歩みがなされる。涅槃から輪回へと帰るのは、いわゆる「無住処涅槃」という菩薩の活動です。菩薩が悟りに向かって進むすがたと共に、反転して、一文不知の者たちに、何の理屈もなく、そのまま向かい合い、受け取り、お念仏がそこで称えられ、温かみが回復されて、同時に自覚という道がはじまってゆく。現代において、個の自覚を最初に求めることには、さまざまな点で無理があること、それに気がつく必要があると思います。

私はこの「無住処涅槃」の活動を、たとえば次に示します法然の一節に確認することができます。

在家を徹底させる力（出家化ではない）と、因果に縛られたままの称名念仏（信）

これは鈴木大拙の『日本的霊性』の中の一節で、法然の教化を説いたところなのですけれども、在家の信者の立場としては、深く心に響いてくるものがあります。法然が流罪になって地方へ下る途中、さまざまな人々と出会い、そこで称名念仏を伝えていかれる。その事例の二つを鈴木大拙が取り上げられています。ちょっと読ませていただきます。

播磨国高砂の浦につき給うに、人多く結縁しける中に、七旬あまりの老翁、六十あまりの老女、夫婦なりけるが申しけるは、わが身はこの浦のあま人なり。おさなくよりすなどりを業とし、あしたゆうべに、いろくずの命をたちて世をわたるはかりごととす。ものの命をころすものは、地獄におちてくるしみたえがたくはべるなるに、いかがしてこれをまぬかれはべるべき。たすけさせ給えとて手をあわせて泣きけり。上人あわれみて、汝がごとくなるものも、南無阿弥陀仏ととなうれば、仏の悲願に乗じて浄土に往生すべきむね、ねんごろにおしえ給いければ、二人ともに涙にむせびつつよろこびけり。上人の仰をうけたまわりてのちは、昼は浦にいでて手にすなどりする事やまざりけれど、口には名号をとなえ、夜は家に帰りて、二人ともに声をあげて、終夜念仏すること、あたりの人もおどろくばかりなりけり。（鈴木大拙『日本的霊性』岩波文庫、一〇六頁）

第二の例ですが、

同国室の泊につき給うに、小船一艘ちかづきたる、これ遊女が船なりけり。遊女申さく、上人の御船のよし、うけたまわりて推参してはべるなり。世をわたる道まちまちなり、いかなる罪ありてかかかる身となりはべるらん。この罪業おもき身いかにしてか後の世たすかり候べきと申しければ、上人あわれみてのたまわく、げにもさようにて世をわたり給わらん罪障まことにかろからざれば、酬報またはかりがたし。もしかからずして世をわたり給いぬべきはかりごとあらば、すみやかにそのわざをすて給うべし。もし余りはかりごともなく、また身命をかえりみざるほどの道心いまだ起こり給わずば、ただそのままにて、もはら念仏すべし。弥陀如来はさようなる罪人のためにこそ、弘誓をもたてたまえることにてはべれ。ただふかく本願をたのみて、あえて卑下することなかれ。本願をたのみて念仏せば、往生うたがいあるまじきよし、ねんごろに教え給いければ、遊女随喜の涙をながしけり。

（鈴木大拙『日本的霊性』岩波文庫、一〇七頁）

さまざまな生き方があるはずなのに、どうして私はこんな罪人としての道を選んでしまったのか、この罪業の重い身がどうすれば後生が助かるか、ということを問うわけです。そうすると上人は、「そうだなあ」と、この世を渡っていく罪障は、本当に軽くないということをはっきりとおっしゃるのです。お前が受ける、これからの業はもう重くはかり難いと。そういわれた後、もしこういう道を選ばずに、生きていくことができるのであれば、その方法を探すこともできたであろう。あるいは、ここで心を入れ替えて、そして道心を起こして、出家をして、厳しい行に入ることができるのであれば、それも道だろうと。

しかし、その心さえも起こらない者は、ただそのままに念仏をせよ。「弥陀如来はさようなる罪人のためにこそ、弘誓をもたてたまえることにてはべれ。ただふかく本願をたのみて、あえて卑下することなかれ」とおっしゃるのですね。因果から解放されて念仏をするのではなく、因果に縛られたままの念仏です。縁起の理による解決ではなく、念仏による解決です。

煩悩を、迷いを断つために、比叡の山で修行をし、そして最も秀でた力を持っていた法然が、最後には念仏一つになっていったという事実が、本当に一文不知の者たちの心の底に伝わっていく。どうしても救われないということを知った者の心の奥底に、そのまま伝わっていき、湧き立つ喜び、安心を分け合って、本当に安心が定まり、仏道を歩いていくということが実現していく。ここには、涅槃からこの輪回の世界に戻ってきた法然と出会った漁師夫婦、遊女のすがたがそのまま現れています。

この点にいたれば、鈴木大拙が繰りかえしいうように、親鸞と法然は、本当に一つだと思います。たしかに親鸞の言葉は、法然に比して、精緻で鮮明であります。そこには、思想が生まれてくる力があると思います。けれども、その思想性は、希有な出会いという思想以前のできごとから生まれ出ていること、一文不知のものと同一の世界から誕生していること、それこそが重要です。高邁な思想が生まれ出る根源には、法然に出会い「雑行を棄てて本願に帰す」（聖典三九九頁）一点があること、それが外せないことです。

この安心は、けっしてこの世に回収される安心ではありません。この世がどう説明し尽くされても、私たちは、それをわかることによって助かるのではありません。なぜ生まれてきたのか。なぜ死んでいくのか。こうした問いが、すべて残ったままでも、それでも成り立つ。こうした理をすべて超えて成り立つ、確かな安心、力そのものが必要です。

在家者を出家させるのではなく、在家のありように徹底し、それを通して、そのままで称名念仏の身と成っていくこと、そこに出家が成り立つこと、この機微を伝えていくことが、いま切実に求められている、そう思います。それは、まさに真の意味の同朋の発見を通して、実現されるものでしょう。真俗二諦は、「無住処涅槃」によって、「往還二回向」によって、その意義が発揮される。それは同朋の発見、師との出会い、そこに収っていくと思います。つたない話をお聞きいただき、ありがとうございました。

同朋会運動の中で生きてきて

二階堂行邦

一、僧伽に帰依する

私は東京生まれで東京の寺の住職なのですが、東京の同朋会運動は、少し一般の教区の同朋会運動と様子が違う面があります。それは、一つには開教問題をかかえているということです。東京だけではありませんが、どこの寺にも属していない人が、都市部に集中しています。特に東京は過密状態になっていますが、それに対して大谷派のお寺は極端に少ない。このような教区の問題は、ずっと放置されたままの状態だったわけです。それをどうするかということが、同朋会運動始動以来の宗門がかかえている問題です。このような問題をかかえる中、自分の寺と東京教区で同朋会運動をどうしていくかとなったときに、その教区に所属する者として、どうしても関わらざるをえなくなったわけであります。そして、さらに教団問題があります。これも同朋会運動と別といえば別ですけれども、もし同朋会運動がなかったら、大谷派から東京本願寺が離脱するという問題は起こらなかったと思います。そういう意味では、教団問題は教団としての同朋会運動が行きつくところに行きついた結果であると思います。

曾我量深先生は、安居で「歎異抄聴記」を話されまして、真宗を真宗たらしめるには、「真宗再興」ということをいわなければならないとおっしゃいました。その真宗再興の精神は何かというと、「歎異の精神」だということを、ズバッとおっしゃっていただいたわけです。そうしますと、同朋会運動の原点はどこにあるかというと、『歎異抄』にあるといっても良い。それでは『歎異抄』がはじまりかというと、もっといえば釈尊の仏道でしょう。ですから、私は「歎異の精神」の源は「三帰依」にあると思います。仏法僧の三宝に帰依する。「帰依三宝」、特に「帰依僧」ですね。僧といっても、僧侶というよりも「帰依僧伽」です。「僧伽とは何ぞや」というように、僧伽をむこうに置くよりも、「自ら」「帰依」する。その上で問題となってくるのが、「まさに願わくは衆生とともに、大衆を統理して、一切無碍ならん」（聖典、見返し）という言葉です。まず「帰依仏」「帰依法」ということは、頭で考えてわからないことはない。ところが「帰依僧」、しかも「僧」が「僧伽」ということは、どういうふうに了解したら良いのでしょうか。これが非常に大事な問題であります。ところがそれがはっきりしないまま、今日まで来ているのではないかと思います。

私自身振り返ってみますと、「僧伽」という言葉に初めて主体的に触れたのは、学生時代のことでした。私は大谷大学で仏教学をやっておりました。入学したのが、昭和二十二年、日本が敗戦したのが昭和二十年ですから、まだ食べ物もなければ何にもないときですね。ちょっとした事情がありまして、逃げるようにして、とにかく実家を出たいということで大学に来ました。あまり勉強はしませんでしたけれども、そのときに安田理深という相応学舎(1)の先生にお会いしました。お話を聞いたのは、大学の二回生のころだったと思います。初めお会いしたときは少し手強くて、聞こうと思い立ったのは良かったのですけれど、聞く力がありませんでした。最後の二年くらいになって、少しは聞けたかなというときに、いろいろな問題が見えてきました。

なかでも安田先生は、「帰依三宝」、特に「僧伽」ということを非常に大事にされ、講義では毎回のようにおっしゃっていました。その影響で、その当時自分たちで『僧伽』という雑誌をガリ版で刷ったこともありました。

我々は、仏法僧の三宝というと、仏に帰依し、法に帰依し、僧に帰依するというように、三つバラバラに考えていたのですけれども、安田先生にお話を何度もうかがううちに、どうもそうではないらしいということに気づくようになりました。やはりただたんに仏法を学ぶだけではなく、仏法を実践する場合には、仏法だけでは不十分だ。今思うと「帰依僧」ということがなければ、仏法を学ぶということにはならないということを、安田先生はいわれたかったのではないかと思います。それは当然のことなのですが、そんな当然なことを、私はそれまで聞いたことがありませんでした。仏法僧をバラバラに考えておりました。そういうことで、非常に大きなショックを受けまして、私はもう八十歳になるのですけれども、数十年経った今でも、いつも引っ掛かっているのです。僧伽あっての仏であり、法である。また仏法あっての僧伽であるということを、いつも考えざるをえません。しかし、現実の教団は、あまりにも僧伽とは遠く離れすぎているのです。

註(1) 安田理深が主宰した学舎のこと。京都市北区。

二、外部からの圧力

ちょうど五十年前の、親鸞聖人七百回忌を機として、同朋会運動がはじまってきました。皆さん方も、お話には聞いているかもしれませんが、そのころの状況は、今の状況と教団内部も外も大分違いました。当時は、宗務総長の名前で「宗門白書」(1)というのが出ました。今日でも本当は、宗務総長の名前で同じように、教団に属する宗門人その一人一人がどういう志願を持って生きるかということの再確認と懺悔が、当然出てくるはずであります。それがどうも今度は、「宗門白書」を出す力がなく、懺悔する力もない。「無慚無愧のこの身にて」（聖典五〇九頁）という『和讃』がありますけれども、無慚無愧ということさえ自覚に上がってこない。これは他人事ではなくて、私自身がそうです。そういう状況の中で、改めて同朋会運動を検討してみる必要があるのではないかと思います。

また、私が寺へ帰ったのが昭和二十八（一九五三）年ですけれども、外からの危機感というものが今日と違いまして、一つには創価学会、一つにはマルキシズムがありました。この二つに対して、我々はどのようにこたえていけるのかということが、大学を出て寺を継ぐときの課題でありました。そして、現実に門徒さんのお宅へ行くと、いつのまにかご本尊が「南無阿弥陀仏」から「南無妙法蓮華経」に変わっている。それを「どうしたのですか？」と聞くと、「創価学会だ」ということなので、私が題目のご本尊を自坊へ持って帰る。すると必ず、学会で取りに来ます。そうしますと私は、本堂の前で創価学会の方と議論をしなければならない。そういう出来事が数回ありました。

そういうことで否応なしに、教団の問題や自分自身の信心の問題を考えざるをえなかった。やはり信仰、信心というものを前面に掲げている教団は、既成教団としては真宗と日蓮宗しかありません。その中で旧来の日蓮宗では、日蓮の信仰と違うのではないかと考え、猛烈な信仰運動に立ったのが創価学会です。信仰の内容はともかくとして、真正面から信心を掲げて教団を構成しているというのは、真宗以外では創価学会しかありませんでした。そういう意味で、無視することはできない。このような状況の中で、同朋会運動は発足されたのです。外からの圧力があったから、同朋会運動があるというわけではありませんが、そういう外からの圧力に対する危機感は、今日と比べて非常に深かったと思います。しかし、帰依僧を忘れた教団の危機は、今日でも同じであります。

註（1）当時の宗務総長であった宮谷法含が、大谷派の教化施作の根本理念を宗門全体に公開したもの。

三、信仰と組織の問題

教団の危機といえば、清沢満之先生も、明治二十九（一八九六）年に白川党を立ち上げて、そして翌年に全国に革新同盟のような組織ができました。当時は大変な熱気で、何百人も集まったのです。つまり清沢先生の表面的な活動も、教団改革ということからはじまったわけです。ところが、それが明治三十一（一八九八）年にはもう解散しなければならないという危機に陥るのです。『教界時言』という雑誌も出されましたが、それも一年足らずで廃刊しなければならないことになりました。いわば、宗門改革ということに清沢先生は敗れたのです。そして、清沢先生は家族をあげて西方寺へ帰られた。しかし、その経緯を踏まえて、明治三十三（一九〇〇）年に、「浩々洞」が生まれたのです。

つまり僧伽の問題は、まずは教団改革という具体的な問題から起きてきたのです。では、教団改革だけが僧伽の問題かというとそうではない。教団改革という面では、結局失敗したとしても、やはり最終的には「浩々洞」という一つの小さな僧伽が生まれてきた。逆にいえば、「浩々洞」という僧伽は、教団改革に失敗したことによって生み出されたといっても良い。このような教団改革と僧伽の関係は、今日の問題だけではなくて、明治の時代にもあった。そのような問題に、清沢満之先生をはじめ、さまざまな先達が取り組んでこられたという歴史があるわけです。そういうことも思い起こされることであります。

そのようなわけで、私自身の気持ちでは、教団はこのままでは潰れるという危機感があります。ですから、同朋会運動として、宗門という組織が主導権を持って信仰運動を進めていくことも必要だと思います。当時もそれが大事だとは思っていたのですが、それだけではどうも何か違うのではないかという疑問がありました。そういうことが、初めからありました。はっきり申しますと、上から下へという構図をもつ教団組織の信仰運動では、現場で実際に動く者に元気が出ないのです。

教団はいつも、宗政の問題と信仰共同体の問題とをかかえているわけです。しかも、教区や組といった、上から下への本山の機構、官僚組織があるわけですけれども、私にはそれが主体となって信仰運動をしていくということが、どうも違うという疑問がありました。本質的な信仰の問題と、教団の宗政とは矛盾をかかえているという問題です。それは今でもあります。しかし、それでは同朋会運動に対して反対しているかというと、反対ではないのですが、ただ何か違うということがあるわけです。それは先ほど申しましたように、僧伽の問題です。しかも、それが「自ら僧に帰依したてまつる」（聖典、見返し）というように、「帰依」が入っているのです。逆にいえば、「帰依」が入っていなければ、「僧伽というのはこういうものだ」といくら研究して勉強して論じても、宗門改革はこうあるべきだという理想論で話は終わってしまいます。ところが、そこに僧伽に「帰依」するということがある。これが非常に大事ではないかなと思うのです。信心は、一人ひとりの問題ですが、その一人の信は、共同体を生み出す信なのです。

四、僧伽の具体相

それで大学を卒業して東京の寺に帰りまして、そういう状況の中でいきなり一人ではとてもできませんから、幸い友だちがいましして、集まって毎日のように酒を飲んでは議論をしておりました。それであるグループの会を作って、そこから『親鸞』という機関誌を出しました。しかし、それも長いこと続きませんでした。それから、安田先生にお願いして、ときどきお話に来ていただいてそこでの集まりを中心に新しく僧伽を打ち立てたいとお願いに行くことになりました。「お前行って来い」と友だちにいわれて、私が行きました。安田先生は「それは、まあ良いけれども、君一人になっても聞くか」と。もうちゃんと先を見通しているのですね。「いや、一人になったら聞けません」とはいえないものだから、「はい、聞きます」といったら、「なら、行ってやる」と。そしたら、三年間来てくださいました。ところが、主催する者が、実質私一人になってしまったのですよ。そのとき残ったのは、ご門徒さんが何人かでした。

それで困ってしまいました。グループの中では私が一番若くて、他は先輩ばかりだったのですけれども、先輩たちが、安田先生はどうも話は難しいし、三年聞いてもう結構だというのです。「お前がお願いに行ったのだから、お前がお断りして来い」というわけです。それで頭を下げてきました。ですから、私は、安田先生に頭が上がらないのです。

それで先生に謝って帰るのに、どうも東京へ真っ直ぐに帰る気がしなくて、北陸を回り、学舎の友人の所へ寄り道をして自坊へ帰ったのです。それから何日かしたら、小林勝次郎さんというご門徒の爺様が訪ねてこられた。ときどき、ふらっとやって来る人です。以前安田先生のお宅で紹介していただいた、念仏者というより仏者という感じの求道者です。

その人がニコニコしながら、「いやあ、ご苦労さんだったなあ」と、それだけいいに来られたのです。安田先生に謝りに私が行ってきたことも全部承知の上なのです。わざわざ訪ねてくださったのは、小林さん一人でした。

この人は鋭い人で、人を切る仏法の刃の切れ味が良すぎて、切られたこともわからない。気がついたら血が出ていたというほどの鋭い人で、また笑顔の素晴らしい人でした。高光大船先生の仏法を聞かれた人です。

その当時、ご門徒の仏者が何人かおられました。曾我先生の「開神会」の流れをくむ人たちでした。そのときもそうでしたが、説明はできませんけれども、先ほどの「帰依僧伽」が生む仏者は、こういう人なのだろうかと思わしめられたことです。

それから、安田先生についてですが、今、お話したような経緯で、私の足は重くなって、先生をお訪ねすることができないままでした。その中で、一度お訪ねしたことがありました。当時、教団の宗門離脱問題の最中でした。東京教区は、別院離脱阻止運動に明け暮れし、全国の教区会も本願寺の宗門離脱阻止に全力を傾けていたときでした。東京別院は阻止できませんでしたが、本廟だけは阻止できました。

そんな状況の中で、安田先生をお訪ねしたことがありました。今の教団問題の状況をお話しましたが、先生は何の返事もなさらないのです。黙って聞いてくださっただけでした。話が切れたので、「帰ります」といいましたら、「ああ、そうか」といわれて終わりでした。そのときは、すごく寂しかったことを思い出します。今思えば、聞いても仕方ない私の愚痴話を、黙って聞いてくださった無言のご説法だったのですが、そのときはそれがわかりませんでした。

それからしばらく経って、先生の三回忌の法事の席で、たまたまある先輩が僕の隣に座られて、こういう話をしてくださったのです。「あるとき安田先生が、私たちに向かって、『二階堂というのが東京で今頑張って、教団問題・離脱問題で苦労しているらしい。君ら何も応援してやらないのか』といわれたことがある。そのことを君は聞いているのか」と。私はまったく知らないことでした。しかし、いわれてみると、そのときに激励の電報が全国からものすごく来たのです。その源が安田先生だったのですね。私が先生を訪ねたときは、何もいわれずに黙っておられたのにですね。

私は、先輩から話を聞いてはじめて、先生の沈黙の説法だったことがわかりました。愚痴は、黙って聞いていただけば良いのです。それで安らぐのです。「いずれの行もおよびがたき身」（『歎異抄』聖典六二七頁）が、愚痴を吐くのです。吐いてみて、はじめて愚痴であったと気づくのです。それに気がつけば、心が安らぐのです。ところが不徹底な愚痴は、まだ「いずれの行もおよ」ぶであろうという思いが残っているのでしょう。

愚痴を聞くほうも、「いずれの行もおよびがたき身」なればこそ、黙って聞けるのでしょう。説法などは無用なのです。説法無用が無言の説法となるのです。

五、帰依と依存

そのころ「共同教化」という言葉が流行っていました。若者が一人で教化をする力がないし、みんなで集まって共同して教化しようというのです。発想はわかります。今日でも、一人ではできないので、みんなでやろうということがあると思います。ところが一人でできないことは、何人集まったってできないのですよ。

そういうことがわからないのです。何とかしなければ、自分でも生きていられないし、気が合った友だちが見つかれば、その力を合わせて十人集まれば十倍できるのではないかという妄想があるわけですよ。ところが、最後の最後になったら、みんな一人なのです。そうするとやはり、そういうものは信仰共同体として成り立たないのです。そういう経験を何度かしてきました。一人でもみんなでも、できるできないは問題ではない。課題がはっきりして共有できれば良いのです。

　だから、「僧伽」の問題は、なかなか厄介な問題です。そこには「帰依」がないから。「帰依」がないのに「僧伽」とはこういうものだと、みんな気が合う者が力を合わせてやろうではないかといって、はじめは良いのですけれども、やはり「僧に帰依したてまつる」という「僧」がはっきりしないと、必ず分裂を起こします。分裂を起こすということは、結局一人に帰るわけです。ですから最後は、「非僧非俗」をどう生きるかです。

　教区のこと、宗門のことと、いろいろいって動いているつもりですが、じつはそうではないのです。結局、「帰依僧」ができないのですよ。今与えられている中心課題が、はっきりしないのです。だから帰依できないのです。お互いに依存しあっている。お互いに助け合おうといって、いかにも外面は帰依しているような、信頼しているような体裁を保ちますが、そのじつは何かといいますと依存なのです。依存の心は、いつも他人を利用しようという気持ちなのです。そうではなくて、「弥陀の五劫思惟の願をよくよく案ずれば、ひとえに親鸞一人がためなりけり」(『歎異抄』聖典六四〇頁）なのです。本当におおやけなのは本願だけであり、その本願を受け取るのは一人です。

　ですから、今にして思うと、同朋会運動は、講師に依存してしまったという面もあるのではないかと思っているのです。今、「帰依」と「依存」といいましたけれども、先生を尊び、帰依しているように思わせて、聞いているような姿勢は見せますけれども、結局はその先生に依存しているのです。利用しているのです。利用される人は大変ですね。話が上手くて、良い話をしてわかり易くて、そういう講師の先生は引っ張りだこ。それはそれで結構ですけれども、それだけで仏法が興隆するのかという問題が残るのでしょう。念仏したらこうなる、ではなくて、「念仏もうさんとおもいたつこころのおこる」(『歎異抄』聖典六二六頁)、そこに「摂取不捨の利益」(『歎異抄』聖典六二六頁）があるのです。

六、無条件の受容

ですからこれからの信仰運動というものは、やはりどこまで依存をやめて独り立ちできるかが問題ではないでしょうか。独りで立ち上がって生きるということは大変です。ただそのときに矛盾しているようですが、その独り立ちに必要なことは、どこかで自分のことをまるごと引き受けてくれたという経験がないと、本当の意味での独り立ちはできないということです。小林勝次郎さんが「ご苦労さんでした」といって、私の全部をその一言で引き受けてくれたということがありました。それから安田先生も、私に直接わかるような態度はとらないのだけど、私のそのままを全部聞き入れてくれたのです。こちらは安田先生に愚痴ばかり話していたのだけれども、安田先生は何もいわずに、ちゃんと私を認めて私の話をちゃんと聞き入れてくれていた。それで「帰依」ということが、少し味わわれるようになりました。それはたんなる依存ではない。私の全部をまるごと受け取ってくださったということです。そういう経験が、人間には必要なのではないかと思います。

そのままの自分を、自分自身が無条件でまるごと受け止め受容することが、独りに立つという独立者であります。そのことが、自分に成り立つことは、自力では不可能である。どうしても、本願他力に生きる人（他者）との出遇いが必要なのです。その出遇いは、具体的には、人との出会いですが、たんなる人と人との出会いを超えた、仏との出遇いである法との出遇いという意味を賜るのです。

親鸞は、「たとい、法然聖人にすかされまいらせて、念仏して地獄におちたりとも、さらに後悔すべからずそうろう」（『歎異抄』聖典六二七頁）、そして「いずれの行もおよびがたき身なれば、とても地獄は一定すみかぞかし」

（『歎異抄』聖典六二七頁）と表白されます。そしてそのまま「弥陀の本願まことにおわしまさば」（『歎異抄』聖典六二七頁）と、本願の歴史観が展開します。この本願のまことの史観が、地獄一定という「帰依仏」「帰依法」「帰依僧」を生むのでありましょう。地獄をやめて帰依するのではない。「地獄一定のすみか」において、帰依三宝が成り立つのです。

真宗の言葉でいえば、「摂取不捨」ですね。一切のものを無条件で引き受けるということがあって、初めてそこから自立できる。そういうことがあるのではないかと思うわけです。この問題は、大学にも、宗門にも、寺にも、共通の問題だと思うのですけれども、それはどういう人間が生まれ、育っていくのかということなのです。そのときに、教育上の理想的人間を掲げて、育っていく人間を育てる側の枠に当てはめてはいけないということが重要でしょう。昔は少し形を外れたような、しかし文句をいわないで一人で黙って相手を引き受けてくれるような人があちこちにおられました。

七、僧侶とは何か

また、せっかくですから、小林さんから投げかけられた言葉を二、三紹介しましょう。昔、私が二十三歳で住職になったときに、「二階堂君、坊主になったのか」というから、「うん、坊主になった」といったのですが、そうしますといきなり小林さんは、「坊主って何だ？」というのです。「それが坊主になったのだけど、坊主というのがわからないのです」といいましたら、「お前、自分で坊主になって坊主がわかんないのかよ。教えてやろうか」というから、「是非教えてください」といいました。そうしましたら、「坊主というのは、人間を相手にしないで、仏さんだけを相手にする者のことだ」といって、スッと帰ってしまったということがありました。もう何十年も前のことなのですが、ときどき思い出されてきますね。私はそのころ、いわゆる坊主というのは、仏さんだけを相手にしているから駄目になったので、もっと人間を相手にしなきゃ駄目だと、頭の中で考えていました。寺にいると仏さんといったら、本堂に荘厳されてある仏像、それを仏さんだと思っていました。だから仏像を相手にしてお経をあげるよりも、むしろ集まって来る人間、特に苦しんできている人間と話をしていくのが坊主だ、人間を相手にするのが坊主ではないのかと思っていましたから、小林さんには真反対のことをいわれたのです。でも、小林さんの真意は違っていました。人間は人間ばかりを相手にしていると、知らぬ間に臭くなる。自分を他人と比べてばかりいて、慢心の自分に気がつかない。その臭い人間が、仏さんを相手にできるといいたかったのでしょう。

それから、もう一つ自分を問われている言葉が、「貰ったものは己のもの。己のものはみんなのもの」という言葉です。これは布施の話をしていたときに聞いたのですが、坊主はみんなお布施を貰って生きているでしょう。私は、はじめのころお布施が貰いにくかったのですね。出されても、「はい、ありがとうございます」と、躊躇なく貰えませんでした。お布施は貰うタイミングが難しい。そこには何か、忸怩たるものがあるのです。私は、坊主がただお経あげるだけで、門徒さんが汗水垂らして働いた報酬を布施として貰うというのに引け目を感じていて、貰うまでの間が特に嫌でしてね。そしたら小林さんが、それを見抜くのです。「貰ったものは己のもの」ということは私達が普通にすることですが、「己のものはみんなのもの」ということが至難です。でもこれがなければ布施にならないのです。

八、大衆の僧伽

そのような「僧伽」という一つの精神、魂こそ、「大衆を統理して、一切無碍ならん」という「統理大衆」ですね。仏法に統理された大衆です。ですから、「僧」というのは、一人の坊さんではなく、「大衆」を意味するのです。それを「みんなのもの」というわけです。小林さん流にいえば、己の貰ったものは己のものじゃないということになります。だから、「僧伽」というのは確かに己のものなのだけど、これはみんなのものだという覚悟がいるわけですよ。

歴史を見れば、そういう「大衆」とか「門徒」とか、それこそ無数の名もなき方々が宗門を維持し、浄土真宗を守ってきましたね。そういった、名もなき方々みんなが僧伽の一員ですよ。しかし、宗門として、一遍でもそういう僧伽の一員である農民として生きる一門徒に、「ありがとうございました」と頭を下げたことがあるでしょうか。一度もないかもしれませんね。「貰ったものは己のもの」といって、貰ったお布施は全部自分のものにして、これはみんなのものだという開けがないです。だけど、一門徒には、そういう覚悟を持っている人がいるのです。では、「お前はどうした、何をやっているんだ」といわれたら、私自身何もできていないのですけれども。

無慚無愧のこの身にて　　まことのこころはなけれども
弥陀の回向の御名なれば　　功徳は十方にみちたまう
（『正像末和讃』聖典五〇九頁）

と聞くばかりです。

これは財施（お布施）の話だけではない。信心の話なのではないかと、このごろ思っています。「信心獲得」といいます。親鸞の信心には、自力と戦って真実の信心をわがものとするという激しさがあり、これが親鸞の「獲得」であります。「たまわりたる信心」（『歎異抄』聖典六三九頁）だから、信心まで如来さまのものだからありがたいというような弱々しいものではない。言葉は荒々しいが「己のもの」という厳しさがあり「みんなのもの」という弘さがある。私有化を許さないのです。小林さんの最晩年は、「みんなのもの」を自ら名のっておられました。小林さんの法名でしょう。

同朋会運動といっても、やはり「僧伽」が課題なのですね。「僧伽に帰依する」という、そういう精神がどこかにないと、教団も成り立たないし、寺も成り立たない。これは、根本的な意味では、大学も同じだと思います。私は、大学のことは何も知らないし、勉強もしてない者がいう資格はないのですけれども、やはり大谷大学は「僧伽」の大学ですね。真宗学、仏教学、教育学、社会学、哲学などいろんな専門はあるでしょうが、たとえ大谷大学で何を勉強していようとも、やはり親鸞の精神を生きよう、釈尊の精神を忘れないで生きていきたいということが、大谷大学の中に流れているわけでしょう。もし、そういう精神がなくなったとするならば、たんなる世間的な一つの大学ですね。でも、そういうことは、宗門でも、それぞれの寺でも、一人の人間としてでも、みんな同じ問題をかかえているのではないかと思います。「帰依僧伽」とは、自力で作れるものではないのです。いただくものです。仏法の統理された同朋、ともがらを賜るものではないでしょうか。

ですから、宗門や寺院、大学など、自分のいる場所が僧伽たりうるかということを、自分自身に問い返していく契機になったのが、同朋会運動だったのではないかと私は思います。最終的には、教団問題という形を取りましたが、もしもそのときに、大谷派はいわゆる坊さんだけの教団であって、「大衆の僧伽」だということがどっかに生きていなければ、もうとっくに、離脱事件のときに本願寺はなくなったと思いますね。ところが、それはやはり、僧伽の一員である者が立ち上がって、本願寺を守ったということがあるわけであります。ですから、「帰依僧伽」というのはやはり、たんに信頼するとかお任せするとかということだけではなくて、いざというときに立ち上がるだけの、大きな力があるのではないかと思いますね。今、宗門にはいろんな問題が山積しておりますけれども、同朋会運動を契機にして、宗門の根本には、私たちを立ち上がらせるような大きな力、つまり僧伽に帰依する力があると感じるわけです。

私の歩み、同朋会運動五十年と

亀井　鑛

一、戦災のただ中から

私は昭和四（一九二九）年に、名古屋市の中心部の下町、中区古渡町で生まれ、育ちました。金の鯱で有名な名古屋城から南へ一筋に、海辺に近い熱田神宮、あの東海道五十三次の宮の宿まで、本町通りというメインストリートが通っています。その通りに沿って大須観音があり、名古屋東別院(1)という「御坊さん」の呼び名で市民に親しまれている別院もあり、私の家はその本町通りに面した一軒で、東別院の境内にあるお東幼稚園へ通い、古渡小学校(2)へ通ったものです。町内には古渡神社があり、そこには歌舞伎創始で知られた出雲の阿国の相方、名古屋山三郎の生誕地の碑もありました。名古屋東別院は、もと織田信長の父の居城であった古渡城で、信長はここで元服したといわれます。本町通りの上の方は、武家屋敷や御用商人の店、歓楽地があり、下には庶民の小商人や職人などの一般市民の家がありました。

父は、全国でもこの町だけに集まっているといわれた、消防ポンプの製造工場の一つを経営し、戦争の最中は敵アメリカ空軍の空襲に備えて、国や軍や地方官公庁などから増産命令が出て、軍需工場に指定され急拡張させられ、過労などで昭和十六（一九四一）年に肺結核が因で、私の十二歳のときに亡くなりました。

まもなく戦況が悪化し、アメリカ軍の爆撃で昭和二十（一九四五）年、家も工場も全焼。その八月敗戦と同時に、それまでの軍需補償は一切打ち切りという措置で、国も軍も地方町村、海外植民地への売掛代金の全額がゼロになり、残った手許の預貯金や保険積立なども、財産税として一定限度以上は全部封鎖没収されました。

そんな中での戦後、母一人子一人の放浪生活が続きました。当時私は、文学少年で、とりわけ父の死以来つながりの深かった、手次の珉光院[3]の小桜秀謙住職から、親身に目を掛けていただき、それに甘えてよくお寺へ遊びに行き、長談義にときをすごしたり、勧められるお寺の蔵書を借りて読んだりしていたものです。ご住職と私とは、二回りほど年齢が隔たり、叔父さんくらいの年格好でした。

註（1）　名古屋別院のこと。通称、東別院。

（2）　現平和小学校。

（3）　名古屋市名東区平和が丘にある真宗大谷派の寺院。

二、仏教への不信と懐疑

お寺が嫌いで、宗門系大学へ入らず、早稲田大学文学部で学んで、地元の中日新聞の記者をされていたご住職とは、馬が合うというか、十二歳で父を失い、母子家庭で敗戦後素寒貧になって、人心荒廃の世間に放り出された、反抗的で小生意気な、わがまま小僧の一人っ子育ちの私を、本当に心に掛けてくださいました。お寺から出ているガリ版刷りの寺報『珉光』に、ときおり文章を載せていただいたりしたものです。

それでも私自身、仏教には懐疑的で拒否反応しか持たず、「仏教なんて時代錯誤の前世紀の遺物。まちがって存在を許されているようなもの。呆けかけた老人相手のもので、健康で、働き盛りの我々には無用の長物」くらいにしか思っていない。つい冷たい不信感が口に出る私を、ご住職は「いや、私もそうなんです。同じ思いがあります。だからあなたのいうこと、よくわかります」と包みこんで、肩を並べてくださいました。

そんな関係で、仏教にはとんと心を開かないけれど、人間的にご住職の掌に抱きとられていたのです。職を転々としながら三十歳になって、この年齢ではもう雇い先も見つからず、自営で立つほかないと腹をきめ、元手のいらない職種をと探すうち、繁華街の小さなビル内のタバコ屋の権利を手に入れ、それと同じころ結婚し、お金がないので、安上がりにとお寺で仏式で挙式しました。

ちょうどそんなころでした。お寺のご住職から、「本山(1)から、働き盛りの若い壮年層に、生活の中で活きてはたらく仏教を、聞き学んでもらおうという同朋会運動というものが呼びかけられているから、あなたも是非参加して」と、昭和三十六（一九六一）年に誘われました。正直なところ、はじめたばかりの商売も、日本経済成長の時流に乗って順調で忙しいし、いまさら仏教なんてものに手間暇かけるなどご免蒙りたいと、内心嫌々ではありましたが、ともあれ参加し、お寺の同朋会が発足し、月一回の聞法会がはじまることになったのです。

昭和三十六（一九六一）年というと、ちょうど宗祖親鸞聖人七百回の大法会が勤まった年で、その記念事業として同朋会運動がはじまったのが、私にとっての仏法との出会いの機縁なのでした。思えば、今年でちょうど五十年ということになります。

註（1）　東本願寺のこと。

三、罪なる我の自覚

五十年の同朋会運動の歩みの中で、そこから何を学んだかと申しますなら、それは「罪」ということ、「己が罪」ということです。罪といっても、法律を破る犯罪のことではない。また、世間から爪弾きされる道徳上の罪とも違う。仏法での罪は、もっと深く厳しい。私という人間の内面に、根強く潜む自己中心のとらわれの心、自力の執心、我執を直視させられることです。それを親鸞聖人は、自らの内に見据えられて「罪悪深重、煩悩具足の凡夫」と告白されたと学びます。

一般に、宗教に心が向く、いわゆる入信の動機というものが、誰にでもあるようです。死に瀕する大病を患ったとか、事業に失敗して無一文になり、一家心中ギリギリにまで追い詰められるとか、人生に疑問をもち、悩んで絶望的になるとか、さまざまにいわれます。しかし、私の場合は、そういう、いわゆる生死の巌頭といったどん詰まりのピンチなどという経験は、まったくなかったといっていい。

若くて健康で、家庭もまあとりたてての不満もない、仕事も意欲満々、万事順風満帆の、まずは幸福一杯の平均的市民の一人でした。人生の負の要因など、一つもない身の上でした。人生の勝者、優者、強者を目指し、走り続ける若者でした。それなのに、どういう風の吹きまわしで仏教なんぞに目が向いたのか。あれほど仏教に不信感を抱いて、拒否反応一杯だった私がです。それは『歎異抄』流にいうなら、「善人なおもて往生をとぐ、いわんや悪人をや」（聖典六二七頁）に倣って、「敗者、劣者、弱者、老人なおもて往生をとぐ、いわんや勝者、優者、強者、若者においてをや」といえると思うのです。仏教から呼びかけられる罪、自力の執心の自覚、自認は、人生の、世の中の敗者より勝者のほうが、劣者より優者のほうが、弱者より強者のほうが、老人より若者壮者のほうが、より一層切実で該当するところ多大でないでしょうか。思い当たるところ甚大であるはずです。

勝者は、おのれ一人の力による勝利でなく、その陰に必ずたくさんの協力者や支援者の奉仕と犠牲があることを、無視軽視しています。また相手の敗者を、頭から敵視して、抱きかかえ許そうとしません。優者は劣者を侮り見下し、己が能を誇り高ぶります。強者は弱者を疎外し、押しひしぎます。早い話が私自身、家庭の戸主として「俺のお陰で家族のお前らを養ってやっているのだぞ」と高飛車に出る。会社の従業員に向かっても、「社長の俺の力で食わせてやっている」の意識がのさばっています。私の中の深部にある、その自我性を指弾するのは、仏法の眼しかありません。それに私は、衝撃を覚えずにいられなかったのです。

四、落第住職に信頼

そういう仏法の急所をご住職は、抽象的観念的な仏教語専門語でなく、ご自身の生活の中での具体的な体験談を俎上に載せて、語ってくださいました。この具体性、生活性が、あらぬ先入観にとらわれた小生意気な私なんかにとっては、何よりの説得力を持っていたと思うのです。そういう具体的な体験告白の学びの一例を申します。

真冬の小雪がちらつき霜の降りるような寒い朝、ご住職が庫裡から本堂へ朝のお勤めに出られる。「今朝の寒さはこたえるな。本堂にお参りの人がいなかったら、もう一度寝床へ引き返して、温かくなってから出直そうか」などと思案しながら、本堂の扉を開くと、もう二、三人近所のお婆さんがちょこんと参っている。途端に「あ、このお婆が参っているばっかりに、やっぱりお勤めをせんならんか」と思うと、ついお参りのお婆さん方を憎々しげに睨み据えて、お灯明をあげている。そういう、お勤め嫌い、念仏嫌い、お寺嫌いの住職の私です、といったお話をなさる。

こんな話を聞かされた寺の門徒の私たちは、「そんな横着な、そんなことをいう住職は、坊さんの風上にもおけぬ落第住職だ」と反発すると、みなさんお思いになりますか。そうでないのです。「ああ、こんなご自分の心の内を、そのままさらけ出して語られる住職。この人となら、私たちも本音で、心の底から何でも話ができるな」と、共感と信頼、フレッシュな感動を覚えているのです。こういうわが寺のご住職こそ、後日になって学んだ『歎異抄』の後序にある言葉、

わが御身にひきかけて、われらが、身の罪悪のふかきほどをもしらず、如来の御恩のたかきことをもしらずしてまよえるを、おもいしらせんがためにてそうらいけり。（聖典六四〇頁）

といった、弟子唯円房の師親鸞聖人を仰ぐ思いが、そのまま寺のご住職と私との結ばれ合いとなって頷けるのです。こういう、「わが御身」を通しての罪の自覚、自認を赤裸々に告白されますと、およそ反逆的で不信と疑惑一杯の、現代っ子の私みたいな者でも、「なるほど、そうか。そういうことか。それが仏教というものか。ご住職の告白は、この私だって同じでないか」と、反抗の余地なく頷かされるわけです。

他ならぬ、南無阿弥陀仏という六字の名号のいわれというのも、現実の生活面で具体化されたなら、こういうことでないですか。己が内なる罪悪の自覚に頭が下がる、これが南無。すると周りの者も、「あなただけでない。私もそうだった」と共感し、頭が下がることで、隔てられていた垣根がとれて、一つになって和合していける。それが阿弥陀仏。そんな人間の心の転回を、ご住職から折りある毎に、わが御身にひきかけて、繰り返しこれでもかこれでもかと、噛んで含めて教わったのです。

こうした寺のご住職の述懐、告白の文集が、東本願寺出版部から、『光に聞く一〇八章』上下二冊で出ていましたが、久しく絶版になっています。これは貴重な同朋会運動の記録でもあり、現代にこたえる永遠かつ普遍の説得力あるテキストですから、運動五十周年を機に、この本みたいに運動の中から生まれた名著を、復刻再刊してほしいと切に願います。

五、タバコ屋稼業の中から

この『歎異抄』にある「われらが、身の罪悪のふかきほどをもしらず」を、私は同朋会運動五十年を通して、このこと一つを学ばされ、思い知らされてまいりました。それはご住職と同様、我が身の具体的体験を通して頷かされ、確かめさせられずにいませんでした。

私は、名古屋市内で自営の商売をしております。さっきもタバコ屋と申しましたが、小さなビルの中のタバコ屋では、売上が伸びません。そのために、出張販売という制度があるのを最大限に活用して、名古屋市内を目抜きの中心部にあった地の利を活かして、繁華街一円の会社、官公庁、ホテル、レストラン、料亭、喫茶店等々へ出張販売し、後には自動販売機を駆使して、市中から県内一円にまで、千台近くも自販機を配置して、従業員が車で商品を詰めこみ、売上金を回収して巡回するという、大口販売をするまでになりました。景気の盛衰は繰り返しありましたが、順調に拡大の一途で、従業員数も増えました。

そうしますと、お得意先の中には、初めはよく売れたのが、何かの都合でだんだん売れ行きが落ちて、自販機を置いても効率が悪く採算が取れないという設置先が出てまいります。社長の私の下に、ナンバーツーの筆頭社員がいて、大学で経営学を学んだ人なものですから、売上高のリストやグラフを作って、「取引先のここ とここは、業績が落ちて採算圏を下回っています。従業員の労力と時間の無駄も大きくて負担増ばかり。だからここ とここは契約解除して、機械も引き揚げてください。事業の合理化のためです」と提言してきます。

「確かに君のいう通り、効率が悪くて従業員の負担にもなる。経営の足を引っ張っているけど、長年の実績もあり、そうは露骨に売上高が減ったから取引やめて機械も引き揚げるなんて、現金なこといい出しにくいなあ」と私が躊躇します。すると、「そんなことありませんよ。このリストとグラフを見せれば一目瞭然、誰も文句はいえない。堂々とやめる根拠になりますよ」と、胸を張っていうんです。「そりゃそうだけどなあ」とためらいながらも、合理化と業績向上のためにはせずにおれないというので、先方へ出向いて、社長さんに、「うちの従業員が足りなくなったので、回り切れません。売上高の少ないお宅から止めさせていただくほかありませんので」と、おずおず申し出ました。

六、自販機引揚に学ぶ

そうしましたら、むこうの社長さん、小僧の身分からたたき上げた苦労人のレストラン主人ですが、「そうかい、そりゃお宅のお役に立てなくって、申し訳なかったね。勘弁して頂戴よ」と、逆に頭を下げられました。これではかえって私の方が、目のやり場がありません。冷や汗一杯で、ほうほうの体で機械を引き揚げて帰る。その道すがら、つくづく思い至らされたことは、「本当の商人」とは、利潤追求第一といった、自己本位な打算ばかりに立つのでなしに、相手の立場に立って腰をかがめ、頭を低くして、相手の言い分を受け止めていく。これが商人らしい商人の在り方なんだと、苦労人の先輩商人から身をもって教えられた思いでした。「何とまあ、この自分は自己中心、自力の計らいに立った商人だったな。これはこのままに捨て置けない。もう一度改めて、お詫びとお礼の心で先方の社長さんに挨拶しに行かないと、自分の心が落ち着かないぞ」といった思いで帰りました。帰るなり、「おい。機械を引き取ってくるときには、やっぱり、申し訳ありませんがこちらのわがまま横着です。ご勘弁くださいと、頭下げて低姿勢でないとダメだぞ。今日はそのことを思い知らされたよ」と伝えましたら、ナンバーツーの相手も、「はい、確かにそうでしょうね」と、素直に頷いてくれました。

今日の資本主義社会の仕組みの中では、経済学も経営学もみんな、その発想も論理も利潤追求の自己中心、自力の計らいの枠を出ていません。その中で、真の商売の道を、仏法と照らし合わせて頷かされたものでした。ことは経済や経営の世界に限りません。政治でも法律でも医療、教育、福祉など、あらゆる部門で、こうした自己中心、自力の計らいが、合理主義思考と裏合わせになって、無反省にまかり通っている現代社会です。

七、生活の念仏は低次元か

そういう生活の中での、活きた具体例で、他力の信心の体験を語ろうとしますと、思いもよらない反論が、偉い先生とか若い学究方の口から、聞かされたことがあります。なくなった福井市のお医者で念仏者であられた米沢英雄先生が、かつて憤懣に堪えないといった面持ちで語られたことがあります。

浄土真宗、お西の勧学(1)という肩書の先生と同席して、法話をされたとき、米沢先生の話を聞いた先生が、「ああいう生活の中の具体的体験例で信仰を語るということは、専ら新興宗教が好んでやっていることでしょう」と冷ややかに評されたのを聞き、唖然とさせられたとおっしゃいました。

また、これは私の体験ですが、金沢東別院(2)にご縁をいただいて、同様の生活体験例を話しましたところ、帰りしなに駅まで送ってくださった車中で、若い職員の坊さんが、「お話の中にあった、家庭の中で夫婦や嫁姑がどうなったとか、商売していてどうなるこうなるという話と、弥陀如来の本願念仏の世界とは、次元が違うのではないですか」という感想を聞かされ、「なるほど。そういう見方、受け止め方もあるのか」と、米沢先生の悲憤慷慨を思い合わせられたものでした。生活体験を離れて、いったいどういう次元に本願念仏の十方衆生への結節点があるというのでしょうか。

日常の具体的な実生活を通して仏法を語る、つづまるところ自分自身を通して語る、つまり告白するというのは、じつのところ大変しんどい作業なのでしょう。頭で覚えた学識や、小手先の思弁で間に合う話ではありません。私は以前から思わせられているのですが、この大谷大学や宗門系の学校で、みなさん宗学を学ばれる。そこでノートをとって覚えた、煩瑣難解な学問理念を、そのまま鵜呑みにし、私たち市民大衆の前で語るのは、そう大した苦労ではないと思う。学校を卒業して、たとえば化粧品会社に営業マンとして就職した若者が、会社で二、三か月も新人研修の合宿訓練を受け、何かしら実習すれば、その会社の商品の効能書きを、流暢にペラペラしゃべって、女性客方にアピールできるよう、達者なセールスマンが仕上がる。それと、まあ似たようなものではないか。私は、大谷大学が、そこいらの化粧品か何かの営業マン並みの、口先だけのナンマンダブのセールスマンを養成していたのでは、すまないと思いますよ。世間では、三か月か半年くらいで事足りるのを、丸四年もかけて、口上書きだけ身につける、自分抜きの文沙汰学匠沙汰に費やしているなんて、経費と時間がもったいない。自分（＝生活）を通す、これこそが、生きた仏法の根本要件ではないでしょうか。

註（1）本願寺派において、門主の諮問機関とされ、教学的問題に対して答える役割のこと。
（2）金沢別院のこと。

八、全国の念仏者巡歴

私は自らの聞法に励むかたわら、たまたまのご縁をいただいて、昭和四十一（一九六六）年から名古屋東別院の教化新聞『名古屋御坊』を創刊以来十余年ほど、その編集に関わらせていただきました。それを退いてすぐ、昭和五十二（一九七七）年からご本山東本願寺の同朋会運動機関誌『同朋新聞』のお手伝いをさせていただくようになり、二十年ばかり、全国の同朋会運動の歩みで生まれ、育った真宗門徒の方々の生活体験をルポする、「ここに人あり」欄を連載。平成二（一九九〇）年からは、東京の仏教大衆雑誌として日本最大部数を刊行する『大法輪』誌上に七年間、全国真宗十派中心の念仏者を紹介する記事「信の群像」を連載、その中の説得力あるものを選んで、『親鸞と生きる』『親鸞と歩む』『親鸞と戦争を痛む』の三部作にまとめて刊行してもらいました。

並行して、NHK教育テレビの宗教番組「こころの時代」に、米沢英雄先生のお相手役をさせていただいたのをきっかけに、昭和四十九（一九七四）年からその企画と司会役を仰せつかって、今年の正月にも放送していただきました。それやこれやで、全国各地の真宗門徒や、それ以外の仏教徒の方々、仏教とか宗教に関係なくても、その人の生き方、人生観を語っていただくなら、自ずからそれが南無阿弥陀仏の他力の信心と同じ道なのだという証言をいただく、そのリポーター役で延べ三百人くらいの方々からお話を聞き、記録に残させていただきました。それぞれがみんな、同じ道を歩ませていただく、御同朋・御同行の方々として仰いで参りました。

その方々が、対面してまず最初に私が、「仏法から何を学びましたか」と切り出しますと、信心がはっきりしているお方は、口をそろえて「自分を見せてもらいました」「自分が知らされました」とおっしゃる。自己を外さないのです、命通う仏法聴聞は。「自己トハ何ソヤ　是レ人世ノ根本的問題ナリ」（「臘扇記」『清沢満之全集』、岩波書店、八巻、三六三頁）こそが、人の歩みの原点です。そのことをこの五十年、私は確認し続け、学んでまいりました。

九、来るものは受けろ

そういう全国同朋会の仲間の一人の、新聞記事をご紹介しましょう。青森県弘前市で創業百余年の津軽そば「カネヨ」や、料亭「藤棚」のご主人佐藤与蔵さんの話が、昭和六十二（一九八七）年九月号の『同朋新聞』に掲載されました。

町を歩いていて「歎異抄に聞く会」の看板を見て、ふらりとお寺へ、ひやかしに入ったのがきっかけで、そこで旧友にも会い、以後十年学び続けてきました。旧千葉農業専門学校を卒業、会社勤めの後稼業を継いだ、という。商売をしていれば税務署との折衝がついてまわります。ある年、税務署から調査の連絡が入り、とたんに身体から血の気が引いたが、心の態度を整えねばと、仏書を抱いて山へ籠り、腹が決まって帰り、税務署と対応しました。「その仏書というのは？」と聞いたら、「清沢満之の本」という答え。「そこにどう書いてありましたか」と聞くと、「来るものは受けろ、とあって、そうかと腹が決まった」という。「そんな言葉が清沢先生の本のどこにありますか」、「あ、それは『絶対他力の大道』の、『自己とは他なし、絶対無限の妙用に乗託して、任運に、法爾に、此現前の境遇に落在せるもの即ち是なり』（『清沢満之全集』、岩波書店、六巻、一一〇頁）の一文を、自分流にくだいて頷いた」というのです。

自分があたふた我を失って迷う姿に気づかされれば、何をうろうろするか、来るものは受けるだけだぞと、先覚からどやされる。自分を通して十年聞き続ければ、ここまで教法がこなされてくるのでしょう。

この佐藤さん、趣味でラジオやテレビのロシア語講座を学習し、旧ソ連のころから何回もロシアへ旅行しているという。当然ロシア文学にも堪能。

「念仏の生き方は、ロシア文学の中にも出ていますよ。ドストエフスキーの『罪と罰』の老婆殺しの大学生ラスコリニコフ。後に売春婦の少女に出会い、わが罪の深さに草刈場でひれ伏して謝罪しても救われず、シベリアまで行って、大きな大地に包まれていることを自覚する。あれ、悪人正機ですよ。トルストイ(1)の『復活』もそうでないか。お手伝いの少女カチューシャをだましたネフリュードフ公爵が、罪を自覚してシベリアまでついていくのなど、まさに悪人正機に通じます」

と佐藤さんはいっています。

弥陀の本願念仏が、ロシアのドストエフスキーやトルストイにまで証明されているのを学び取る視野の広さは、まさに現代の念仏者ですよ。地球世界にひろがる念仏ですよ。親鸞から清沢満之の伝統が、ここまできているのです、同朋会運動によって。

註（1）レフ・トルストイ。十九世紀ロシア文学を代表する小説家、思想家。

十、同朋会運動反対

そんな中で、私は当初から、この同朋会運動という信仰大衆運動は、東本願寺の宗門が、宗教教団として活動していく機能の中で、当然あって当たり前の中心事業、それを命とする根幹事業なんだと思いこんで、少しも疑いませんでした。仏教ならそれは、自明の仕事だと思っておりました。それが、とんでもない、大きな思い違いだったと、はっきりわからされたのが、他でもない、昭和五十三（一九七八）年のこと。真宗大谷派教団（東本願寺）から法主大谷光暢ご一家が、少なからぬ全国真宗寺院の住職、門徒方の支持を背景に、宗派を離脱して、もう一つ別の東本願寺一派をつくるという、いわゆる東本願寺スキャンダルの事件が起こったことです。

同朋会運動というのは、真宗教団があげて教団総意のもとに、起こるべくして起こされた、時代にこたえる信仰運動なんだと思っていたら、そうでない。同朋会運動に反対するお寺や住職寺族、在家門徒、あるいは非協力の立場の人たち、その騒ぎを他人事みたいに傍観して、沈黙している僧俗の圧倒的大多数が、じつは全国一帯に覆い広がっているという実態を、肌身で知らされたのです。本当は、同朋会運動の支持者推進者というのは、宗門の中での例外的といって良いくらいの少数派にすぎなかったのだということを、ひしひしと認識させられたのです。

十一、大谷家の宗派離脱

そのような中で、同朋会運動によってご縁を得て、生まれ育てられた私たち現代の真宗門徒は、改めてこの大谷家離脱の事件を前にして、生きた信心の応用問題を突きつけられたのです。この自分はどう受け止めるか、どう意思表明するか。はっきりと、真と偽の勘決ができるのか、真と仮の分判をしていけるのかが、のっぴきならぬ問題として目の前で、踏み絵のように問われてきたのです。

同朋会運動の組織の広がりの中からでさえも、脱落する人、右顧左眄する人、傍観する人が輩出する中で、私たちの有志は、本山脇の大谷家玄関口に、むしろを敷き、鉢巻をして座りこみもしました。右往左往する世間の人と入り混じりながら、やがて月日が経つにつれて、だんだん事の真相が世間に明らかになってきました。本願寺にまつわる数々の利権や金づるを漁る右翼、暴力団の介入や、そういう人たちと手を結ぶ俗物宗門人の、あらわな金権体質が炙り出されてきました。

そんな経過を通じて、私は改めて宗教教団というものの陥りがちな迷路について考えさせられました。宗教一般についてもいえる、避けることの難しい生理現象、フィジオロジーというものがある。生理現象ですから、いくら麗々しく理念や本義を掲げても、それと同調しないで、本能の赴くままそうならずにはおれない、流されてしまう様態がある。宗教組織の持つどうしてみようもない生理現象です。

十二、教団の生理現象

それは宗教組織というものが、金と権力による基盤を、より有効に強める体制に進まずにはおれない「募財体制」を形作る。それに向かい合って、信者大衆は巧妙な「拠財体質」を身の内に醸成させられていく。こういう仕組みが、歴史的に繰り返し押し固められてきたのが、世間化、通俗化した本願寺宗門でした。

その体制の下に、「生き仏様信仰」といったような、「権威」を振りかざし、「お敬い」などといった言い方で呼ばわれ、本山対末寺、寺院対檀家の関係はひたすら権威の前に「隷従」拝跪していく。それがさも敬虔な宗教感情であるかのように、いいはやされてきました。

また、教えを説くという面においても、頭ごなしに聖典などの「教条」の押しつけが、高々と一方的に語られて、聞いて信じる我々信者側は、問答無用に「盲信」させられていく。説教の現場でかもし出される情念は、ただひたすら絶対救済者の「恩寵」ばかりが煽り立てられ、自己暗示、自己催眠的に「ありがたや」が連呼され、「随喜」渇仰せしめられる酔い心地が、堂内一杯にムード的に広まっていきます。

そのお御堂のつくりといえば、目もくらむ金ピカの「厳飾」で粉飾演出された大密室。その内部で、世間離れした煩雑な儀式勤行を目の前に、私たち門徒は夢見るように「陶酔」させられていきます。

こういう形で、ずっとずっと昔から塗りこめられ、馴らされ続けてきた伝習の歴史があったのです。古今東西、どの宗教も、いつの時代でも否応なしに、放って置いたらそうならずにはおれない生理現象なのではないでしょうか。いかなる高邁深遠なる理念も教相も、敵う余地のない、宗教教団組織運営の生理に、わが真宗もとりこまれてきたのではないでしょうか。その生きた化石的遺産を、私は節談説教の容姿と語られるそこでの内容の中に、ありありと見ることができるように思います。

十二、恩寵のカルト真宗

今申しましたことを図式にならべますと、

宗門組織（募財体制）――門徒感情（拠財体質）
権威（お敬い）――隷従（本末・寺檀）
教条（押しつけ）――盲信（聖教絶対）
恩寵（ありがたや）――随喜（情緒耽溺）
厳飾（金ピカ）――陶酔（儀式偏重）

弘法大師作と伝えられます、仏教の根本をみごとに説いたといわれる「いろは歌」にも詠われる通り、「あさきゆめみしゑひもせす（浅き夢見じ、酔いもせず）」（『弘法大師全集』三巻、三八〇頁）という仏教。とりわけ自己自身を内に見据える姿勢に厳かつ密であったはずの親鸞聖人の真宗が、こともあろうに、言葉巧みな通俗説教の扇動にあおられて、夢見させ、酔わせる疑似信仰に心理操作、マインドコントロールされて、宗教教団の転落しやすい金権体質的生理に、教学までもが奉仕追従してきたのでないでしょうか。他ならぬ真宗が、カルト真宗化してしまってきたのです。

ひたすら恩寵信仰にぬかずいて、「ありがたや」と陶酔していく私たちに、「たすくるぞのかたじけないご恩を思えば、よろこばずにおれん。その信心歓喜の思いを身にあらわせば、ご先祖のお陰と供養につとめ、報恩感謝の懇志をあげずにおれんでないか」と、説教の随喜は、お寺の賽銭箱を潤わす作用に直結しています。そういう体質が、同朋会運動を歓迎できない体質となって、この大谷家の宗派離脱のスキャンダルとして顕在化し、世間を騒がせたのでした。

そのころ、全国三十教区の中でももっとも俗的体質に色濃く染まっていたのが、私の住んでいます名古屋教区のようでした。とりわけ大谷家の方々と密接なつながりが多いというのは、寺の経営上、大谷家がもっとも有効な利用価値があるという、打算上の理由があったからでしょう。当時、名古屋のお坊さんの間で、こんな言葉をよく聞いたものです。

「同朋会運動なんて、ありゃ平地に波乱を起こす運動だ」

「門徒に『真宗聖典』なんか持たせてどうする気だ。子どもに刃物を持たせるようなものだ。ハラハラさせられる」

「住職が教学に凝り出したら、その寺は荒れるぞ。同朋会運動なんて、ありゃ理屈好きの変わり者住職のすることだ。危険思想、アカだ」

等々のささやきが、絶大な説得力をもって、お寺の人たちに「否や」をとなえさせませんでした。

また、事態が混迷を深めている最中に、名古屋市の西の方角の大谷派寺院の若いご住職が、離脱したご法主に直諫状を書き残して、自ら命を絶たれた事件がありました。すると、当時は、同朋会運動反対派の与党時代だったこともあり、近隣組内の住職方がよってたかって真相を伏せ、「乱心」という表向きで事実が密封隠蔽されたということもありました。

十四、清沢満之の存在意義

あれこれ拾い出していけば、きりがありません。そういう現実的な俗流化との悪戦苦闘の積み重ねの幾年かが、あのころの同朋会運動にはあったのです。

それは、いつの時代でも変わることのないものなのでしょう。それは善かれ悪かれ厳とした生理現象だからです。遠く親鸞聖人の時代、その没後『歎異抄』の唯円房のころの状況、それから二百年後の蓮如上人時代、また今から百年前の明治の清沢満之の時代、そして現代と、五十年前から今日までの同朋会運動にかけて、不断に継続されてきている、まさに時代を貫き世界を覆って、問われ続ける人間の歴史についてまわる危機的課題じゃないのでしょうか。

とりわけ私は、江戸時代までの長い封建制の世から、一挙にインターナショナルな二十世紀近代に突入した、文明開化の時機に世に出られた清沢満之先生の存在意義は大きいと思います。いわば江戸封建期から一気に、グローバルな二十世紀を先取りした、その時代落差には、随分大きな飛躍があると思うのです。断絶の溝といってもいい。

古い江戸の、しかも世俗化された封建教学。その下に埋没してしまっていた親鸞、唯円、蓮如方を貫く真正教学を、一気に、帝国大学で西洋哲学を学ばれたグローバルな視座の下、全人類的教学への道をひらかれた先見にみちた清沢満之の視界。その飛躍的な溝を、師の後をついて渡り切れずに沈没したのが、弟子三羽烏のお一人多田鼎さんだったのじゃなかろうか。そして古い教学との連結を繋ぐ役を果たしてくださったのが、同じ三人のお一人、暁烏敏先生。だからそこに、私は感じるのですが、暁烏先生のご本やお話を読むと、清沢以後、というよりそれ以前とのつなぎといった部分がかなりある。清沢先生がポンと乗り越えられた時代の飛躍、その隙間を穴埋めされるような緩衝の側面がある。同じように、曾我量深先生や金子大榮先生、それから高光大船先生、藤原鉄乗先生にも、自在無碍なご己証に入り交じって、それぞれの持ち味のままに、多少なりとも、清沢先生以前と清沢先生とのつなぎ的一面があるように思うのです。

十五、永遠普遍の伝統

そして、それら直弟子方のお弟子である先生方、つまり清沢先生の孫弟子になると、ようやく清沢的視座を継いで、独自の展開が、私たち後学の徒の前に開かれてくるようです。毎田周一(1)先生、安田理深先生等がそうです。目の向きを変えれば、本派（お西）のほうでは、野々村直太郎(2)、川上清吉(3)といった方々が、時代の流れの中で同じようなご業績を、私たちに指し示してくださっています。

こうした伝統が、同朋会運動となって、五十年前に宗門をあげての事業として、姿をあらわしたのです。七百五十年の伝統です。これはもう、そんじょそこらの、図書館や文化教室の教養講座やテレビ番組などでの、作家や文化人の私的、個人的才能や直観体験に基づいた知的学識教養レベルでは、なんともならない伝統の厚みが、私たちを決定的に押さえこみます。これをしも「僧伽」、帰依三宝の一つであります僧宝の、具体化された生命力でないですか。

同朋会運動を通して、この私はなぜ手もなく、その説示の前に屈服させられたのか。それは、本願寺、真宗教団という手垢にまみれ、汚れはてた歴史の累積の中にあっても、なお脈々と流れてやまない、先覚方の我が身を切り裂く信体験の積み重ね、「自己否定道」を歩む、罪の自覚の歩みにおいてのみ伝承されてきた七百五十年の惨憺たる、また燦爛たる運動の歴史の前に、一も二もなく屈従せしめられたのだと思っております。

先程来、しばしば申し上げております、我がお寺のご住職（先住）の忘れ難いご述懐があります。お聞きください。

「私はお寺が嫌いで、念仏も口から出なかった。けれど今は、あなた方檀家の若い人たちが、目を輝かせて仏法を頷いていてくださるのを見せてもらって、ああお寺に生まれて良かった、としみじみ思える。ありがとう」。その言葉をオウム返しにするように、私も心から申し上げることができる。「私も仏法が嫌い、お寺や坊さんを胡乱な目で見ていた。でも今、しみじみといえるのは、真宗門徒の家に生まれて良かった」と。

我が家では、小学校の教員をさせていただいている息子が、親の私が提案をしないのに、自発的にお寺で結婚式を挙げ、最近も人間関係のギクシャクなど、もつれや何か問題があるごとに、仏法、南無阿弥陀仏を、しきりに口にしてくれるようになったことを、嬉しく思わせられているものです。

以上、一文不知のアマチュア入道の、分を弁えぬ妄言です。ご叱正ご教示を仰ぎます。

註（1）暁烏敏に師事し、西田幾多郎に学んだ仏教思想家、詩人。
（2）浄土真宗本願寺派の僧侶、元龍谷大学教授。
（3）大正・昭和期の宗教学者。元島根大学教授。

同朋会運動の精神—本願の実験—

水島見一

はじめに

同朋会運動は、「純粋な信仰運動」である。すなわち、獲信の運動である。その意味で、この私が如何にして信心を獲得するかが、同朋会運動の核心である。獲信とは、この私が本願によって証されることであり、本願からすれば、この私における成就の相である。本願は、私にはたらくのである。したがって、この私に、本願成就の「資格」が必要である。その「資格」とは、親鸞がいみじくも、

されば、そくばくの業をもちける身にてありけるを、たすけんとおぼしめしたちける本願のかたじけなさよ
（『歎異抄』聖典六四〇頁）

という、その「そくばくの業」であるとの自覚である。本願は、私という「そくばくの業」の身に「たすけんとおぼしめし」てはたらくのである。本願がはたらけば、この私は、「そくばくの業をもちける身」と教えられる。教えられれば、この私は、親鸞が、

至徳の風静かに衆禍の波転ず。すなわち無明の闇を破し、速やかに無量光明土に到りて大般涅槃を証す、
（『教行信証』「行巻」聖典一九二頁）

というような、「かたじけなさよ」との感慨に満たされる。本願はこの私を、「そくばくの業をもちける身」として肯定するのである。それを生活実感でいえば、「これでよかった」ということであろう。ここに救済が成立する。

親鸞は、二十九歳のとき、当時の仏教界の権力の象徴である比叡山から降りて、法然の元に走った。そして、そこで、「雑行を棄てて本願に帰す」（「後序」聖典三九九頁）と、自らの立脚地を本願に見出した。本願は、親鸞をして、自らを宿業の大地に見出さしめる。宿業の大地は、生きとし生けるものが生死する大地である。この大地に立てば、「これでよかった」との満足心が生起する。自己に満足心あればこそ、自己の「そくばくの業」を担うことができるし、同時に、生きとし生けるもの一切と手を取り合うことができる。生きとし生けるもの一切は、私と同様の宿業存在であり、したがって本願成就の存在である。宿業の大地は、本願がはたらく一味平等の大地なのである。昭和三十七（一九六二）年に、訓覇信雄が同朋会運動をはじめたのは、このような平等の大地の具現化にあった。私たち一人ひとりが、本願に聞思し信心を獲得することで、全人類の課題にこたえることのできる私となり、全人類と共なる世界に生きる身となることができる。同朋会運動は、大乗仏教精神の回復運動であったのである。

このように同朋会運動は、全人類の課題を担いうる人を誕生せしめる運動である。その意味で、宗教的信念を確立することを目的とする運動である。私たち一人ひとりが、自分に満足して世の生業に勤しむことが、その具体相である。本書『同朋会運動の原像―体験告白と解説―』は、その具体相の集成であり、またその意義を尋ねるものである。

ところで、私の母（高光大船の四女）の目覚めは、同朋会運動全盛の昭和三十九（一九六四）年、東京オリンピックのときであった。金メダルを取った選手が、自らの勝利を素直に歓び、両手を挙げて観衆にこたえている姿を見て、自分の我の強さが苦しいと、苦悩していた母のことが思い出される。表面がザラザラのモルタル壁に、身体をこすりつけてでも、強情な自我を取りたいと泣いていた。

昭和三十五（一九六〇）年に夫と死別した母は、当時十歳の世間知らずの私を抱えての生活苦のどん底にあった。高光大船の四女である母は、晩婚であったため、大船といる時期は長かった。そのため、母の口を割って出てくる言葉は、すべてが父大船と生活を共にしながらのものであった。「昔おとっちゃんが、宿業とよくいっていたが、今になってみれば、この私のこれがその宿業かと思った」とは、母の常なる述懐である。母にとって父大船との共なる生活は、それがそのまま母の聴聞であった。大船が門徒に、「もし仏法をわかりたければ、私の生活を見にきなさい」といったのは、その意味であろう。仏法は理屈ではない。百聞は一見に如かず、まことに仏法は、自分で実験しなければわからない。大船の生活のすべてが、仏法を証明していた。

「仏法は毛穴から入る」とは、大船の教言である。仏法は、耳で聞いていても駄目である。聴聞は勉強ではない。聴聞とは、宿業の私の全部を仏法に浸らせることである。そのためには、目覚めた人との共同なる生活が一番である。そういう意味で、母は生まれたときから仏法の中にあった。その意味で母は幸せであった。

夫と死別した母は、当時、銀行の留守番という仕事をしていた。銀行の住みこみで、夜は閉店後の銀行の掃除と留守番、日中は銀行員さながらに、月掛けや日掛けの集金の外回りをして働いていた。まさに、二十四時間勤務であったが、母の口からは仕事の愚痴は一言も出なかった。母の楽しみは、夜を徹しての信心話であった。だから、「不思議なもんで、仏法で徹夜しても何も眠たくない」といい、朝になると、淡々と外回りに出ていた。聴聞は、どこまでも生活と一枚である。

母は、富山県福光（現南砺市）で生活していた。福光は大船がよく法話に出かけたところで、寺院も多く、そういう意味で聴聞に事欠かない場所であった。福光には、仏法の「わかった」人が、少なからずいた。母の聴聞は、そういう「わかった」おばあさん方を中心に行われていた。生活で行き詰ったり、仏法にひらめいたりすると、その「わかった」おばあさんに話を聞いて貰いに行く。すると、自分の身勝手な根性が言い当てられる。そういう繰り返しが母の聴聞であった。

母の善知識は、母の姉婿である坂木恵定であった。坂木恵定は、宿業に喘ぐ母を見かねて、「あんたに本当のことを教えてあげる」といい、そして母や母の友だち数人が集うお座（本書の三十三頁に掲載されている平田友子氏はその中のお一人）に、遠く松任（現白山市）から毎月足を運んだ。坂木恵定は、極めて端的に回心を促す話をした。そんなある日、母はいつものように銀行の外回りの仕事をしていた。すると、ふと「自分の足が一歩一歩前に出ている」という事実に驚いたのである。そして、こちらに向かって歩いてくるおばあさんに、「あんた、自分の足が一歩一歩前に出ていること、知っとるのか。自分の力で生きとるがではないがやぞ」といいたくなったと述懐する。

さらに数日後、母は、母の兄である高光一也から聞いたお説教を反芻しつつ、「そうか、一也も私も一緒やったんだ。そうか、私も一也も、そして親鸞もみんな一緒やった」と気づいたという。母の回心は、このようなものであった。

回心とは、私たちはさまざまな業因縁に彷徨いながら生活しているが、そのような私が、聴聞によって薫習された仏智によって、私の全部が宿業所感であったと気づかされ、本願に帰する身となることである。すべてが宿業と知らされれば、そこはもはや、生きがいとか人間らしさとか、あるいは信念とかいうような、小賢しいものの一切を必要としない、広大な世界である。私の中にある小賢しさが破られてみれば、そこには当然の世界が開かれているだけである。その驚きを親鸞は、「雑行を棄てて本願に帰す」（『教行信証』「後序」聖典三九九頁）と表明し、「心を弘誓の仏地に樹て、念を難思の法海に流す」（『教行信証』「後序」聖典四〇〇頁）と開陳する。「雑行」という小賢しさが払い去られてみれば、一歩一歩足の前に出るという何気ない事実にも、「それでよかった」と頷かされるのである。「本願に帰す」とは、自分の宿業をまるごと受け取ることである。

まことに、足の一歩一歩前に出るとは、私の宿業の事実である。本願に帰命すれば、それはただ当然の世界である。そしてその世界は、間違いなく親鸞や一也も住んでいる宿業の世界であり、全人類の立脚地である。しかして親鸞は、流罪地である越後の大地において自己の中に群萌と同様の宿業を見出し、同時に、群萌の中に自己にまで伝統する本願を感得したのである。その意味で母は純粋な宿業生活者であったのである。同朋会運動はこのような一人を誕生せしめる運動であった。

一、親鸞一人がため

晩年の親鸞聖人

私が本書を通して確かめたいことは、宗教的信念を確立した人の具体相である。すなわち、その人が宗教的信念を確立した内実を確かめたいのである。親鸞の開顕した仏道は、一人ひとりの求道実践によって伝承される。同朋会運動の志願はそこにある。一人ひとりが宗教的信念を確立する。すなわち、信心を獲得する。そこに親鸞が実践した仏道が明らかになる。また同朋会運動の願いも明確になる。以下、そのことを『正像末和讃』と『歎異抄』に基づいて確かめていきたい。

親鸞の主著は『教行信証』である。それは、直接的には法然の著した『選択集』を指弾するために高弁が著した『摧邪輪』への応答のための、経・論・釈を多く引用する学問書である。随所に親鸞の己証はあるものの、それらは必ず『教行信証』全体を踏まえて読み取る必要があるため難解である。

親鸞にはこの『教行信証』の他に、『教行信証』を一巻にまとめた『浄土文類聚鈔』、善導の教相の注釈書『愚禿鈔』、『浄土論』『浄土論註』を論じた『入出二門偈頌文』、尊号等の注釈書『尊号真像銘文』、一念多念邪義を糺した『一念多念文意』、『唯信鈔』の注釈書である『唯信鈔文意』、三経三機三往生をまとめた『三経往生文類』、また『三帖和讃』である『浄土和讃』『高僧和讃』『正像末和讃』等があるが、それらの中で衆生教化を目的としたものとしては、巻尾に、

いなかのひとびとの、文字のこころもしらず、あさましき、愚痴きわまりなきゆえに、やすくこころえさせんとて、おなじことを、とりかえしとりかえしかきつけたり。こころあらんひとは、おかしくおもうべし。あざけりをなすべし。しかれども、ひとのそしりをかえりみず、ひとすじにおろかなるひとびとを、こころえやすからんとてしるせるなり。（聖典五四六頁）

との文言が付されている『一念多念文意』や『唯信鈔文意』（聖典五五九頁）。また、存覚が、

全分文盲のともがらにをいては、かの誦経等はなを成じがたく、この和讃等はまなびやすきがゆへに、もし称名にものうからんとき、かつは音声をやすめしめんがため、かつは法味をあぢはゝしめんがために、これをしめしをかるゝばかりなり。（『破邪顕正抄』真聖全三、一七〇頁）

と述べている、仏徳讃嘆の偈頌「和讃」を挙げることができよう。「和讃」は、「まなびやすきがゆへ」、また「法味をあぢはゝしめんがため」のものであった。

さらには、『御消息集』や『末燈鈔』等に集成された御消息も、親鸞の教化の様相をよく伝えるものである。「和讃」には、『浄土和讃』『高僧和讃』『正像末和讃』の三帖あるが、それらの中で、『浄土和讃』『高僧和讃』は、親鸞七十六歳のときに法然三十三回忌を記念して製作されたもので、先学によれば、「経典や七高僧の論・釈を典拠として和讃せるもので、伝統伝承を本とせるもの」（松原祐善『正像末和讃講讃』一六頁）とされている。一方『正像末和讃』は、親鸞晩年の八十五歳のときに感得した「「夢告讃」に導かれ、聖人の己証に依るものと解せられ」（松原祐善『正像末和讃講讃』一六頁）るものであり、「浄土・高僧の二帖の和讃の風格は讃嘆を表とし、正像末の一帖は懺悔を基調とするもの」（松原祐善『正像末和讃講讃』一六頁）とされている。『正像末和讃』は親鸞の己証における讃嘆と懺悔が底流しており、その意味で、多くの門徒衆がより深く、親鸞に導かれたものと思われる。

『正像末和讃』の草稿本には、その巻末に「康元二歳丁巳二月九日の夜寅時夢告にいはく」（定親全二、和讃篇、一五一頁）として、次の「夢告讃」が置かれている。

弥陀の本願信ずべし　本願信ずるひとはみな
摂取不捨の利益にて　無上覚おばさとるなり
（定親全二、和讃篇、一五二頁）

そして、続けて、

この和讃をゆめにおほせをかふりてうれしさにかきつけまいらせたるなり
正嘉元年丁巳壬三月一日　愚禿親鸞八十五歳書之
（定親全二、和讃篇、一五二頁）

と付されている。康元二（一二五七）年は三月十四日に正嘉に改元されており、このころに草稿が作製されたとされている（定親全二、和讃篇、三〇五頁）。すなわち、八十五歳の親鸞は、前年の長子善鸞を義絶するという衝撃を「うれしさ」と受け止めているのである。その感慨が「夢告讃」であり、それに導かれて『正像末和讃』は製作されたのである。

草稿本には続けて、次の五首の別和讃が置かれている。

真実信心の称名は　如来回向の法なれば
不回向となづけてぞ　自力の称念きらはる、
大日本国粟散王　仏教弘興の上宮皇
恩徳ふかくひろくます　奉讃たえずおもふべし
上宮太子方便し　和国の有情をあわれみて
如来の悲願弘宣せり　慶喜奉讃せしむべし
罪業もとより所有なし　妄想顛倒よりおこる
心性みなもときよければ　衆生すなわち仏なり
無明法性ことなれど　心はすなわちひとつなり
この心すなわち涅槃なり　この心すなわち如来なり

（定親全二、和讃篇、一五二～一五三頁）

この別和讃五首からは、親鸞の晩年の信境を窺いうるが、ここでは聖徳太子讃仰の二首に着目しておきたい。

慈信房善鸞の義絶

さて、親鸞が「夢告讃」を製作する背景に、長男の慈信房善鸞の義絶という出来事のあったことは周知のとおりである。善鸞義絶に至るまでの経緯を簡単に振り返れば、親鸞は建長四（一二五二）年（あるいは建長六〈一二五四）年）、東国門徒に広まる造悪無碍、賢善精進、神仏軽侮などの異義・異端を鎮めるため善鸞を派遣した。ところが善鸞は、親鸞の意に反し、親鸞帰京後の東国門徒の首領となることを目論んだのであるが、その善鸞の野心の前に命をかけて立ち上がったのが、親鸞面授の門弟たちであった。善鸞は親鸞の実子であるものの、教義的には面授の門弟にはかなわない。そこで在所の領家・地頭・名主等の支配者側が行う念仏停止の動きを利用して、面授の門弟とその集団を弾圧し、さらに親鸞から秘事法門を受けたといいふらして、第十八願をしぼめる花にたとえ門徒衆の念仏を棄てさせた。それを知った親鸞は、建長八（一二五六）年五月二十九日、善鸞を義絶した。親鸞八十四歳であった。

そこで、当時の様子を窺いうる「御消息」を少しく選んで、当時の様子を見ておこう。

先ず「念仏人々御中へ」（聖典五七三頁）との宛名のある「御消息」には、

まず、よろずの仏・菩薩をかろしめまいらせ、よろずの神祇・冥道をあなずりすてたてまつるともうすこと、このこと、ゆめゆめなきことなり。世々生々に、無量無辺の諸仏・菩薩の利益によりて、よろずの善を修行せしかども、自力にては生死をいでずありしゆえに、曠劫多生のあいだ、諸仏・菩薩の御すすめによりて、いま、もうあいがたき弥陀の御ちかいに、あいまいらせてそうろう御恩をしらずして、よろずの仏・菩薩をあだにもうさんは、ふかき御恩をしらずそうろうべし。仏法をふかく信ずるひとをば、天地におわしますよろずのかみは、かげのかたちにそえるがごとくして、まもらせたまうことにてそうらえば、念仏を信じたる身にて、天地のかみをすてもうさんとおもうこと、ゆめゆめなきことなり。（中略）この世のならいにて、念仏をさまたげんひとは、そのところの領家・地頭・名主のようあることにてこそそうらわめ。とかくもうすべきにあらず。念仏せんひとびとは、かのさまたげをなさんひとをば、あわれみをなし、不便におもうて、念仏をもねんごろにもうして、さまたげなさんを、たすけさせたまうべしとこそ、ふるきひとはもうされそうらいしか。よくよく御たずねあるべきことなり。

（『親鸞聖人御消息集（広本）』聖典五七一～五七二頁）

と記されている。親鸞は、神仏軽侮が「もうあいがたき弥陀の御ちかいに、あいまいらせてそうろう御恩をしらずして、よろずの仏・菩薩をあだにもうさんは、ふかき御恩をしら」ない人々の行動であるから、「ゆめゆめなき」ようにと諭している。また支配者側の弾圧を「この世のならい」とし、念仏の人々はそのような娑婆で「念仏をもねんごろにもうして、さまたげなさんを、たすけさせたまうべし」と説いている。娑婆の業縁の一切を担い生きるところに、念仏者の生き様がある。念仏者が宿業の大地に下って生活するところに、「たすけさせたまう」との縁が成就する。

さらに親鸞は、次のように続けている。

つぎに、念仏せさせたまうひとびとのこと、弥陀の御ちかいは、煩悩具足のひとのためなりと、信ぜられそうろうは、めでたきようなり。ただし、わろきもののためなりとて、ことさらに、ひがごとをこころにもおもい、身にも口にももうすべしとは、浄土宗にもうすことならねば、ひとびとにもかたることそうらわず。おおかたは、煩悩具足の身にて、こころをもとどめがたくそうらいながら、往生をうたがわずせんとおぼしめすべしとこそ、師も善知識も、もうすことにてそうろうに、かかるわるき身なれば、ひがごとをことさらにこのみて、念仏のひとびとのさわりとなり、師のためにも善知識のためにも、とがとなさせたまうべしともうすことは、ゆめゆめなきことなり。

（『親鸞聖人御消息集（広本）』聖典五七二頁）

確かに念仏の教えは、「弥陀の御ちかいは、煩悩具足のひとのためなり」というべきものであるが、しかし、そのような教えを盾にして悪行をはたらく造悪無碍の人々が出てきたため、「ひがごとをことさらにこのみて、念仏のひとびとのさわりとなり」とし「ゆめゆめなきことなり」と東国の門徒衆を誡める。

この「念仏人々御中へ」は、建長六（一二五四）年のものと推測されるが、そのような混迷が建長七（一二五五）年の善鸞事件へと続き、建長八（一二五六）年には善鸞義絶、そして翌康元二（一二五七）年の「夢告讃」へと展開する。すなわち、親鸞はこれらの一連の出来事を通して、自らの宗教的信念を深化させ、同時に東国門徒の信念をより確かなものへと導くのである。親鸞の教えは、「信順を因とし疑謗を縁として、信楽を願力に彰し、妙果を安養に顕さん」（『教行信証』「後序」聖典四〇〇頁）との教言のとおりといわなければならない。

宿業の身における本願成就の相

また、「建長七歳乙卯　十月三日　愚禿親鸞八十三歳書之」（聖典五九六頁）と奥書があり「懈慢・辺地に往生」や「疑城・胎宮に往生」が説かれている「かさまの念仏者のうたがいとわれたる事」（聖典五九四頁）を見てみよう。

他力と申すことは、弥陀如来の御ちかいの中に、選択摂取したまえる第十八の念仏往生の本願を信楽するを、他力と申すなり。如来の御ちかいなれば、「他力には義なきを義とす」と、聖人のおおせごとにてありき。義ということは、はからうことばなり。行者のはからいは自力なれば、義というなり。他力は、本願を信楽して往生必定なるゆえに、さらに義なしとなり。しかれば、わがみのわるければいかでか如来むかえたまわんとおもうべからず。凡夫はもとより煩悩具足したるゆえに、わるきものとおもうべし。また、わがこころよければ往生すべしとおもうべからず。自力の御はからいにては真実の報土へうまるべからざるなり。（中略）このゆえに、よきあしき人をきらわず、煩悩のこころをえらばずへだてずして、往生はかならずするなりとしるべしとなり。

（『親鸞聖人血脈文集』聖典五九四～五九五頁）

阿弥陀如来の選択摂取のはたらきが、「よきあしき」にこだわる煩悩具足の身に成就すること、つまり宿業の身における本願成就の相を明かしている。したがって、

仏恩のふかきことは、懈慢・辺地に往生し、疑城・胎宮に往生するだにも、弥陀の御ちかいのなかに第十九・第二十の願の御あわれみにてこそ、不可思議のたのしみにあうことにて候え。仏恩のふかきことそのきわもなし。いかにいわんや、真実の報土へ往生して、大涅槃のさとりをひらかんこと、仏恩よくよく御安ども候うべし。これさらに、性信坊・親鸞がはからい申すにはあらず候う。ゆめゆめ。

（『親鸞聖人血脈文集』聖典五九六頁）

と、「仏恩のふかきことそのきわもなし」として、弥陀の本願が「懈慢・辺地に往生し、疑城・胎宮に往生する」人、つまりどこまでも自力根性を免れえない人に透徹することを説いている。いい換えれば、絶対に他力を信知できない「懈慢・辺地」「疑城・胎宮に往生」する自己に、仏恩はかぎりなく注がれるのであり、その意味で、第十九願往生、第二十願往生にとどまるしかない私たちにおいてこそ、第十八願往生が成り立つとしている。ここに「夢告讃」に詠われている「摂取不捨」の実相があるように思われる。

「摂取不捨」とは、その「摂」の訓として、

せふはもの丶にくるをおわえとるなり

（定親全二、和讃篇、五一頁）

と付されているが、そのように、第十九願、第二十願の疑城胎宮に往生するしかない者を「おわえとる」のが第十八願である。すなわち、三願転入の教説は、第十九願から第二十願へ、さらに第十八願へと段階的に自覚が深まることではない。そうではなく、どこまでも「不可称・不可説・不可思議の大悲の誓願をうたが」（聖典四七三頁）っ

て、如来に背く宿業の身における第十八の本願が不即不離ではたらくことを、つまり第十八願往生が第十九願往生、第二十願往生と表裏一体であることを、実験的に明かしていると思われる。すなわち三願転入は、三一問答と同様、本願の救済の全貌を説くものと思われる。

今少しく親鸞の信心を尋ねれば、親鸞の真浄坊に宛てた御消息に、善鸞について次のように述べている。

奥郡のひとびと、慈信坊にすかされて、信心みなうかれおうておわしましそうろうなること、かえすがえすあわれにかなしうおぼえそうろう。これもひとびとをすかしもうしたるようにきこえそうろうこと、かえすがえすあさましくおぼえそうろう。それも日ごろひとびとの信のさだまらずそうらいけることの、あらわれてきこえそうろう。かえすがえす、不便にそうらいけり。慈信坊がもうすことによりて、ひとびとの日ごろの信のたじろきおうておわしましそうろうも、詮ずるところは、ひとびとの信心のまことならぬことのあらわれてそうろう。よきことにてそうろう。それを、ひとびとは、これよりもうしたるようにおぼしめしおうてそうろうこそ、あさましくそうらえ。

（『親鸞聖人御消息集（広本）』聖典五七七頁）

親鸞にとって、最晩年の善鸞義絶という出来事は、自らの宿業をつくづくと実感せしめるものであったに違いない。私たちは死ぬる最後の一息まで、宿業の身を抱えて生きざるをえないが、しかし親鸞が『歎異抄』第九章（聖典六二九頁）において、「踊躍歓喜のこころおろそか」としかいいようのない「煩悩具足の凡夫」なればこそ、「他力の悲願は、かくのごときのわれらがためなりけり」といい、「いよいよたのもしくおぼゆるなり」と述べるように、一たび宿業の身が弥陀の本願によって証されれば、宿業の身が私の真主体として頷ける。ここに親鸞の「夢告讃」にはじまる『正像末和讃』が製作された由縁があるように思われる。

したがって親鸞は、善鸞の煽りに動揺する門徒に向かって、信心が「さだまらずそうらいける」ことを「不便にそうらいけり」と領くも、同時に信の定まらないことを、「よきことにてそうろう」と言い切っているのであるが、このことは親鸞が『歎異抄』第九章のように、善鸞による混乱の中、信心が動揺する門徒に共鳴し、そして、「これにつけてこそ、いよいよ大悲大願はたのもしく、往生は決定と存じそうらえ」（聖典六三〇頁）と教えているのではなかろうか。すなわち、宿業の主体がそのまま現生正定聚の真主体であるとの教化が、「よきことにてそうろう」との言葉にこめられていると思われる。だから信不定の門徒には、

如来の誓願を信ずる心のさだまる時と申すは、摂取不捨の利益にあずかるゆえに、不退の位にさだまると御こころえ候うべし。真実信心さだまると申すも、金剛信心のさだまると申すも、摂取不捨のゆえに申すなり。さればこそ、無上覚にいたるべき心のおこると申すなり。これを、不退のくらいとも、正定聚のくらいにいるとも申し、等正覚にいたるとも申すなり。このこころのさだまるを、十方諸仏のよろこびて、諸仏の御こころにひとしとほめたまうなり。このゆえに、まことの信心の人をば、諸仏とひとしと申すなり。また、補処の弥勒とおなじとも申すなり。

（『御消息集（善性本）』聖典五八八頁）

と書き送っている。現生正定聚とは「摂取不捨の利益にあずかる」ことであり、それは「真実信心」「金剛信心」の利益である。すなわち、宿業の身なればこそ、現生不退、正定聚、等正覚の位が開かれるのであり、それが「諸仏」と等しい位であり「補処の弥勒」と同じ位である。したがって親鸞は、奥書に「康元二年三月二日書写之　愚禿親鸞　八十五歳」（聖典四七五頁）とある『浄土三経往生文類』に、

この真実の称名と真実の信楽をえたる人は、すなわち正定聚のくらいに住せしめんと、ちかいたまえるなり。この正定聚に住するを、等正覚をなるとものたまえるなり。等正覚ともうすは、すなわち補処の弥勒菩薩とおなじくらいとなるとときたまえり。しかれば、『大経』には「次如弥勒」とのたまえり。

（聖典四六九～四七〇頁）

と述べるのである。その『浄土三経往生文類』では、往生を『大経』『観経』『阿弥陀経』によって三種に決判し、大経往生が真実なる現生正定聚であり、観経往生、弥陀経往生を、疑城胎宮に止まるもので「不可思議の誓願、疑惑するつみ」（聖典四七四頁）と批判するのである。弥陀の本願なればこそ、一切衆生を摂取不捨するのである。

現生正定聚

さらに「夢告讃」より八日後の「康元二歳丁巳二月十七日　愚禿親鸞　八十五歳　書之」（聖典五四六頁）と奥付のある『一念多念文意』（現存する真蹟『一念多念文意』は、八十五歳のときのもの。しかし八十四歳のときの手紙に『一念多念文意』についての記述がある故、その前に書かれていたことが推測される）には、当時の親鸞の教えが凝縮されていると思われるので、長文をいとわず引用したい。

真実信心をうれば、すなわち、無碍光仏の御こころのうちに摂取して、すてたまわざるなり。「摂」は、おさめたまう、「取」は、むかえとると、もうすなり。おさめとりたまうとき、すなわち、とき・日をもへだてず、正定聚のくらいにつきさだまるを、往生をうとはのたまえるなり。しかれば、「必至滅度」の誓願を『大経』にときたまわく、「設我得仏　国中人天　不住定聚　必至滅度者　不取正覚」と願じたまえり。また『経』（如来会）にのたまわく、「若我成仏　国中有情　若不決定　成等正覚　証大涅槃者　不取菩提」とちかいたまえり。この願成就を釈迦如来ときたまわく、「其有衆生　生彼国者　皆悉住於正定之聚　所以者何　彼仏国中無諸邪聚　及不定聚」（大経）と、のたまえり。これらの文のこころは、「たといわれ仏をえたらんに、くにのうちの人天、定聚にも住して、かならず滅度にいたらずは、仏にならじ」とちかいたまえるこころなり。また、のたまわく、「もしわれ仏にならんに、くにのうちの有情、もし決定して等正覚をなりて、大涅槃を証せずは、仏にならじ」とちかいたまえるなり。かくのごとく法蔵菩薩ちかいたまえるを、釈迦如来、五濁のわれらがためにときたまえる文のこころは、「それ衆生あって、かのくににうまれんとするものは、みなことごとく正定の聚に住す。ゆえはいかんとなれば、かの仏国のうちには、もろもろの邪聚および不定聚は、なければなり」とのたまえり。この二尊の御のりをみたてまつるに、すなわち往生すとのたまえるは、正定聚のくらいにさだまるを、不退転に住すとはのたまえるなり。このくらいにさだまりぬれば、かならず無上大涅槃にいたるべき身となるがゆえに、等正覚をなるともとき、阿毘抜致にいたるとも、阿惟越致にいたるとも、ときたまう。即時入必定ともまうすなり。この真実信楽は、他力横超の金剛心なり。しかれば、念仏のひとをば『大経』には、「次如弥勒」とときたまえり。弥勒は竪の金剛心の菩薩なり。竪ともうすは、たたざまともうすことばなり。これは聖道自力の難行道の人なり。横は、よこさまに、というなり。超は、こえてというなり。これは仏の大願業力のふねに乗じぬれば、生死の大海をよこさまにこえて、真実報土のきしにつくなり。「次如弥勒」ともうすは、「次」は、ちかしという、つぎにという。ちかしというは、弥勒は大涅槃にいたりたまうべきひとなり、このゆえに、弥勒のごとしと、のたまえり。念仏信心の人も大涅槃にちかづくとなり。

（聖典五三五～五三六頁）

このように現生正定聚や「次如弥勒」について丁寧に述べている。

また、一か月半後の「正嘉元年　丁巳　閏三月二十一日書写之」（聖典四七七頁）とある『如来二種回向文』（前年の日付のある『往相回向還相回向文類』と題する写本もあることから、製作はそれ以前とも推測される）には、この悲願は、すなわち、真実信楽をえたる人は決定して等正覚にならしめんとちかいたまえりとなり。等正覚は、すなわち正定聚のくらいなり。等正覚ともうすは、補処の弥勒菩薩とおなじからしめんとちかいたまえるなり。これらの選択本願は、法蔵菩薩の不思議の弘誓なり。しかれば真実信心の念仏者は、『大経』には「次如弥勒」とのたまえり。これらの大誓願を、往相の回向ともうすとみえたり。弥勒菩薩とおなじといえりと『龍舒浄土文』にはあらわせり。（聖典四七七頁）

と述懐する。晩年の親鸞は、善鸞誣告に揺らぐ門徒衆に、徹底して『大経』の教説における「現生正定聚」「住不退転」に立って教化している。

自身の信境を純化し、深める営み

『教行信証』は『大経』を真実教として掲げる。したがって親鸞は、最晩年に至って我が身を襲う善鸞誣告の中から、あらためて、『教行信証』で明確にした『大経』に説かれる本願の教説を、つまり、「現生正定聚」、「便同弥勒」、「諸仏等同」等の教えを、自らの宿業と末法の世を縁として確かめつつ日々を送ったと思われる。なお、「御消息」には、年代の定かでないものも多く、しかして年代順に親鸞の信境を正確に尋ねることは困難である。しかし、善鸞事件に代表される東国門徒の中に沸き起こった異義は、けっしてたんなる混乱ではなかった。むしろ、親鸞のみならず門徒の信境、もっといえば、真宗の教義が純化されていく契機と見ることができよう。親鸞の著作の多くが、八十三歳以降のものであるが、それはそのことを物語っているといえよう。親鸞の執筆は、自身の信境を純化し、深める営みであったのである。

宿業所感と末法観

さて、「親鸞八十八歳御筆」（聖典五一〇頁）とある文明本で『正像末和讃』は、「夢告讃」を巻頭に、「正像末浄土和讃」五十八首、「疑惑和讃」二十三首、「皇太子聖徳奉讃」十一首、「愚禿悲歎述懐」十六首に「善光寺讃」五首を加えて総計百十三首、それに「獲得名号自然法爾」なる法語と「不調の二首」をもって構成されている。

その中「正像末浄土和讃」は、

釈迦如来かくれましまして　二千余年になりたまう
正像の二時はおわりにき　如来の遺弟悲泣せよ
（聖典五〇〇頁）

からはじまり、

如来大悲の恩徳は　身を粉にしても報ずべし
師主知識の恩徳も　ほねをくだきても謝すべし
（聖典五〇五頁）

の恩徳讃で結ばれる、全五十八首の大作である。「正像末浄土和讃」は「三時讃」とも称されるように、末法の世における弥陀釈迦二教の興廃が詠われる。真宗教学では時機相応を教えるが、それがこの和讃では明確である。すなわち、親鸞は、善鸞事件を通して、自己の宿業生活が「五濁悪世」なる末法の世の象徴であると実感したと思われる。『正像末和讃』を製作した由縁は、親鸞の宿業所感と末法観にあったのである。

つづく「疑惑和讃」には、

已上二十三首仏（智）不思議の弥陀の御ちかいをうたがうつみとがをしらせんとあらわせるなり
（聖典五〇七頁）

との識語があるが、その背景に善鸞事件の影響のあったことは明らかである。「疑惑和讃」は顕智本では「悲歎述懐」と一連のものとなっており、「已上三十三首　愚禿悲歎述懐」（定親全二、和讃篇、二一三頁）と結ばれるが、文明本になると、その間に「皇太子聖徳奉讃」が挿入される（定親全二、和讃篇、二〇一～二〇七頁）。「皇太子聖徳奉讃」の起源は、先に述べた草稿本の別和讃の第二首、第三首に詠われている太子讃が、やがて『皇太子聖徳奉讃』七十五首、『大日本国粟散王聖徳太子奉讃』百十四首として整えられて文明本が成立したとされている。（宮崎圓遵『真宗書誌学の研究』、『宮崎圓遵著作集』第六巻、二八七～二九五頁）。

親鸞の三時思想は、『教行信証』製作においては、正法五百年、像法千年の説に立っていたことは明らかであるが、その背景には、親鸞が、道綽、善導、源信を共に末法の覚者として尊敬している聖徳太子の存在があると思われる。何故ならば親鸞は聖徳太子の誕生日を、

聖徳太子　敏達天皇元年正月一日誕生したまふ　（定親全二、和讃篇、一三八頁）

と、「当仏滅後一千五百二十一年也」と註記することで、末法に入って後二十一年に誕生したことを明かしているからである。末法という時代業を生きる親鸞には、同じ時代業の中を、身は在俗にありながら末法の世に仏教を弘めた先駆者である聖徳太子は、尊敬すべき人物であった。（宮崎圓遵『真宗書誌学の研究』、『宮崎圓遵著作集』第六巻、二四二～二四三頁参照）。しかし、親鸞は、『正像末和讃』製作の頃までには、正法五百年、像法千年説から正像各千年説へと立場を変えており、それは善鸞事件をピークとする東国門徒の動揺などが背景にあったとされている。すなわち親鸞は、教学的には正法五百年、像法千年説に立ちながらも、時代的歴史的な立場からは、正像各千年説に立っていたとされている。（柏原祐泉『真宗史仏教史の研究Ⅰ〈親鸞・中世篇〉』一七～一八頁）ここからも、親鸞にとって善鸞事件は、親鸞の身に迫る出来事であったことが窺われる。

また「愚禿悲歎述懐」では、特に前半の六首には親鸞自身の宿業の身の内省と如来大悲の喜びが告白される。第四首から第六首を見てみよう。

無慚無愧のこの身にて　まことのこころはなけれども
弥陀の回向の御名なれば　功徳は十方にみちたまう
小慈小悲もなき身にて　有情利益はおもうまじ
如来の願船いまさずは　苦海をいかでかわたるべき
蛇蝎奸詐のこころにて　自力修善はかなうまじ
如来の回向をたのまでは　無慚無愧にてはてぞせん
（聖典五〇九頁）

このような「悲歎述懐」は、弥陀の回向によって自らの宿業が照破された親鸞の身の事実であろう。我が身を宿業の身と受け取った親鸞の実感であり、闇の晴れた明朗さであろう。最晩年の親鸞は、しみじみと本願に照らされつつある自己に頷き、如来を讃嘆していたように思われる。

愚痴無智の人の自覚

なお文明本「愚禿悲歎述懐」の後半五首には、時代教界の悲歎が詠われており、結びには、
已上十六首これは愚禿がかなしみなげきにして述懐としたり。この世の本寺本山のいみじき僧ともうすも法師ともうすも　うきことなり。
（聖典五一〇頁）

と陳述されている。このことから、親鸞の当時の教界への歎異を窺うことができよう。真実信心には、自ずと批判

精神が備わるのである。

文明本『正像末和讃』の末尾には「獲得名号自然法爾」が説かれており、最後に不調の二首がおかれている。ここに親鸞の最晩年の心境があらわれていると思われる。

よしあしの文字をもしらぬひとはみな　まことのこころなりけるを
善悪の字しりがおは　おおそらごとのかたちなり
是非しらず邪正もわかぬ　このみなり
小慈小悲もなけれども　名利に人師をこのむなり
（聖典五一一頁）

最晩年の親鸞の表白を見れば、「仏（智）不思議の弥陀の御ちかいをうたがうつみとが」、「愚禿がかなしみなげきにして述懐としたり」、「無慚無愧のこの身にて　まことのこころはなけれども」、「おおそらごとのかたちなり」、「小慈小悲もなけれども　名利に人師をこのむなり」等々との悲歎述懐が散見できるが、私たちはもしかしたら、このように悲歎する親鸞に意外性を覚えるかも知れない。何故なら、真実信心を獲た親鸞は愚痴を美しく拭い去った人と思うからである。ところが実際の親鸞は、このように愚痴無智の人であったといってよいのではなかろうか。

八十八歳の親鸞は、乗信房に宛てて次のように述べている。

愚痴無智のひともおわりもめでたく候え。如来の御はからいにて往生するよし、ひとびともうされ候いける、すこしもたがわず候うなり。としごろ、おのおのにもうし候いしこと、たがわずこそ候え。かまえて、学生沙汰せさせたまい候わで、往生をとげさせたまい候うべし。故法然聖人は、「浄土宗のひとは愚者になりて往生す」と候いしことを、たしかにうけたまわり候いしうえに、ものもおぼえぬあさましき人々のまいりたるを御覧じては、往生必定すべしとてえませたまいしをみまいらせ候いき。ふみざたして、さかさかしきひとのまいりたるをば、往生はいかがあらんずらんと、たしかにうけたまわりき。いまにいたるまでおもいあわせられ候うなり。ひとびとにすかされさせたまわで、御信心たじろかせたまわずして、おのおの御往生候うべきなり。ただし、ひとにすかされたまい候わずとも、信心のさだまらぬひとは、正定聚に住したまわずして、うかれたまいたるひとなり。乗信房にかようにもうしそうろうようを、ひとびとにももうされ候うべし。あなかしこ、あなかしこ。

（『末燈鈔』聖典六〇三頁）

このように親鸞は、「愚痴無智のひと」は「如来の御はからいにて往生するよし」といわれる人であるから、「めでたく候」なる人であり、だから「愚痴無智のひと」が「如来の御はからいにて往生する」ことは「すこしもたがわず候うなり」としている。すなわち、真宗の肝要は、親鸞が「愚痴無智のひと」を「めでたく候」と讃えているように、私たちの「愚痴無智のひと」との自覚であろう。けっして「よき人」になるのではないはずである。「よき人」とは親鸞が「うかれたまいたるひと」と指摘する人である。ここに八十八歳の親鸞が、あらためて、法然の「浄土宗の人は愚者になりて往生す」を想起し、したがって、「ものもおぼえぬあさましき人々のまいりたるを御覧じては、往生必定すべしとてえませたまいしをみまいらせ候いき」といい切る所以がある。

二、『歎異抄』にあらわれた親鸞の信世界

弥陀の誓願不思議にたすけられまいらせて

『歎異抄』は、唯円による親鸞の「聞書」である。仏法は、経典が「如是我聞」ではじまるように、「聞く」という営みを通して伝承されるものである。その意味で、唯円が「みみのそこにとどまるところ」（聖典六二六頁）を注した『歎異抄』は、宗教的生命をストレートに伝えるものといえる。さらにいえば、『歎異抄』は、善鸞事件を背景とする中で聞き取られた書であることは、先学の指摘するところである。したがって、『歎異抄』には、『正像末和讃』で確かめたような、晩年の親鸞の信世界が明示されていることも承知しておかなければならない。

『歎異抄』の第一章には、真宗の宗教的生命が収斂されている。親鸞はその宗教的生命を、

弥陀の誓願不思議にたすけられまいらせて、往生をばとぐるなりと信じて念仏もうさんとおもいたつこころのおこるとき（聖典六二六頁）

と端的に述べている。『歎異抄』は、この第一章で明かされた宗教的生命を起点にまとめられたといってよい。すなわち、「念仏もうさんとおもいたつこころのおこるとき」の具体相が、第二章以降に逐次説かれていくのである。とりわけ、親鸞と唯円とのやりとりが浮き彫りとなる箇所は、宗教的生命の迫真力に満ちている。『歎異抄』が時代を超えて、多くの読者を惹きつける理由はここにある。よって、親鸞と唯円との直接の問答が記されている第九章には、信心の微細なありようが明らかにされているように思われる。したがってここではその第九章を中心に、

宗教的生命の本質を尋ねたい。

踊躍歓喜のこころ

さて第九章の冒頭には、

念仏もうしそうらえども、踊躍歓喜のこころおろそかにそうろうこと、またいそぎ浄土へまいりたきこころのそうらわぬは、いかにとそうろうべきことにてそうろうやらん　（聖典六二九頁）

とある。「踊躍歓喜のこころ」とは、他力信心が確立したときの歓びであり、『大経』下巻本願成就文の「信心歓喜」（聖典四四頁）を指す。それは『一念多念文意』には、

「踊」は、天におどるという、「躍」は、地におどるという、よろこぶこころのきわまりなきかたちなり。（『一念多念文意』聖典五三九頁）

と述べられている。すなわち、「踊躍歓喜のこころ」とは、信心獲得の相である。ところが唯円は、踊躍歓喜の心も「おろそか」になり、「浄土へまいりたきこころ」もなくなったと告白する。唯円は今、不審に襲われている。私たちは往々にして、自分の中に一たび他力信心が発起してみれば、それは長く相続するものと思いがちである。ところが、他力信心を獲た歓びは、時間の経過と共に失せていったと、唯円は告白するのである。唯円は今、信仰上の危機に立っている。そして親鸞は、この唯円に向かって、

親鸞もこの不審ありつるに、唯円房おなじこころにてありけり。（聖典六二九頁）

と同感し、そして、

よくよく案じみれば、天におどり地におどるほどによろこぶべきことを、よろこばぬにて、いよいよ往生は一定とおもいたまうべきなり。（聖典六二九頁）

と、あらためて「踊躍歓喜のこころおろそか」の理由を、「よくよく案じみれば」と思索するのである。「よくよく案じみれば」との表現は、最後の述懐章にも使われている。

弥陀の五劫思惟の願をよくよく案ずれば、ひとえに親鸞一人がためなりけり。されば、そくばくの業をもちける身にてありけるを、たすけんとおぼしめしたちける本願のかたじけなさよ。（聖典六四〇頁）

親鸞は「よくよく案じみれば」として、本願を尋求する。すなわち、第九章では「よろこぶべきことを、よろこばぬ」身において「他力の悲願」を尋ねているし、述懐章でも「そくばくの業をもちける身」において「弥陀の五劫思惟の願」のはたらきを「親鸞一人」において確かめている。親鸞は、本願が宿業の身にはたらくことを常に案じているのである。

したがって、唯円の「踊躍歓喜のこころおろそか」とは、唯円の宿業因縁であり、唯円が「そくばくの業をもちける身」ということである。ところが親鸞は、その「そくばくの業をもちける身」の事実を「よくよく案じみれば」として自身に返し、本願に尋ねている。そして、唯円と同様に「よろこぶべきことを、よろこばぬ」という、「そくばくの業をもちける身」であるからこそ、「いよいよ往生は一定とおもいたまうべきなり」と述べている。ここに自力から他力への大転換がある。

私たちは、自力作善が日常である。仏法を学ぶという自力をもって、宿業の身が転じられていくように思いがちである。この「苦悩から抜け出たい」というのが自力作善なのである。ところが親鸞は、「踊躍歓喜のこころおろそか」は、そのままで良いという。宿業の身は、宿業の身のままで転じなくても良いという。何故なら、「他力の悲願」は、そのような宿業の身にはたらくからであると述べている。ここに、転じなくても良いという転換がある。他力への転換をえて、はじめて、「よろこぶべきことを、よろこばぬ」との宿業の身なればこそ、本願を「いよいよたのもしくおぼゆるなり」ということができる。自力から他力への大転換において、はじめて頷ける本願である。

いずれの行もおよびがたき身

『歎異抄』第二章において、親鸞は、自らの宿業の身を「いずれの行もおよびがたき身なれば、とても地獄は一定すみかぞかし」（聖典六二七頁）といい、その宿業の身において「弥陀の本願まこと」が親鸞にまで伝統されているることを説いている。そのことを仏から見れば、「かねてしろしめして、煩悩具足の凡夫とおおせられたることなれば」（『歎異抄』聖典六二九頁）ということになろう。仏はすでに衆生を「煩悩具足の凡夫」と見抜いており、衆生からすれば、「いずれの行もおよびがたき身」において「弥陀の本願まこと」の伝統に参加することであろう。弥陀の本願は、法蔵菩薩が「そくばくの業をもちける身」（『歎異抄』聖典六四〇頁）をたすけんがために建立されたものであり、衆生を「そくばくの業をもちける身」と照らし出す。そのことを曾我量深は、『歎異抄聴記』の中で、次のように述べている。

阿弥陀如来は煩悩具足の凡夫と何処に仰せられるかといふと、本願の上には十方衆生、唯除五逆誹謗正法と仰せられる。十方衆生と仰せられ、至心信楽欲生我国と仰せられる。この言葉は煩悩具足の凡夫を正機としてをられるお言葉で、これは伝統の教へである。

（『曾我量深選集』六巻、二二三頁）

仏が「かねてしろしめ」すのは、宿業の我が身である。それは「そくばくの業をもちける身」であり、「唯除五逆誹謗正法」の身である。しかして仏は、宿業の身である十方衆生に「至心信楽欲生我国」と呼びかける。その感応が「仏かねてしろしめして、煩悩具足の凡夫とおおせられた」との陳述であり、同時に宿業の身が如来の願心を開くことである。

そのことを述懐章に確かめれば、「そくばくの業をもちける身」とは機の深信であり、その機の深信は「弥陀の五劫思惟の願をよくよく案ずれば」（『歎異抄』聖典六四〇頁）とあるように、法の深信によって明らかになる宿業の身の自覚である。そのことを曾我量深は、

二種深信は法の深信から機の深信を開く。開くのは機の深信に法の深信を摂めんが為である。機の深信の外に法の深信なし、といふのが、二種深信を開顕する趣旨である。（『曾我量深選集』六巻、四一頁）

と述べている。すなわち、機の深信の内実は「唯除五逆誹謗正法」の私であるが、その私とは、法蔵菩薩建立の四十八願、とりわけ第十八願の「至心信楽欲生我国」の成就する私であり、換言すれば、宿業の身である私が本願成就を成り立たしめているのである。

「至心信楽欲生我国」の三心において、私に回心を迫るのは欲生心である。このことを曾我量深は、次のように述べている。

至心信楽に始めはない、欲生こそ至心信楽の始めを示すものである。至心信楽を開顕するところのその門は欲生である。即ち真宗教相の根源は欲生にある。この欲生我国に依つて浄土真宗は開顕される。（『曾我量深選集』六巻、四二頁）

欲生心が、至心信楽をもって宿業の身に成就する。そしてそのときが、浄土真宗開顕のときであるとしている。

親鸞は、欲生心について、

諸有の群生を招喚したまうの勅命なり。（「信巻」聖典二三二頁）

と、衆生を救済せんとする如来の勅命であることを明かしている。ここに仏の作願がある。したがって親鸞は、次のように仏の作願を和讃する。

如来の作願をたずぬれば　苦悩の有情をすてずして
回向を首としたまいて　大悲心をば成就せり
（聖典五〇三頁）

仏の作願とは、名号釈に、

「帰命」は本願招喚の勅命なり。「発願回向」と言うは、如来すでに発願して、衆生の行を回施したまうの心なり。（「行巻」聖典一七七～一七八頁）

とあるように、如来の欲生心によって、宿業の身に名号が与えられることである。このことを、曾我は次のように述べている。

苦悩の衆生に南無阿弥陀仏の名号を廻向する。南無阿弥陀仏を廻向して、そして南無阿弥陀仏の主として、万善万行恒沙の功徳の主として、そしてそれに依つて我々の罪も障りもあつても消滅する。
（『曾我量深選集』六巻、九一頁）

如来から回施された名号によって、「罪も障りもあっても消滅する」としている。「罪も障りも」とは宿業の身のことであり、そのことについて、曾我は次のように陳述する。

この宿業観は一つのやはり歴史、我々は南無阿弥陀仏の歴史を、南無阿弥陀仏といふところの仏の本願の歴史の中に自分を見出した。それがつまり機の深信である。即ち機の深信は宿業観、宿業の自覚である。

衆生は、宿業の身において名号を戴くことができる。宿業の身は、法蔵菩薩の五劫思惟によって建立され、釈尊や七高僧、また無数の群萌によって伝統されている本願を具現化する。それは欲生心が宿業の身において発起することであり、名号が宿業の身に回施されることである。機の深信は宿業の自覚であり、ここに欲生心が成就し、南無阿弥陀仏の伝統が宿業の身に具現化する。南無阿弥陀仏において、宿業の身は本願の歴史に摂取されるのである。しかして、曾我は、

（『曾我量深選集』六巻、九一〜九二頁）

こゝに私がこの間から申します欲生、欲生に本願の正機がある。仏が諸有の衆生を招喚し給ふ。自分が罪悪深重と自覚する。その自覚の感じが如来の招喚である。これが、「弥陀の五劫思惟の願をよく〳〵案ずれば、ひとへに親鸞一人がためなりけり」と忝けなくもひとへに親鸞一人がためと深く如来の御恩を感謝されるところである。それは如来の本願の歴史の中に自分を見出した。そしてつまりそこに如来の本願を開いたのだ。如来の本願はそれから開ける。罪悪深重の衆生を助けん為、衆生を本として助けん為に発し給へる如来の本願である、と本願の正機を明かにする。

（『曾我量深選集』六巻、九二頁）

と述懐する。「諸有の群生を招喚したまうの勅命」の欲生心は、衆生に「罪悪深重」の自覚を促し、「その自覚の感じが如来の招喚」である。したがって如来の欲生心は、衆生に「罪悪深重」の自覚において名号を回向する。視点を変えれば、「罪悪深重」の自己を本願の歴史のなかに見出すことである。さらに曾我は、

如来の廻向にあづかつたことは我々が廻心せしめられることである。かう簡単に仰せられてあるが、如来の廻向といふことは本願三信の中では欲生我国である、欲生我国、そこに如来の信心を廻向される、欲生我国を離れて如来の廻向はない、欲生我国は他力御廻向を証明し、随つて自分の主観で造つた信心でないこと、現生不

退、必至滅度、往還二廻向凡て欲生がこれ等凡てを証明する。南無阿弥陀仏は廻向であることも欲生が証明する。凡ての証明は欲生にある。欲生我国を離れて何物もない。

（『曾我量深選集』六巻、三七三～三七四頁）

と述べて、信心を明らかにする。「罪悪深重」とは宿業の身の実感であり、その実感は欲生心の具現化である。それが名号の回施と共に発起する信心である。

そくばくの業をもちける身

さて、『歎異抄』の第九章に戻ろう。第九章では、親鸞のさらなる述懐が続く。

また浄土へいそぎまいりたきこころのなくて、いささか所労のこともあれば、死なんずるやらんとこころぼそくおぼゆることも、煩悩の所為なり。

（聖典六二九～六三〇頁）

として、死におののく私と等身大の姿を親鸞は唯円に告白し、続けて、

久遠劫よりいままで流転せる苦悩の旧里はすてがたく、いまだうまれざる安養の浄土はこいしからずそうろうこと、まことに、よくよく煩悩の興盛にそうろうにこそ。なごりおしくおもえども、娑婆の縁つきて、ちからなくしておわるときに、かの土へはまいるべきなり。いそぎまいりたきこころなきものを、ことにあわれみたまうなり。

（聖典六三〇頁）

と、徹底して仏に背く自己が開陳される。ここには、「悟った」雰囲気の親鸞の姿は、微塵たりともない。どこまでも、「そくばくの業をもちける身」としての親鸞だけが明確である。すなわち、この私は、けっして殊勝な私ではないのである。病気になれば死ぬことの不安で心が憂鬱になる私である。何かにつけて迷妄に沈む私である。そ

うという私から逃れたいと思っても、宿業は厳粛に私そのものとしてはたらくから、それは不可である。どれだけ精進努力しても、宿業は我が身に粛々とはたらいている。娑婆の縁が尽きれば、私の一切の思いも届かずにただ死ぬのであるが、それも私の宿業である。宿業は私の生死の全体を支配し、私の一切の分別を超えている。宿業は自力無効の厳密さを私に教えている。ここに親鸞は、

これにつけてこそ、いよいよ大悲大願はたのもしく、往生は決定と存じそうらえ。踊躍歓喜のこころもあり、いそぎ浄土へもまいりたくそうらわんには、煩悩のなきやらんと、あやしくそうらいなまし　（聖典六三〇頁）

と述べている。

宿業は、厳粛な身の事実としての私そのものであるが、しかし私は、ひたすら宿業を回避することを考える。このような自力煩悩を、親鸞は「これにつけてこそ」と肯定し、「大悲大願はたのもしく、往生は決定」と説いている。自力を振りかざして宿業を回避せんとする煩悩の起こる私を、それでいいのだと教えている。宿業の身において、はじめて本願のはたらきを知ることができる。宿業の身のままにしか救済はない。しかして、

なごりおしくおもえども、娑婆の縁つきて、ちからなくしておわるときに、かの土へはまいるべきなり。（中略）これにつけてこそ、いよいよ大悲大願はたのもしく、往生は決定と存じそうらえ。　（聖典六三〇頁）

と親鸞が告白する、そのような救済について、曾我は次のように述べている。

これ（かの土へはまいるべきなり）は歴史、歴史的世界、否でも応でも歴史の世界は心によつて転ずるのではない。随縁の世界。随心の世界ではなく随縁の世界である。それを否定しようと思つても否定するわけには行かぬ。求むるものは来たらず、求めざるもの却つて来たる。みな偶然である。歴史は偶然である。歴史はみな与へられてゐる。偶然であるが併し乍ら我々は静かに南無阿弥陀仏を念ずるときにその歴史こそ本当の意味の

自然法爾がある。（括弧内筆者註）

（『曾我量深選集』六巻、二三四～二三五頁）

宿業は、私の分別心を突き破る。私の思いを超えたものである。したがって、宿業が私に現前すれば、それを私は偶然と感ずるであろう。しかし本願に立てば、私にとっての偶然の宿業は、じつは如来の必然であったのである。救済とは、この必然性の実感である。救済には、歴史的必然性に対する確信があるのである。

さらに曾我は、「いそぎまいりたきこころなきものを、ことにあわれみたまうなり」について、

憐み給ふは本願の正機である。「これにつけてこそ、いよ〳〵大悲大願はたのもしく」、従つてこゝに如来の本願、至心信楽欲生の如来の願心を静かに念じ奉れば、急ぎまゐりたき心のないにつけて往生は決定である。自分は地獄一定であるが本願を念ずるときは往生は間違ひない。でなければ本願は偽りである。「いそぎ浄土へもまいりたくさふらはんには、煩悩のなきやらんと」、煩悩のないもの、為には如来の本願は無用である。

（『曾我量深選集』六巻、二三五頁）

と、「いそぎまいりたきこころなきもの」が一念帰命によって往生できる、と述べている。私が「地獄一定」において如来の願心を念ずるとき、すなわち、宿業の身に一念が発起するとき、そのときが往生のときである。

宿業は、私たちの思いどおりにならない人生の、その本体である。そのような人生においては、一念帰命だけが私を往生せしめ現生正定聚に立たしめる。一念帰命の内景は、ひとえに如来の作願である。私の菩提心ではないのである。如来の欲生心の発起であり、私においては至心信楽として具現する。一念帰命とは、如来回向の信の一念でなければならないのである。宿業の身は、如来回向の信の一念においてそのまま解放されるだけである。ここに一念帰命、つまり南無阿弥陀仏がある。私の救済はそれ以外にはありえない。

最後にもう一度、『歎異抄』述懐章の「聖人のつねのおおせ」を見ておこう。

弥陀の五劫思惟の願をよくよく案ずれば、ひとえに親鸞一人がためなりけり。されば、そくばくの業をもちける身にてありけるを、たすけんとおぼしめしたちける本願のかたじけなさよ

（聖典六四〇頁）

親鸞は、自らの生涯を顧みて、「そくばくの業をもちける身」と述懐する。親鸞は純粋に、自らの宿業において本願と感応した生涯を送ったが、そのことは、『歎異抄』第十三章の、

「卯毛羊毛のさきにいるちりばかりもつくるつみの、宿業にあらずということなしとしるべし」（聖典六三三頁）

との陳述からも窺いうる。微細な感性の有する業人なればこそ、自分自身に率直になれる。たとえば、

目もみえず候う。なにごともみなわすれて候ううえに、ひとなどにあきらかにもうすべき身にもあらず候う。

（『末燈鈔』聖典六〇五頁）

と述懐する親鸞には、自分の一挙手一投足を「そくばくの業」として受容すると同時に、「たすけんとおぼしめしたちける本願」に「かたじけなさよ」と頭の下げる自在がある。だから「あきらかにもうすべき身にもあらず」ということができる。

「そくばくの業をもちける身」の「ける」は、過去をあらわす助動詞である。しかし、それはけっして、たんなる過去の実感ではなく、現在にまで連綿と続く「そくばくの業」であったとの実感である。「弥陀の五劫思惟の願」は、「ける」という感触で私に現前する。過去からの宿業と、本願は感応する。「親鸞一人がため」とは、宿業の身において本願を実感できた確信である。宿業の歴史は、同時に法蔵菩薩の衆生救済の歴史でもあったのである。

本願は「たすけたい。たすけよう」として未来にはたらくのではなく、無始以来迷いに迷ってきた宿業の身に現前する。そのような本願の実感が、「そくばくの業をもちける身」という告白であった。そのことを蓮如は、

五劫思惟の本願というも、兆載永劫の修行というも、ただ我等一切衆生をあながちにたすけ給わんがための方

便に、阿弥陀如来御身労ありて、南無阿弥陀仏という本願をたてましまして、まよいの衆生の、一念に阿弥陀仏をたのみまいらせて、もろもろの雑行をすてて、一向一心に弥陀をたのまん衆生をたすけずんば、われ正覚とらじとちかい給いて、南無阿弥陀仏となりまします。

（『御文』聖典八三六頁）

と述べている。

宿業の身には、法蔵菩薩の兆載永劫の「御身労」がはたらいている。すなわち、宿業の身は、まるごと宿業の身のままで解放される。ここに救済がある。

三、清沢満之における信仰主体の確立

「臘扇記」に見る分限の自覚

さて、ここまで親鸞に宿業の身のままの救済を尋ねてきたが、ここで今一度、視点を同朋会運動に戻せば、「純粋な信仰運動」を掲げる同朋会運動の原点は、清沢満之に求めなければならないと思われる。

清沢満之は、幕末の文久三（一八六三）年、名古屋黒門町の下級武士の長男として生まれた。篤信な両親の元で育ったため、宗教心は生涯活発であった。明治十四（一八八一）年に東本願寺から東京留学が命じられた清沢は、翌年一月に帝国大学予備門に入学、さらにその翌年九月には帝国大学文学部哲学科に進学した。帝国大学ではフェノロサからヘーゲル哲学を学んだ。

当時の日本は自由民権運動の隆盛期で、明治十四（一八八一）年には、欧米列強と対等の立憲国家となるべく

「国会開設の詔」が出された。そして、明治二十二（一八八九）年には「大日本帝国憲法」が発布された。我が国は、欧米列強に劣らぬ近代国家に向けての転機に立っていたのである。

そのような状況下の明治二十一（一八八八）年、清沢満之は京都府尋常中学校校長に着任した。二年後には、僧風刷新を念じて校長を辞し、ミニマム・ポッシブルの実践生活に入るも、明治二十七（一八九四）年に結核に罹ったため療養生活に入った。明治二十九（一八九六）年には白川党を結成して教団改革運動を断行したが、明治三十一（一八九八）年には一結、そして一切を放棄して宗教的信念の確立に専心するという、人生の大転換を決断した。

清沢は若きときから、他力の教えを説く『歎異抄』に親しんでいた。教団改革運動の終わりごろからは『阿含経』を読誦、そして改革運動一結後、九月に東上した清沢は、親友沢柳政太郎[1]宅の書斎にて『エピクテタス教訓書』と出会ったのである。宗教的信念の確立を求める清沢にとって、エピクテタス[2]との出会いは、決定的な意味を持つものであった。

清沢は、『エピクテタス教訓書』を西洋第一の書として尊んだ。エピクテタスは、一世紀ごろのギリシアの哲人で、身は奴隷であった。清沢は『エピクテタス教訓書』を、『歎異抄』によって培われた他力の慧眼をもって読んだが、そこで明確になったのがエピクテタスのいう「不如意なるもの」（other power）と、「如意なるもの」（self power）との分限の自覚であった。

当時三十六歳の清沢は、いくつかの「不如意なるもの」に直面していたと思われる。たとえば、結核、改革運動における虚無感、西方寺での人情の煩累等である。そのようなさまざまな不如意なるものを、如意なるものにしたいという妄念は、清沢のみならず私たちにとっても重苦しい苦悩である。安藤州一は次のように回想する。

先生が嘗て、御長男の戸籍移転上の事に付いて色々と心配せられ、親族に司法官の御方があるから、其の人の指図を仰いで色々と心配してみたが、どうしても思ふ通りにならぬ。そこで先生も、外界の事は不如意のものであるから、意の如くならぬとて、決して決して苦悶するなとのエピクテタスをば充分御承知のことであるから、尽力しても出来ぬことは仕方がないと其の儘にして明らめられた。所が一度は明らめて見たけれど、責任煩悩が夫を承諾せぬ。そこで先生も思ひ直して、こんな事を苦にするのは責任煩悩であるから、決して念頭にかけてならぬと放置する下から、亦た責任煩悩が頭を出してどうしても此の儘では気がすまぬ様になる。そこで亦た尽力して見たがどうしても思ふ通りにならぬ。其の中二三年も経過して、漸くにして願ひ通りに成つて手続も無事に終つてやれ安心と思うた。所が間もなく御長男は病気になつて、終に東京の客舎に死去せられた。いかに浮世とは言ひ乍ら、誠に無惨な事で、先生も此の死別には大いに落胆せられた。其の後先生の御話に「実は戸籍上の事は、あんな事を苦にするのは責任煩悩であるから、苦にしてはならぬと思ひ直して見ても、尚ほ苦になる。思ふまいと思ふけれどやはり念頭を離れぬ。然るに今度は都合よく運びが付いて其の上の病歿であるから、思ひ残すことがなくて、先づ不幸中の仕合せであつた。」と申されました。

（『清沢満之全集』、法藏館、八巻、四三二～四三三頁）

不如意を如意に変えたいという煩悩を抑えるには、不如意と如意の分限の自覚がなければならない。しかし、自覚しようとしても難しい。教団改革運動を一結した直後から草された「臘扇記」には、そのような分限自覚のための悪戦苦闘が展開されている。

清沢はまず、エピクテタスの言葉を書写する。十月十二日を見よう。

○如意ナルモノト不如意ナルモノアリ　如意ナルモノハ意見動作及欣厭ナリ　不如意ナルモノハ身体財産名誉

及官爵ナリ　己ノ所作ニ属スルモノト否ラサルモノトナリ　如意ナルモノニ対シテハ吾人ハ自由ナリ制限及妨害ヲ受クルコトナキナリ　不如意ナルモノニ対シテハ吾人ハ微弱ナリ奴隷ナリ他ノ掌中ニアルナリ　此区分ヲ誤想スルトキハ吾人ハ妨害ニ遭ヒ悲歎号泣ニ陥リ神人ヲ怨謗スルニ至ルナリ　如意ノ区分ヲ守ルモノハ抑圧セラル、コトナク妨害ヲ受クルコトナク人ヲ謗ラス天ヲ怨ミス人ニ傷ケラレス人ヲ傷ケズ天下ニ怨敵ナキナリ

○疾病死亡貧困ハ不如意ナルモノナリ　之ヲ避ント欲スルトキハ苦悶ヲ免ル、能ハジ土器ハ破損スルコトアルモノナリ妻子ハ別離スルコトアルモノナリ（後略）

（『清沢満之全集』、岩波書店、八巻、三五六頁、改行著者）

そして、この引用を受けて「已下私想」（『清沢満之全集』、岩波書店、八巻、三五七頁）として、清沢の絶対無限の推求が展開する。

絶対無限ノ相対有限ニ関スルヤ所謂流転還滅ノ二路ニヨラサル可カラス

（『清沢満之全集』、岩波書店、八巻、三五七頁）

絶対無限と相対有限の関係を、「絶対無限⇒相対有限＝流転」、「相対有限⇒絶対無限＝還滅」の二路あるとし、続けて、

真如ノ城ヲ後ニシテ無明ノ暗鬼ニ迷ハサレ昏々曚々トシテ曠劫以来ノ流転ノ結果茲ニ人界ノ生活ヲ得タルト共ニ霊妙ナル観想思索ノ智力ヲ獲得シ宇宙ノ壮観ニ其疑歎ヲ発シ沈思冥想反リテ万化ノ本源ヲ索メ漸ク以テ其旧里ニ還ラント欲スルノ念ヲ起スニ至レリ

（『清沢満之全集』、岩波書店、八巻、三五八頁）

と、相対有限が「霊妙ナル観想思索ノ智力」をもって、絶対無限の「壮観ニ其疑歎ヲ発」す故、ここにおいて相対

有限なる我は「沈思冥想」によって「万化ノ本源」を求むべきとしている。さらに、相対有限の「霊妙ナル観想思索ノ智力」や「沈思冥想」をもって、

嗚呼吾人ハ果シテ霊智ヲ具ヘ妙用ヲ備ウルモノナリヤ如何　果シテ還滅ノ素因ヲ懐有スルモノナリヤ如何

（『清沢満之全集』、岩波書店、八巻、三五八頁）

と、自己の分限を質し、そして、

人世ノ目的ハ何物ナリヤ　吾人ノ心性ハ何物ナリヤ

吾人ハ流転ヲ弁識シ得タルヤ　吾人ハ還滅ヲ認識シ得タルヤ　吾人ハ茲ニ人世ニ在リ佇立シテ反観顧望スベキニアラズヤ

吾人カ圜囲ニ在ル万象ハ吾人ヲ駆リテ内省ノ事ニ従ハシムルニアラスヤ　艱難ヤ苦労ヤ悲哀ヤ涕哭ヤ皆以テ吾人ノ心裏ニ求ムル所アルモノナラスヤ

吾人ノ欲望ハ吾人ヲ駆リテ宇宙ノ源底ヲ探ラシメスヤ（中略）

吾人ハ絶対無限ヲ追求セズシテ満足シ得ルモノナルヤ

（『清沢満之全集』、岩波書店、八巻、三五八～三五九頁、改行著者）

と、相対有限が絶対無限（他）を尋求せずにはおれない心境を告白し、十月十八日には、

吾人ハ一箇ノ霊物ナリ　只夫レ霊ナリ故ニ自在ナリ（意念ノ自在アリ）　只夫レ物ナリ故ニ不自在ナリ（外物ヲ自由ニスル能ハサルナリ）　而モ彼ノ自在ト此ノ不自在ト共ニ皆絶対無限（他力）ノ所為ナリ共ニ是レ天与ナリ吾人ハ彼ノ他力ニ信順シテ以テ賦与ノ分ニ安ンズベキナリ

（『清沢満之全集』、岩波書店、八巻、三五九～三六〇頁）

と展開する。自己を「霊物」、つまり娑婆を超えた世界に見出すから「自在」であり、だから「意念ノ自在」があるのであり、したがって「意念ノ自在」において、「吾人ハ彼ノ他力ニ信順シテ以テ賦与ノ分ニ安ンズベキナリ」と述べている。相対有限が「他力ニ信順」することで、自己の分限に安住するという仏道が明確になる。そしてその仏道が、十月二十四日の覚醒へと、つまり清沢満之の回心へと、展開していくのである。

如何ニ推考ヲ費スト雖トモ如何科学哲学ニ尋求スト雖トモ死後（展転生死ノ後）ノ究極ハ到底不可思議ノ関門
ニ閉サヽルモノナリ
啻ニ死後ノ究極然ルノミニアラス　生前ノ究極モ亦絶対的不可思議ノ雲霧ヲ望見スベキノミ　是レ吾人カ進退
共ニ絶対不可思議ノ妙用ニ托セサルヘカラサル所以
只生前死後然ルノミナランヤ　現前ノ事物ニ就テモ其　ダス　ワス Das Was　デス　ワルム Des Warum　ニ至
リテハ亦只不可思議ト云フヘキノミ
此ノ如ク四顧茫々ノ中間ニ於テ吾人ニ亦一円ノ自由境アリ　自己意念ノ範囲乃チ是ナリ　γνωθι σαυτον Know
Thyself is the Motto of Human Existence?　自己トハ何ソヤ　是レ人世ノ根本的問題ナリ
自己トハ他ナシ　絶対無限ノ妙用ニ乗托シテ任運ニ法爾ニ此境遇ニ落在セルモノ即チ是ナリ
只夫レ絶対無限ニ乗托ス　故ニ死生ノ事亦憂フルニ足ラス　死生尚且ツ憂フルニ足ラス　如何ニ況ンヤ此ヨリ
而下ナル事件ニ於テオヤ　追放可ナリ　獄牢甘ンズベシ　誹謗擯斥許多ノ凌辱豈ニ意ニ介スベキモノアランヤ
否之ヲ憂フルト雖トモ之ヲ意ニ介スト雖トモ吾人ハ之ヲ如何トモスル能ハサルナリ　我人ハ寧ロ只管絶対無限
ノ吾人ニ賦与セルモノヲ楽マンカナ
絶対吾人ニ賦与スルニ善悪ノ観念ヲ以テシ避悪就善ノ意志ヲ以テス　所謂悪ナルモノモ亦絶対ノセシムル所ナ
自覚ノ内容ナリ―（此自覚ナキモノハ吾人ノ与ニアラサルナリ）

ラン　然レトモ吾人ノ自覚ハ避悪就善ノ天意ヲ感ス　是レ道徳ノ源泉ナリ　吾人ハ喜ンテ此事ニ従ハン　何モノカ善ナルヤ　何モノカ悪ナルヤ　他ナシ　吾人ヲシテ絶対ヲ忘レサラシムルモノ是レ善ナリ　吾人ヲシテ絶対ニ背カシムルモノ是レ悪ナリ　而シテ絶対ハ吾人ニ満足ヲ与ヘ反対ハ吾人ニ不満ヲ与フ　故ニ満足ヲ生スルモノハ善ナリ不満ヲ生スルモノハ悪ナリ　満足アレハ無慾心アリ　――アレハ不動心アリ　不動心アレハ胆勇アリ　胆勇アレハ無畏心アリ　無畏心アレハ精進アリ 以上対外物的　精進アレハ克己アリ 以下二対自身的　克己アレハ忍辱アリ　忍辱アレハ不諍心アリ 以下対他人的　不諍心アレハ（ハ）（無瞋心アリ　無瞋心アレハ）和合心アリ　和合心アレハ社交心アリ　社交心アレハ同情心アリ　同情心アレハ慈悲心アリ　大慈悲心ハ是レ仏心ナリ

（『清沢満之全集』、岩波書店、八巻、三六二～三六三頁、改行著者）

十月二十四日の日記は、大きく三段落に分けられる。一つは「自己トハ何ソヤ　是レ人世ノ根本的問題ナリ」までで、清沢の自己意念の自由をもっての思索における、その極限が窺われる。それが「四顧茫々」である。そして「四顧茫々」の只中で「自己トハ何ソヤ　是レ人世ノ根本的問題ナリ」との要求が発起する。すなわち、『大無量寿経』に説かれる欲生心を原理とする機の深信である。ここに一転、「自己トハ他ナシ　絶対無限ノ妙用ニ乗托シテ任運ニ法爾ニ此境遇ニ落在セルモノ即チ是ナリ」との絶対無限からの呼びかけに応答する自己が綴られるが、これこそ法の深信の相である。ここから二つ目の段落で、相対有限における絶対無限の受容が明かされる。相対有限の我が身は宿業の身であり、「此境遇」とは、宿業の身でしかない自己を「落在セルモノ即チ是ナリ」と受容できた満ち足りた自己の境遇である。「落在」は宿業の身を絶対無限の中に発見できた安心、安定であろう。いわば「これでよかった」という心境である。ここから「吾人ニ賦与セルモノヲ楽マンカナ」までが二つ目の段落であり、三つ目が「絶対」自覚ノ内容ナリから最後までである。ここには、絶対無限中に自己を発見できた清沢の社会生活者としての心境が述べられている。

註（1）明治期の文部官僚、教育者、貴族院勅選議員。清沢満之とは東京大学時代に出会う。
（2）古代ギリシアのストア派の哲学者。生涯著作を書かなかったが、弟子が師の言行を伝える語録と箴言を残している。

絶対無限を受容する者

宗教的信念の確立者は、ただたんに自己の安住を堪能するのではない。また業因縁を生きている限り堪能に浸っておれるものでもない。日々新たな業因縁に催されるため、絶対無限に腰を降ろすことは許されない。自己の業因縁を担って立ち上がらなければならない。それが絶対無限を受容できた者の生活である。「満足アレハ無慾心アリ（中略）大慈悲心ハ是レ仏心ナリ」、これがその心境である。そのつどそのつどの業因縁があるからこそ、相対有限なる我に満足した世界が開かれる。それは宿業の身に「たすけんとおぼしめしたちける本願」を「かたじけな」いと受け取ることができたということである。ここに社会生活の原点がある。

続けて、清沢の分限の思索を見よう。十月二十六日の日記である。

サテ此ノ如ク他力ヲ信セハ修善ハ任運ニ成就サレ得ベシト放任スベキカト云フニ決シテ然ラス　吾人ハ他力ヲ信セバ益〃修善ヲ勤メサル可カラス（是レ信者ノ胸中ニ湧起スル自然ノ意念タルベシ）　而シテ修善ヲ勤メントセハ又従来ノ自力的妄念ノ紛起スルヲ感知セン　是レ却テ愈〻他力ヲ信楽スルノ刺戟ナルベシ　此ノ如ク信

仰ト修善ト交互ニ刺戟策励シテ以テ吾人ヲ開発セシムルモノ是レ則チ絶対無限ナル妙用ノ然ラシムル所豈ニ讃歎ニ堪ユベケンヤ（中略）自信教人信ニ至ル第一要件ナリ《悟後修行ノ風光ナリ》

（『清沢満之全集』、岩波書店、八巻、三六六～三六七頁）

明確に他力信心の獲得者の意欲的な社会生活、つまり修善を訴えている。そして、その修善において「自力的妄念ノ紛起スルヲ感知」するも、しかしこれがあるから、いよいよ他力信仰に入ることができるとしている。自己分限における修善の実践と、その修善の実践によって沸き起こる妄念妄想、すなわち分限の喪失による苦悩によって、再び宗教心が躍動して自己の分限に帰る。このような「信仰ト修善ト交互ニ刺戟策励」において、我が信念は開発されるのであり、そしてその開発も「絶対無限ナル妙用ノ然ラシムル所」なのである。これによって相対有限である我は、「豈ニ讃歎ニ堪ユベケンヤ」との生活を送るのである。

このような分限の自覚における如来を受容する思索は、晩年の『当用日記』に至って熟される。次のように綴られる。


我等の大迷は如来を知らざるにあり。

如来を知れば始めて我等の分限あることを知る。

乃ち我等の如意なるものと、如意ならざるものとあるはこの分限内のものと分限外のものとあるが為也。

然るに我等は始めより何が分限内のものにして何が分限外のものたるやを知らず。

此によりて苦楽の感情なるものあり。苦は分限外のものに附随するより起り、楽は分限内のものに従属するより起る。

而して、同一事に就きて苦楽の現起するは如何と云ふに如何なることも其初は楽なるもの多けれども、それが一定の度を超ゆれば苦しみを生ず。これ即ちその事が分限外に及びたるしるし也。

加之其度なるものは個人々々に依り、人情と場合とによりて異なるは、是れ我等の分限に種々の差等あるが為なり。

我等が賦与せられたる種々の能力を適当に運用し進めば如来は我等の分限を増大ならしめ玉ふ也。

是れ我等が我等の能力を精練修養せざる可からざる所以也。

如来の奴隷となれ、其他のもの、奴隷となること勿れ。


（『清沢満之全集』、岩波書店、八巻、四五三～四五四頁、改行著者）

「我等の大迷は如来を知らざるにあり。如来を知れば始めて我等の分限あることを知る」とは、自己の生活実験をとおしての自己分限への頷きである。我の生活における苦は、「分限外のものに附随するより起」こる。つまり宿業から逃れようとするから起こるのである。したがって我等は、「我等が賦与せられたる種々の能力を適当に運用し進めば」とあるように、自己の宿業を我等の分限と肯定し、その肯定において、如来の我等へのはたらきを証知し、そして修善する。清沢満之出現以前は、主に如来のはたらきの解明に力を注いでいたが、清沢はそれを転じ、「精練修養」によって自己の分限を宿業共感と見定める実践的仏道を開顕した。そして、その分限覚知において、如来のはたらきを担っての社会生活が成り立つのである。

清沢満之とエピクテタス

エピクテタスに導かれての清沢満之の求道については、清沢満之五十回忌法要での曾我量深の記念講演録「清沢満之とエピクテタス」に詳しい。ここでは、それによって、清沢満之の仏道を尋ねたい。

まず曾我量深は、

清沢先生は宗門改革の運動、即ち白河党の運動をなされた後、友人沢柳政太郎氏を訪ねられてから、始めて信仰の問題に新しい道が開けた。それまでは仏教の経典、特に浄土三部経、『阿含経』『教行信証』『歎異抄』と色々読まれたけれど、なかなか確固たる安心を得ることが出来なかった。たまたま沢柳政太郎氏を尋ねた時、『エピクテタスの教訓』という書を同氏宅で見つけそれを借りて読まれた。そして始めて分限ということを了解された。（『曾我量深選集』十一巻、二五一頁）

と、清沢がエピクテタスによって機法の分限が明らかになったとしている。このような清沢の主体的な悪戦苦闘を、曾我は、

勿論先生は自分等が相対有限であるとは夙に考えておられた訳であったが、それは一般論であって、正しく御自身の問題になるとなかなかはっきりしなかつたのであろう。（『曾我量深選集』十一巻、二五一頁）

と述べている。宗教心は一般論では満足できない。どこまでも主体的満足を追求する。すなわち、宗教は「自身の問題」の解明であり、自己の生死の問題の解決である。それ故、知性を駆使して絶対無限、万物の本源を証明しても、それでは一般論でしかない。このように述べる曾我は、続けて、

それが『エピクテタスの教訓』を読まれて、始めて自己の分限を自覚することが――実際において自覚することが――真実の救済であると了解できたのである。これで長い間分らぬ儘に読んでいた仏教の経典が、氷解されることになったのである。それによって長い間仏教の教える生死の問題について、解脱の道が見つかったのである。先生はその時の感激を「絶対他力の大道」として残されている。この文章は正に聖典である。

（『曾我量深選集』十一巻、二五一～二五二頁）

と陳述する。

すなわち、我が絶対無限を思索することは、そもそも不可能事ではないのか。それは、如来の分限を侵犯することになるのではないのか。その意味で我の分限とは、絶対無限の思索の不可能なることの証知ではないのか。すなわち、自力無効の自覚が自己の分限を知ることであり、したがって、我には絶対無限を追求する道は、もともと断たれていた。宗教心は自己否定を本質とするものである。

元来仏教は、「如是我聞」である。その「聞」とは、聞こえるということである。聴聞とは、聞こえるまで聴くことである。「我」に自己否定がはたらいて「聞」が成立しない限り、つまり、知性で仏典を読んで理解しても、それは一般論である。一般論では、宿業の苦悩は消えないのである。「我」は、絶対無限と一如にはなりえないのである。「我」の生死の問題は解けないのである。

このような苦悩の絶頂において、清沢満之はエピクテタスによって、自己の分限が自力無効であると知らされた。そして、その絶対無限と明確に分限の違う自力無効の自己であると知らしめられたとき、相対有限の知性を駆使しての絶対無限の究明が、相対有限の絶対無限の分限（はたらき）を越える侵犯であったと気づいたとき、すなわち、私の思義・思索のすべてが私の計らいであったと知らされたとき、相対有限は自己を絶対無限中に発見する。この私は、すでに絶対無限の掌中にあったと驚くのである。

清沢は、自力無効なる自己の極限に立ったとき、はじめて「人世ノ目的ハ何物ナリヤ」と問うた。そこにおいて、自己の知性の絶対に通用しないという現実に、すなわち、自力無効の極限に悶絶したと思われる。ところがその極限において、自分のこれまでの人生からすれば、まったく真逆の事実に驚いたのではなかろうか。あたかも騒音が止めばこれまでさえずっていた小鳥の声が聞こえてくるように、今まで聞こえなかった真実が聞こえてきたのである。ここに清沢は、親鸞と同様、仏智不思議を仰ぎえたに違いない。ここに「如是我聞」の実相がある。また他力の救済がある。これが曾我のいう「実際において自覚すること」なのである。親鸞は「弥陀の五劫思惟の願をよくよく案ずれば、ひとえに親鸞一人がためなりけり」として、「そくばくの業」を有する自己一人において、「たすけんとおぼしめしたちける」弥陀の本願に驚き、「かたじけなさよ」と頷いたのである。「我」に「聞」が成り立ったとき、同時に「我」の分限が知らされ、同時に絶対無限の分限が知らされる。それは、親鸞においては「聞其名号」の事実であり、本願成就の実際である。自力無効において「聞即信」が成り立つのである。したがって曾我は、続けて、

如来は我等に自己の分限を教えて下さる。我等は如来を信ずることによって、自己の分限を知らしめて頂くと、先生は短い生涯を信念の確立のために一切を捧げられた訳である。（『曾我量深選集』十一巻、二五二頁）

と述べている。「自己の分限」を知るということは、同時に如来を知ることである。自己の苦悩は、如来の分限を侵すところに生起する。したがって自己の安住は、自己がどこまでいっても相対有限であったと知らされ、如来への侵入が止むところにある。相対有限に満足するのである。自己の分限が明確になれば、それは如来の世界である。自己と如来は、互いに分限を侵さずして一如である。ここに「如是我聞」がある。曾我はこのような救済の妙用を次のように述べている。

先生の絶対他力の信念は、我々第三者から見ると、全くそれは戦いとられたのであると頂いている。しかし、先生御自身から見ると、あの劇しい戦いも、あの生死の問題の解決も、あの倫理の厳しい対決も、全人生をあげての究明も、決して先生御自身では、戦いとったとは了解しておられなかったに違いない。無限大悲の廻向

したもうところで、全く自分の力ではない。いささか戦ったとしても、その戦力はこれも亦如来他力の賦与したもうところであると、内外併せて一切を無限他力の賦与したもうところと、自分の力のいささかもないという、間違いない最後の安住を得られた訳である。誠に尊い先生の身を以ての深い思索と体験を徹しての教は、忘れることのできぬものである。

（『曾我量深選集』十一巻、二五二頁）

如来をわかろうとすれば自力無効の悶絶に遭遇するが、その悶絶は同時に如来光明海中の自己であることを知りうる契機であろう。すなわち、悶絶とは、「いささか戦ったとしても、その戦力はこれも亦如来他力の賦与したもうところであると、内外併せて一切を無限他力の賦与したもうところ」と頷くしかない、聞思の境界である。清沢は苦悶する自己に求道主体を見出し、自己否定を通して如来と一如なる信仰主体を明らかにした。

実践的仏道の回復

ところで、曾我の「これで長い間分らぬ儘に読んでいた仏教の経典が、氷解されることになったのである」との告白は、何を意味するのであろうか。つまり、私たちは、真宗の聖典をどのように読み理解しているのであろうか。曾我は、自己の分限がわかれば「聖典が氷解されることになった」と述べているが、それはどういうことであろうか。

若き松原祐善[1]に、次のような告白がある。

今回はいろ〳〵と御厄介になりました。くれ〴〵も御礼申します。家の都合であと二日間先生の御話を承はらずに帰国せねばならなかつたのは残念でした。でも私はこれ迄全く聞こえなかつたものまた触れ得なかつたものを今先生によつてはじめて捉へさして貰つたのを喜んでゐます。そうです私は今日迄自分に真面目にと喚びかけつゝいつもふるへながら自分を薄幕で覆はんとして来ました。自分を見つめることが最後まで問ひつめることが此の上もなき怖ろしかつたのです。で私は自分を外からでき得る限り堅い鎧で包まうとあせりましたこの努力は――私は限りなきこの努力のうちに救ひがあると信じて来ました。――畢竟私を本当のものから遠ざけてしまつたのです。そして嵐が吹き荒ぶと人間的存在とはと、如何にも言訳的に平気で人間解釈をはじめます。あるひは昨日迄それですませたのかもしれません、だがいかに外から理論や知識で自分を包んでも永久に癒えることない魂の傷口は段々大きくそして深く鋭くなつてゆきます。今日はこの傷口をそつとほつて置く訳にゆかなくなつたのです。一時私はこれに驚かされてマルキシズムの所謂社会化された個人それに自分を逃避せしめて唯物史観の学徒たらんとしたのです。でも相変らず自分の姿が目前に沈澱されて横たはつてゐます。これを如何ともすることができない。理論を以て追ひのけることはできなくなつたのです。私はこゝ数年と云ふものは曾我先生の側で含蓄多い講義を聞きました。そして私の態度はいつも先生の講義によつて今までの自分を修正し教養してゆかうとつとめました。その点曾我先生に対して本当に素直になれなかつたのです。聞くことよりも分別が先に走りました。先生の言葉を単に自分の頭に移植さしてそれで先生の教を受けつゝある自分がいつもその教へをよそにしかも足は地につかず翼を折られた鳥のやうに戦場の嵐に転がつてゐました。今更ら先生にすまなく思ひその罪を悔いてゐます。先生今度の講習会にはたくさんの真珠が落ちてゐたことでせう。私の拾つた一つはたゞ自分が自分自身に本当にあいそうがついたことです。自分を大地にぶつゝけて泣くことしか何もできなかつたのです。その涙の底に未だ見なかつた光が感ぜられました。では先生御身大切に

（『直道』昭和五年九月）

文中の先生とは、高光大船である。昭和四（一九二九）年に金子大榮が異安心と見なされ、大谷大学を追放されるという事件が起こった。そのため、松原祐善や訓覇信雄ら当時の仏教科二回生は反対運動を展開したが、宗門の壁は厚く、終に頓挫せざるをえなかった。そこで学生たちは高光大船を招いて講演を開いたが、学生たちは、生活と一枚の仏教を生きる大船から発揮される威神力に打ちのめされた。そこで松原や訓覇らは、高光大船の主宰する北間の講習会に転がりこみ、仏法に目覚めるべく鍛えられたのである。上の文章は、そのときの松原のものである。

真宗の安心において、「薄紙一枚がわからぬ」ということがある。頭ではわかるが、薄紙が剥がれないため、如来の声が私に届かぬという、聴聞する者にとっては最大の難関である。私たちはわかろうと思って聴聞する。しかし、聴聞しても、自我の一枚が剥がれないため、我が身に歓びがないという苦悩である。松原の苦悩は、ここにあった。聴聞しても、「相変らず自分の姿が目前に沈澱されて横たはつてゐます。これを如何ともすることができない。真剣に聴聞しても、理論を以て追ひのけることはできなくなつたのです」とは、松原の知性の限りを尽くした果ての、絶体絶命の悶絶である。曾我の講義を聞き頷くことができても、しかし、身をもっては頷けない。我が身が歓ばないのである。ところが、大船との出会いによって、松原は自分の知性の限りを尽くしてわかろうとする方向が、まったくの逆であったことに気付かされたのである。

すなわち、仏法がわかるとは、仏法をわかるための「限りなきこの努力のうちに救ひがあると信じて」努力するが、それが不可である、という一点において開かれる安住である。わかるとは、わかろうとすることが迷いでしかなかったとの頷きである。ここに至って松原は、「私はこれ迄全く聞こえなかつたものまた触れ得なかつたものを今先生によつてはじめて捉へさして貰つたのを喜んでゐます」と叫ばざるをえなかった。聴こうと思っても、その営みが通用しないというところにおいて、初めて方向転換が促がされ、聞こえてきた。この松原の自力無効における「如是我聞」こそ、曾我のいう「聖典が氷解されることになった」ということの、極めて具体的な実際であったのである。

「自分を薄幕で覆はん」とする真面目な努力が静まれば、おのずと聞こえてくる如来招喚の声である。ここに松原は、「私はこゝ数年と云ふものは曾我先生の側で含蓄多い講義を聞きました。そして私の態度はいつも先生の講義によつて今までの自分を修正し教養してゆかうとつとめました。その点曾我先生に対して本当に素直になれなかつたのです」と、解放された自己を告白する。親鸞はけっして、「自分を修正し教養してゆかう」等との仏道実践を行った人ではなかった。そうではなく、徹底して、自力無効において回向される仏道を明らかにした。そして、そのような回向の仏道が、明治近代において再び、エピクテタスに導かれた清沢満之によって復活した。

「清沢満之とエピクテタス」に戻ろう。曾我も松原と同様の告白をしていることに注目したい。

先生の御恩は我等の真宗再興の上人たる蓮如を遥かに上廻って越え、我が親鸞に匹敵するものと信ずるものである。私は忌憚なく述べることが出来るのである。我々は青年時代から宗門の学校で我が仏教学、殊に真宗の聖典について色々と教を受けた訳であるが、どうしてもすなおに受けとることが出来なかったものを、今日いささかなりとも了解できるようになったのは、偏に先生の教の賜である。若し先生の教がないなら真宗の教は全く了解できなかったであろうという私の考えは今日尚変らぬところである。このことは忌憚なく表明するところである。（中略）実際、明治時代などは親鸞は極めて通俗的宗教家として了解されていて、法然とか親鸞とかは唯愚民を教える通俗布教家位としか日本の識者からは了解されていなかった。法然もそうであったが、親鸞などは日本の識者は一瞥もくれぬような状態であった。（中略）大体、清沢先生の出られる迄は、他力の信念などは誰も問題にしておらなかった。そこで若し清沢先生が出られなかったなら、我が親鸞などという方が今日のように、日本の思想界の最高峰であるというようなことはならなかったのである。偏に清沢先生が身命を捧げて戦いとられたのである。先生自身はおっしゃらぬが、思想的にそれを見れば、正しく生涯を捧げて戦いとられたのである。これは日本の仏教の歴史に長く残ることである。恐らく日本の仏教史の法然、親鸞以後の最も大きな事実として、私は信ずるものである。

（『曾我量深選集』十一巻、二五二～二五四頁）

曾我は、清沢の果たした事業が、宗教としての仏教の蘇生、つまり宗教的信念の確立という実践的仏道の回復であり、それ故、親鸞思想が「日本の思想界の最高峰」となったことを宣揚する。

註（1）真宗大谷派圓徳寺の元住職。福井県大野市。元大谷大学学長。

他力の救済

曾我量深が「正しく生涯を捧げて戦いとられた」と称する清沢満之の宗教的信念は、次の「他力の救済」に明確に述べられている。

我《ワレ》他力の救済を念するときは、我《ワレ》が世に処するの道開け、
我他力の救済を忘るゝときは、我が世に処するの道閉つ、
我他力の救済を念するときは、我《ワレ》物欲の為に迷さるゝこと少く、
我他力の救済を忘るゝときは、我物欲の為に迷さるゝこと多し、

我他力の救済を念するときは、我《ワレ》が処する所に光明照し、我他力の救済を忘るゝときは、我が処する所に黒闇覆ふ、嗚呼他力救済の念は、能く我をして迷倒苦悶の娑婆を脱して、悟達安楽の浄土に入らしむるが如し、我は実に此念により現に救済されつゝあるを感ず、若し世に他力救済の教なかせば、我は終に迷乱と悶絶とを免かれさるべし、然るに今や濁浪滔々の闇黒世裡に在りて、夙に清風掃々の光明界中に遊ぶを得るもの、其大恩高徳、豈区々たる感謝嘆美の及ぶ所ならんや、

（『清沢満之全集』、岩波書店、六巻、三二九頁、改行著者）

これは、明治三十六年四月一日に真宗大学で行われた、親鸞聖人ご誕生会に寄せられた一文である。亡くなる二か月ほど前のものであるが、文面からは信念の透徹さが伝わってくる。

ここで注目すべきは、「我が世に処するの道開け」との「我」に「ワレ」とルビをふっていることである。他力の救済は「我」における事実である。客観的なものでは、「我」には何の勢力も持たない。この「我」、すなわち「濁浪滔々の闇黒世裡」から立ち上がらせる宗教的信念を、清沢は生涯かけて明らかにした。

宗教的信念とは、「救済を念する」自己における事実である。「我」の生活は、業因縁である。業因縁において生活を処していけるときはともかく、処し切れないときこそ「我他力の救済を念するとき」である。そして、その念ずるときにおいて「我が世に処するの道開け」る。かくして業因縁を担って立ち上がるのである。

ところが、「我他力の救済を忘るゝとき」は、業因縁を自力で処していこうとするため、おのずと「道閉つ」る。清沢は、業因縁の一念一念において救済されるべく、「他力の救済」を念じ、自己に賦与された業因縁の現実を生きるのである。それが「今や濁浪滔々の闇黒世裡に在りて、夙に清風掃々の光明界中に遊ぶを得るもの、其大恩高徳、豈区々たる感謝嘆美の及ぶ所ならんや」との絶唱となる。

清沢満之は、明治三十五年六月に長男信一を十一歳で、十月には妻やすを三十六歳で亡くす。さらに同月、真宗大学学監を辞す。そして翌年の四月には三男広済と死別する。清沢満之は、そのような厳しい業因縁の生活において、「病発予の如きものは蓋し所謂幽霊の浜風に擬するも亦可ならんか」（『清沢満之全集』、岩波書店、八巻、四四九頁）として、号を「浜風」に改める。「浜風」とは、清沢に対する宿業の風であろうが、同時に「至徳の風静かに衆禍の波転ず」（『教行信証』「行巻」聖典一九二頁）る至徳の風でもあろう。清沢の惨憺たる晩年を、近角常観は、次のように述べている。

先生曰く、人間の力はだめである。一家にあつても、自分の思ふやうにできぬ。自分の云うたことにさへ反対した行動をとらねばならぬ場合があると。かく先生は常に身を捨てられた。実に何遍すてられたか知れぬ。四十一年の生涯は捨てどほしの一生であつた。どんな場合でも、捨てて捨て、捨てどほした極が、晩年に住せられた信念であつた。先生が一代の間で、思ふことなさることが皆んな出来ずに終られたことは、決して無意義でない。先生の企てられたことは、一代の間に出来る位のものではなかつた。それが極めて大きなことであつたから、それもいけぬこれもいけぬと云ふやうになつたのである。先生最後に京都を去らる、時、私に申さる、には、今年は皆んな砕けた年であつた。学校はくだける、妻子は砕ける今度は私が砕けるのであらう。翌月遂になくなられたことである。

（『清沢満之全集』、法藏館、八巻、五六四～五六五頁）

「今年は皆んな砕けた年であつた。学校はくだける、妻子は砕ける今度は私が砕けるのであらう」との告白に、胸塞がる感がある。宗教的信念が「捨てて捨て、捨てどほした極が、晩年に住せられた信念であつた」とは、親鸞の、特に八十歳を越えてからの、自らの業因縁を担っての悪戦苦闘や、八十八歳になってあらためて師法然の「愚者になりて往生す」（『末燈鈔』聖典六〇三頁）との言葉に自己の生き様を問いながらの生活、最後には「某親鸞閉眼せば、賀茂河にいれて魚にあたうべし」（『改邪鈔』聖典六九〇頁）といって憚らない生涯に通ずるように思われる。業因縁に随順していける人生は、宗教的信念の確立者の生き様ではなかろうか。

繰り返すが、宗教的信念とは、知性をもっての自力では確立できるものではないのである。そうではなく、自力無効の現実において、換言すれば自己の分限を承知せしめられたところに回向される心境である。自力無効とは、業因縁の世界への落在である。ここに親鸞は「いずれの行もおよびがたき身」と告白し、「本願まこと」に立ち上がるのである。人生の苦労は、そのためのものである。

清沢満之の絶筆は、「我信念」である。それについては、清沢の亡くなる五日前の暁烏敏宛の書簡に、次のように記されている。全文を挙げておく。

拝啓　原へ御与ヘノ貴書ガ先刻到着シテ今其読ムノヲ聞キマシタ　六月ニ入レバ『ツユ』ノ時節ハ当リ前ヘデアルケレドモ既ニ五月末カラソロ〳〵梅雨ラシキ天気ニテ鬱陶敷事デアリマス　病人特ニ肺病人ハ一層困難ノ時デアリマス　貴君モ多少頃日来神経的ノ御様子御察シ申シマス　小生ハナンダカ知ラヌガ癇癪的調子デ（他ノ者ヘハ仕方ナキユヘ）原ノミヲイヂメテ居リマス　時々ハ余リヒドイナートト思フコトモアリマスガツイ反射的ニ煩悩ガ起ルニハ愧ヂ入リマス　先日ハ漢和灯録ヲ御読ミニテ一層口称ヘ御傾キノ様子結構デショーケレトモ成ル可ク御制止ノ方然ルベク思ヒマス　其時一時ハ心ヨキ気持ニナリマスガ亦復イヤニナルコトガナイトハ申サレヌ様ニ案ジマス（此ハ実験ノ説デアリマス）原稿ハ三十日ノ夜出シテ置キマシタカラ御入手ニナリタコトト存ジマス　別ニ感ズベキ点モナヒトハ思ヒマシタガ自分ノ実感ノ極致ヲ申シタノデアリマス　前号ノ俗諦義ニ対シテ真諦義ヲ述ベタ積リデアリマス　然ルニ彼ノ俗諦義ニ就テハ多少学究的根拠モ押ヘダ積リデアリマス　詳細ハ御面晤ノ節ニ譲リマスガ大体ハ通常三毒段ト申ス所ニアル「宜各勤精神努力自求之云々」ト「努力

勤修善精進願度世云々」ノ二文ヲ眼目ト見マシタノデス（ソコデアソコハ三毒段ト名ツクルノハ如何ト存ジマス　三毒段トスレバ貪瞋ノ二ツノ前後ニ今ノ二文ガアリテ其後ニ愚痴ノ段ガアルコトニナリマス　小生ハアノ三毒段五悪段ヲ合シテ善悪段トシ其内ヲイハユル三毒段ヲ総説段トシ所謂五悪段ヲ別説段トシテ科スルガ宜敷キカト思ヒマス）尚コンナ事一二点研究シタイト思ヒマスカラ東方聖書ノ英文大経佐々木君ガ御アキデアレバ拝借シタクアリマスカラ宜敷御願下サレテ御都合出来レバ御入来ノ節御貸附ヲ願ヒマス「浜風」ト云フ号ハ近頃ノ得物デアリマス　大浜ハ風ノ多キ処ト云フ話カラ取リマシタガ丁度小生ノ如キ半死半生ノ幽霊ニハ適当ト感シテ居リマス　此一号ガ又小生ノ今日迄ノ諸号ヲ総合シテ居マスノモ自分ニハ面白ク存シマス　諸号トハ（在名古屋時）建峰（在京都時）骸骨（在舞子時）石水（在東京時）臘扇ノ四ツデアリマス　此デヒユードロト致シマス

（『清沢満之全集』、岩波書店、九巻、三〇四～三〇五頁）

清沢満之の絶筆である「我信念」は、亡くなる一週間ほど前に書かれたものであった。書簡にある、「小生ハナンダカ知ラヌガ癇癪的調子デ（他ノ者ヘハ仕方ナキユヘ）原ノミヲイヂメテ居リマス　時々ハ余リヒドイナート思フコトモアリマスガツイ反射的ニ煩悩ガ起ルニハ愧ヂ入リマス」との記述には、清沢の、自己の業因縁に素直に随順して、原子広宣[1]に甘えられる、広やかな心境がよく伝わってくる。業因縁に自在に随順できるところに、宗教的信念の確立者ならではの生き様があった。

書簡ではさらに、真宗俗諦の根拠を、『大無量寿経』下巻の悲化段（三毒・五悪段）の教説に見出し、三毒段はじめの「宣各勤精進努力自求之」と、瞋恚の過を説き終わるところにおかれている「努力勤修善精進願度世」との二つの経文を挙げて、それを眼目と述べている。これらの二文は、「弥陀の浄土を欣へよと勧め玉ふ」（香月院深励『浄土三部経講義』1、六六九頁）とあるように、衆生を「勧励」する文であろうが、その二文に清沢は、宗教的信念の確立者が社会、国家の一員として、社会倫理に生きる道理を見出そうとしていたように思われる。清沢は、人間の生活の根拠を倫理以上の宗教的信念におくと共に、社会倫理を守るべきことを訴えている。宗教的信念は、我々の社会生活において具現化し実践すべきものであり、またその実践からの反省によって深化されるものである。求道とは、宗教的信念と社会倫理の実践との循環的運動でなければならない。『無量寿経』の教説を現実に降ろした見解かと思われる。

松原は、このような清沢の思索が、明治維新以降、宗門の先哲によって論議された真俗二諦の相依相資の関係に基づくものとし、

内に深く他力信心をたくわえるとは真諦の安心であり、それをつねに第一義として、外には仁義を本とし、王法を先とせらるべき俗諦の道徳・倫理・国憲等が重んぜられているので、この宗教と道徳との内面的な緊密なる緊張関係、その交渉を真宗における真俗二諦論として論究されてきたものである。

（『松原祐善講義集』一巻、二六九頁）

と、清沢のその論究が「宗教的道徳（俗諦）と普通道徳との交渉」（『清沢満之全集』、岩波書店、六巻、一四八頁）であると述べている。すなわち、『無量寿経』下巻は本願成就文からはじまり、それは現生正定聚を内景とする宗教的信念の確立の道理を明かしている。そして、宗教的信念の確立者は、社会倫理をもって社会生活を営むのであり、社会生活の実践を通して、宗教的信念をより確固なものとする。宗教的信念は、本願成就と社会倫理の関係において熟されるのである。松原は、清沢が『無量寿経』下巻の三毒五悪段の「努力」なる一節に眼目を見出したことを、娑婆と浄土の関係性の開顕にあるとしている。

したがって松原は、鈴木大拙の『浄土系思想論』に説かれる『無量寿経』「智慧段」の論考に着目する。すなわ

ち、鈴木は『無量寿経』「智慧段」の、

仏、阿難に告げたまわく、「汝、起ちて更に衣服を整え合掌恭敬して、無量寿仏を礼したてまつるべし。十方国土の諸仏如来、常に共にかの仏の無着無碍にましますを称揚し讃歎したまう。」ここに阿難起ちて衣服を整え、身を正しくし面を西にして恭敬し合掌して五体を地に投げて、無量寿仏を礼したてまつりて白して言さく、「世尊、願わくは、かの仏・安楽国土およびもろもろの菩薩・声聞大衆を見たてまつらん」と。この語を説き已りて、すなわちの時に無量寿仏、大光明を放ちて普く一切諸仏の世界を照らしたまう。金剛囲山・須弥山王・大小の諸山、一切所有みな同じく一色なり。(中略)声聞・菩薩、一切の光明みなことごとく隠蔽して、唯仏の光の明曜顕赫なるを見たてまつる。その時に阿難、すなわち無量寿仏の威徳巍巍として、須弥山王の高く一切のもろもろの世界の上に出でたるがごとくなるを見たてまつる。相好光明、照曜せざることなし。この会の四衆、一時にことごとく見たてまつる。彼にしてこの土を見ること、またまたかくのごとし。

(聖典七九～八〇頁)

との経文に注視する。

特に阿難が衣服を整え、身を正しくして、無量寿仏に礼して、浄土と阿弥陀如来に見えることを念じたときをあらわす「すなわちの時(即時)」に、浄土と娑婆の一如性を見出し、次のように述べている。

「即時」とは、時間的に隔てのないことである。「此会《ノ》四衆《ハ》。一時《ニ》悉《ク》見《ル》。彼《カシコニ》見《ルコト》二此土《ヲ》一。亦《タ》復《タ》如《シ》レ是《ノ》」とは、空間的に彼土と此土と隔てのないことである。娑婆から浄土が見え、而して浄土から娑婆が見えるといふことは、両つの明鏡が同時にお互を映ずることである。この相互映発には甚大な意味がなくてはならぬ。浄土と娑婆との連貫性或は一如性を示唆するものと云はなくてはならぬ。示唆だけでない、事実そのものの素直な描写ではなからうか。知性と感覚の世界からのみ考へただけでは、この間の消息は窺はれぬ。どうしてもこの次元を超越しなければならぬ。

（『鈴木大拙全集』六巻、七四～七五頁）

経文の「四衆」とは、比丘・比丘尼・優婆夷・優婆塞の集う娑婆の僧伽であり、阿弥陀如来に聴聞する衆生である。そして阿弥陀仏に礼し念仏申す衆生である。すなわち、その衆生の念仏申す、その「すなわちの時」、阿弥陀仏が大光明を放って、浄土にありながら、阿難及び四衆ら一会の衆生に、自らを拝ませんとはたらくと述べている。これが鈴木大拙のいう「両つの明鏡が同時にお互を映ずること」である。これが「彼見此土」である。つまり「彼にして」とは浄土であり、「此の土」とは娑婆である。浄土に穢土が映り、浄土によって穢土は照らし出される。鈴木大拙は、このように娑婆と浄土の一貫性を述べている。

まことに、浄土を離れて娑婆はなく、浄土によって娑婆を娑婆と知らしめられる。真諦によって俗諦がいよいよ俗諦と教えられ、俗諦において業縁を果たす道が、浄土から回向される。念仏申す心の発起に浄土と娑婆が一貫して、娑婆において娑婆の業を果たし得る道が、浄土から開かれる。

清沢は、たんなる宗教的信念の確立というところには止まらず、自らの生活実践の上に真宗の本義を明らかにしたのである。

註（1）浩々洞同人。最晩年の清沢満之の傍に仕えた。

四、松原祐善「清沢満之傾倒録」

私自身のこれまでの六十余年の歩みにおいて、大きな導きを戴いたのが、一人は母であり、もう一人は松原祐善先生である。このことは、私の中の明白な事実である。

高光大船の娘である母は、大船譲りの苦労という業縁の中での、人間として法爾の生活を実験してみせてくれたし、生涯清沢満之に傾倒された松原祐善先生は、本願の大道に生きる道を、清沢満之、曾我量深を通して教示していただいた。師教の恩厚、まことにむべなるかなである。しかして、この論稿を終えるにあたって、松原祐善先生を偲ばずにはおれないのである。

松原先生は、平成三（一九九一）年一月七日に逝去された。享年八十四歳、数え年では蓮如上人と同じ八十五歳であった。何とか蓮如上人のお歳まで生きたいとは、先生のかねてからの願いであった。法名は、松原先生の教言のとおり、「聞敬院釈祐善」、自らつけられたものであった。あらためて、先生のお言葉に耳を傾けたい。

聴聞の道にもとより卒業はない。人生に卒業がないのである。事実は聞こえていよいよ聴かずに居れないのである。聴は聞に入り、聞は限りなく聴を深めてゆくのである。全身心をあげて聴聞である。一生を尽して聴聞であり、死していよいよ聴聞である。これが真宗仏法の聴聞道であると思われる。

（『松原祐善講義集』四巻、一〇八頁）

先生は、平成二（一九九〇）年十二月二十九日の夜、危篤状態に陥られた。以来亡くなられる一月七日までの十日間は、全身に転移した癌による激痛との、言語を絶する壮絶な歩みであった。しかし、先生は、一言も苦痛を訴えられなかった。私は、病床に臥されている先生のお姿を目の当たりにして、先生がかねてより親しんでおられた赤尾の道宗が、念仏を忘れまいと割木の上に横臥されている姿を思い浮かべた。赤尾の道宗は、「ごしょう（後生）の一大事、いのちあらんかぎり、ゆだんあるまじきこと」（『松原祐善講義集』四巻、一〇九頁）として、四十八本の割木の棘の促しによって、眠る間も惜しんで念仏を称え、自らの業を果たしていった先学である。少しく松原先生のお教えを振り返りたい。

この身体は暖かであればぐっすりと眠り込むあさましき身である。なんとかこの身体を責めて堅い棘のある割木を床とすれば、その棘の刺す痛さに眠気を覚まし、油断なく仏恩を喜んでゆかれてというのである。その割木の数が四十八本というのは阿弥陀仏の四十八願に寄せられたものである。この割木の床に身を責めて法蔵菩薩の永劫修行の億万分の一にでも参ぜんとたしなまれたであろうと思われる。或は彼の寝ている棘の痛みある四十八本の割木は、人間宿業の床ともいえようか。或はそれはそのままに仏の御恩の床であったともいえよう。棘のチクリチクリ刺すその痛みが、御恩の大地への覚醒の御催促であり、痛みそのものが如来大悲の御催しといただけたのであろう。

（『松原祐善講義集』四巻、一一〇〜一一一頁）

病床の先生は、全身に襲いかかる激痛に促されつつ、自ら「如来聖人の御罰があたってございます」と、厳しくご自身を懺悔され、念仏の大道を歩まれていた。この世において自己に与えられた一切の宿業を、微塵たりとも逃げることなく担われ、最後の一息まで、宗教的信念の確立に全身全霊を捧げられていた。

先生の小さくなった病床のお体は、苦行によって痩せ細られた釈尊のお姿そのものであった。あるいは、ミニマム・ポッシブルの実験をなされた、清沢満之のお姿そのものであった。この先生のお姿には、不思議と死を目前にした人の悲愴感ただよう暗さはどこにもなく、どこまでも平常心であられた。だから、病床をお見舞いしたはずの私の方が、かえって先生によって、妄念妄想をきれいに拭い去られ、我が身の至らない生き様があらためて浮き彫りとなり恥じ入らざるをえなかった。かつて先生から、釈尊の苦行は、慈悲を行じておられるお姿だとお教えをいただいたが、まさにこの最後の十日間の先生のお姿は、慈悲を行じておられる菩薩そのもののお姿であった。けっして、先生は、一私人の生涯を歩まれなかった。死ぬまで、徹底して群萌の心を生きておられた。じつに先生のご一生は、自信教人信の一言に尽きるのである。

ところで、松原先生の赤尾の道宗との出会いは、先生が昭和二十七（一九五二）年から二十八（一九五三）年にかけて、富山県城端にある結核療養所に入所されていたときであったと思われる。城端には、蓮如上人ゆかりの善徳寺があり、そのはるかには蓮如上人のお弟子である、赤尾の道宗のおられた五箇山があった。

私が生まれ育った富山県福光は、松原先生の療養所の近くの町である。福光には大船に師事した、松原先生の法友方もおられたため、松原先生の病室はさながら僧伽であった。そして、その中に警察官であった私の父もいたのである。かつて私は、松原先生から父のことを、「まじめな求道者であった」とお聞きした。十歳のときに父と死別した私には、父の生き様がわからなかったため、道を求めている父の姿を髣髴とさせる先生のお話はうれしかった。松原先生の療養生活は、窓から遠くに五箇山を仰ぎ、赤尾の道宗に導かれながらの生死を超えんとする聴聞の実践であった。次のような告白がある。

私が療養中の経験でありますが、高熱で安静が求められているときでしたが、寝汗に非常に悩まされたことがありました。肌着が汗にぬれますので、すぐ取り換えますと、また汗が流れるというわけで、いかにも生命の危機を覚えたのです。そのとき床の中にあって、いのちとは何ぞと問われてきたのです。思わず指が鼻のところにゆきました。「一息追がざれば千戴に長く往く」という言葉もあります。今この一息が止まれば死である、そう思いつめたとき、私はその一息一息の呼吸を自分の思い・計いをもって呼吸しているのであるかと問うたとき、私の一息一息は私の思い・計いではなくして、私の思いとか私の意志をも超えて、大いなる無限のいのちの親からの一息一息を賜わっているのだと気付かしめられたのであります。如来に生かされて、一息一息を生きているのであります。

（『松原祐善講義集』一巻、二七～二八頁）

人差し指を静かに自分の鼻の下に当てられての、実に謹厳なご講演であった。

越前大野で生を享けられた松原先生は、曾我先生の教えを継承される教学者ではあられたが、しかしすでに教学者の位置にはおられなかった。どこまでも一群萌としてインテリを放棄しておられた。凡愚松原として、曾我先生に聴聞されていたのである。

先生は、昭和五十五（一九八〇）年に大谷大学を辞された。そして、ご自坊にお帰りになられ、円徳寺住職の任を果たされんとして、毎月三回の聞法会を開かれた。それは、先生が生涯にわたり傾倒された清沢満之先生の臘扇忌の六日と、先生が心から師事された曾我量深先生の鸞音忌にちなんで十九日と、そして、宗祖親鸞聖人の恩教に謝しての三十日の三回であった。そこには、奥越大野や勝山から、まことに土のかおりただよう御同行御同朋が、おのずと集い、先生を中心とした念仏の僧伽が育まれていた。そして、私もいつのまにか、その僧伽に包まれていったのである。

ご自坊での先生の、特に晩年のお説教は獅子吼そのものであった。身体は病におかされつつあったが、その口から迸り出るのは清沢満之の信念であった。

ここに思い起こされるのは、昭和六十三（一九八八）年の晩秋のころの出来事である。そのころ、私は、先生から稀有のご縁をいただいて、『松原祐善講義集』の編集に携わらせていただいた。その話し合いの中で、先生は淡々とした静かな口調で、清沢満之の『御進講覚書』をもって、宗教の意義について話された。

パンの為、職責の為、人道の為、国家の為、富国強兵の為に、功名栄華の為に宗教あるにはあらざるなり。人心の至奥より出づる至盛の要求の為に宗教あるなり。宗教を求むべし、宗教は求むる所なし。

（『清沢満之全集』、岩波書店、七巻、一八八頁）

当時私には、松原祐善という存在を利用して、私の仏法不明の「代弁者」としようとする思いのあることを、薄々と感じていたが、そのような私の内面の恥部を、そのとき松原先生によって言い当てられたことが、今あらためて思い出され、あらためて恥じ入らざるをえないのである。仏法は、けっして「目的達成」のための手段ではない。それでは、仏法利用ではないか。そうではなく、人間存在の根源的要求が宗教心である。したがって、この私がこの世に生まれてきたということは、宗教心が満たされることでしかないはずである。私の全生涯は、宗教的信念の確立のために投げ出さなければならないのである。その意味で、松原先生は正直であられた。

『松原祐善講義集』は全四巻であったが、それぞれの巻の小題は、先生ご自身がつけられた。特に第一巻を「清沢満之傾倒録」と命名されたが、そこには先生の、なみなみならぬ志願がこめられていた。清沢満之への傾倒は、先生ご自身の生涯そのものであると共に、後学の者への期待もこめられていた。先生のたっての願いで、第一巻の巻末に「我信念」を置いたのは、その意味である。

平成二（一九九〇）年の初夏、すなわち先生がお亡くなりになる半年前、最後の原稿整理のため、ご自坊を伺った。それは、朝から夕刻までの長時間にわたる、途中、疲労のため一時間ほど睡眠を取られながらの、大仕事であった。すべてが完了したとき、先生は、さすがに安堵の表情をされ、「もう死んでも良い」と漏らされたのである。このときに、すでに先生のお身体は、癌によって蝕まれていたのであった。そして、その年の初秋であった。

この講義集のパンフレットもほぼ完了し、先生が入院されていた病床にお見舞いしたときのことであった。先生は、朝から私の到着を待ってくださっていたらしく、私の顔を見るとすぐに、「良い講義集になりましたね。ありがとう」とお礼を申され、「見ちゃんは、松原祐善という存在を包丁でズタズタに裂いてしまったね」といわれた。私は、そのお言葉が理解できなかった。先生は続けて、「それで良いのや。私をズタズタに切り裂いて、そして、見ちゃんが聞法という一つの方向で、松原祐善を作り変えたのが尊いのや」と満足そうにいわれたのである。

親鸞の教えは、本願の伝統の開顕である。釈尊も親鸞も清沢満之も松原祐善も、本願の伝統の開顕者である。真宗においては、本願の伝統を自分に明らかにすること以外の一切が虚妄である。しかして、私はこの世に生を享けた限り、必ずや本願の伝統を身に証さなければならない。私に因縁する一切は、そのためのものである。本願の伝統の自証は、私の生死を投げ出し、もちろん、娑婆の善悪や名聞利養等も遥かに超えて、私の生まれた限り、必ず成し遂げなければならない大仕事である。松原祐善先生は、そのことを私に成就させるべく、私の前に出現し給うたのであった。松原祐善先生に注がれた本願が、私という器に注がれれば、それで如来は満足する。松原先生の願いは、ここにあった。

松原祐善先生の恩徳を胸に懐きつつ、そして母の面影を胸に、遅ればせながら、これから私は、そのこと一つに身を投げ出そうと思う。

執筆者紹介

平木　年（ひらき　みのる）
大正十五（一九二六）年、石川県金沢市四王寺町に生まれる。
金沢市郊外にある自宅で、薪や炭を焼いたり出稼ぎに出たりと、形態は変わりながらも、親の跡を継いで農業を営む。同朋会運動の精神的支柱であった高光大船の説く仏法を聞いた。
掲載論文は、平成二十三（二〇一一）年七月二十三日、平木宅で聞き取り。

新木　尚（あらき　ひさし）
大正十四（一九二五）年、石川県金沢市四王寺町に生まれる。
平木年の一つ年上で、聞法仲間。父親が高光大船の話を聞いていた縁で、高光大船の話を聞くようになった。
掲載論文は、平成二十三（二〇一一）年七月二十二日、新木宅で聞き取り。

平田友子（ひらた　ともこ）
昭和十二（一九三七）年、富山県南砺市福光に生まれる。
富山県福光市の床屋に生まれるが、若い頃結核を患い、その病気と家族との問題における苦悩によって、聴聞を始める。高光大船に師事した坂木恵定から仏法を聞く。

掲載論文は、平成二十三（二〇一一）年七月十六日、平田宅で聞き取り。

山上一宝（やまがみ　いつほ）

昭和四（一九二九）年、東京都台東区に生まれる。

同朋会運動初期の推進委員。同朋会運動を縁に、長川一雄に出遇い、真宗を歩むこととなる。長川一雄を中心とした「行徳会」に参加し聞法に励む。長川一雄亡き後、「行徳会」を引き継ぐ。株式会社山上ロック、元社長。

掲載論文は、平成二十一（二〇〇九）年七月六日、山上宅で聞き取り。

置田陽一（おきた　よういち）

昭和二十（一九四五）年、北海道札幌市に生まれる。

真宗大谷派札幌別院の門前にある仏壇店に生まれ、幼少期から別院において真宗の教えに親しむ。青年期に、知人による新興宗教への勧誘や、自身の宿業に促されて、真宗の教えを本格的に聴聞するようになる。札幌別院所属門徒。

掲載論文は、平成二十一（二〇〇九）年六月十九日、札幌大谷短期大学で聞き取り。

田口タズ子（たぐち　たずこ）

昭和十一（一九三六）年、福岡県大牟田市に生まれる。

子息が突然に亡くなり、それを縁に聴聞を始める。訓覇信雄が中心であった真人社の主催する聞法会などで聞法を重ねる。
掲載論文は、平成二十二（二〇一〇）年六月二十七日、田口宅で聞き取り。

岡本照子（おかもと　てるこ）
昭和二十二（一九四七）年、大分県宇佐市に生まれる。
大分県宇佐市にある真宗大谷派勝福寺の坊守である藤谷純子によって仏縁を持つ。藤谷純子は、暁烏敏に師事した出雲路暢良や、真宗大谷派専修学院の開学長である信國淳の伝統に立つ。
掲載論文は、平成二十三（二〇一一）年六月十九日、大分県宇佐市勝福寺で聞き取り。

中島尋子（なかしま　ひろこ）
昭和十四（一九三九）年、福岡県朝倉市に生まれる。
母親が篤信であったことや、自身の生活の苦労から、真宗の教えを聞法するようになる。真宗大谷派久留米教務所の近くに住んでいたこともあって、教務所に通い積極的に聞法する。真宗大谷派真教寺門徒。
掲載論文は、平成二十一（二〇〇九）年八月八日、中島宅で聞き取り。

末木文美士（すえき　ふみひこ）
昭和二十四（一九四九）年、山梨県に生まれる。一九七八年、東京大学大学院人文科学研究科博士課程単位取得。現在、国際日本文化研究センター教授、東京大学名誉教授。専攻、仏教学、日本思想史、日本宗教史。

著書・論文

『平安初期仏教思想の研究』（春秋社）、『日本仏教思想史論考』（大蔵出版）、『日本仏教史―思想史としてのアプローチ』（新潮社）、『解体する言葉と世界』（岩波書店）、『「碧巌録」を読む』（岩波書店）、『鎌倉仏教形成論』（法藏館）、『日蓮入門』（筑摩書房）、『シリーズ日本の仏教』（編著）（法藏館）、『岩波哲学・思想辞典』（編著）（岩波書店）、『岩波仏教辞典』第二版（編著）（岩波書店）、『岩波講座宗教』（編著）（岩波書店）他多数。

掲載論文は、平成二十（二〇〇八）年十一月十日、大谷大学尋源館会議室における講演。

上田閑照（うえだ　しずてる）

昭和元（一九二六）年、東京都に生まれる。京都大学文学部哲学科卒業。現在、京都大学名誉教授。専攻・宗教哲学。

著書・論文

『マイスター・エックハルト』（講談社）、『禅仏教―根源的人間』（岩波書店）、『大拙の風景―鈴木大拙とは誰か』（共著）（燈影舎）、『ことばの実存』（筑摩書房）、『私とは何か』（岩波書店）、『西田哲学への導き―経験と自覚』（岩波書店）、『宗教への思索』（創文社）、『上田閑照集』（全十一巻）（岩波書店）他多数。

掲載論文は、平成二十二（二〇一〇）年五月二十日、大谷大学響流館メディアホールにおける講演。

下田正弘（しもだ　まさひろ）
昭和三十二（一九五七）年、福岡県に生まれる。東京大学文学部印度哲学・印度文学専修課程卒業。東京大学大学院博士課程に進学後、インド・デリー大学大学院留学。現在、東京大学教授。専攻、仏教聖典研究史。
著書・論文
『大乗経典解説辞典』（北辰堂）、『蔵文和訳・大乗涅槃経（Ⅰ）』（山喜房仏書林）、『涅槃経の研究―大乗経典の研究方法試論―』（春秋社）他多数。
掲載論文は、平成二十一（二〇〇九）年六月二日、大谷大学博綜館第二会議室における講演。

二階堂行邦（にかいどう　ゆきくに）
昭和五（一九三〇）年、東京都に生まれる。大谷大学文学部卒業。真宗大谷派専福寺元住職。平成二十五（二〇一三）年没。
著書・論文
『自分が自分になる』（東本願寺出版部）、『念仏に生きるとき』（東本願寺出版部）、『いのちを生きる』（東本願寺出版部）。
掲載論文は、平成二十一（二〇〇九）年四月十日、大谷大学博綜館第三会議室における講演。

亀井　鑛（かめい　ひろし）
昭和四（一九二九）年、愛知県に生まれる。旧制愛知県商業学校卒業。昭和三十二（一九五七）年、（現）株式

会社千代田を創業。現在、役職から退く。東本願寺刊『同朋新聞』編集委員や、ＮＨＫ教育テレビ「こころの時代」の司会に随時参画。

著書・論文

『父と娘と清沢満之』（大法輪閣）、『日暮らし正信偈』（東本願寺出版部）、『今なぜ親鸞』（樹心社）、『落語で大往生』（興山舎）、『聞法一〇〇話』（法藏館）、『信に生きる人々』（法藏館）、『信は生活の力だ』（法藏館）、『われら念仏に生きる』正・続（樹心社）。

掲載論文は、平成二十二（二〇一〇）年七月二十二日、大谷大学響流館メディアホールにおける講演を元に全面書き下ろし。

水島見一（みずしま　けんいち）

昭和二十五（一九五〇）年、富山県に生まれる。大谷大学文学部卒業。同大学院博士課程単位取得。現在、大谷大学教授。

著書・論文

『近代真宗史論―高光大船の生涯と思想―』（法藏館）、『大谷派なる宗教的精神―真宗同朋会運動の源流―』（東本願寺出版部）、『近・現代真宗教学史研究序説―真宗大谷派における改革運動の軌跡―』（法藏館）、『信は生活にあり―高光大船の生涯―』（法藏館）。

掲載論文は、書き下ろし。

真宗大谷派同朋会運動関係年表

西暦	和暦	月	真宗大谷派関係事項	一般事項
一八六三	文久三	六月	清沢満之誕生（二六日）	
一八六四	元治元	七月	真宗本廟両堂、禁門の変の兵火により焼失	
一八七〇	明治三			「大教宣布の詔」発布
一八七一	明治四			廃藩置県
一八七三	明治六	八月	高倉学寮を貫練場と改める	
一八七五	明治八	四月	佐々木月樵誕生（一三日）	前年より自由民権運動盛んに
	〃	八月	新教育制度発表、育英・経師教校設置	
	〃		曾我量深誕生（五日）	
一八七六	明治九	六月	南条文雄、笠原研寿インド欧州留学へ出発	
一八七七	明治一〇	七月	暁烏敏誕生（一二日）	西南戦争始まる　東京大学創立
一八七九	明治一二	五月	高光大船誕生（一一日）	明治政府、東京招魂社を靖国神社と改称
	〃	〃	両堂再建の書立発布	
	〃	六月	貫練場を貫練教校と改める	
一八八一	明治一四	五月	金子大榮誕生（三日）	
	〃	六月	宗派名を真宗大谷派とする	
一八八二	明治一五	一二月	貫練教校を大学寮と改める	

一八八四	明治一七	三月	南条文雄、オックスフォード大学より文学博士を受ける	
一八八五	明治一八	一一月	「相続講設立趣意書」発表	
一八八八	明治二一	七月	清沢満之、京都府尋常中学校校長に就任	
一八八九	明治二二	二月	清沢満之、京都府尋常中学に樹心会を始める	「大日本帝国憲法」発布
一八九〇	明治二三	七月	清沢満之、京都尋常中学校校長を辞任。その後、ミニマム・ポッシブルの生活に入る	「教育勅語」発布
一八九一	明治二四			内村鑑三の不敬事件起こる
一八九三	明治二六	九月	清沢満之の『宗教哲学骸骨』シカゴ万国宗教博で好評	
	〃	〃	沢柳政太郎、大谷尋常中学校第三代校長に就任	
一八九四	明治二七	一二月	沢柳政太郎、中学寮長加談を解職	日清戦争勃発
一八九五	明治二八	四月	両堂落慶、遷仏遷座式執行	「日清講和条約」調印
	〃	七月	清沢満之、稲葉昌丸、南条文雄、今川覚神ら「寺務改革建白書」提出	
一八九六	明治二九	五月	第一回議制局会議開催	
	〃	六月	真宗高倉大学寮から真宗大学が分離独立	
	〃	一〇月	清沢満之、教団改革運動を始める。『教界時言』発行	
一八九七	明治三〇	一月	清沢満之ら改革派は約二万八千人の「改革請願書」を本山に提出	京都帝国大学創立
一八九八	明治三一	八月	『教界時言』廃刊。清沢満之、大浜に帰る。『臘扇記』起稿	

一九〇〇	明治三三	九月	安田理深誕生（一日）	
	〃	〃	浩々洞創設	
一九〇一	明治三四	一月	浩々洞、『精神界』創刊	
	〃	一〇月	真宗大学、東京に開校。清沢満之、初代学監となる	
一九〇二	明治三五	六月	清沢満之、「精神主義」刊行	日英同盟締結
一九〇三	明治三六	三月	曾我量深、浩々洞に入る	
	〃	五月	清沢満之、「我信念」脱稿	
	〃	六月	清沢満之没（六日）	
一九〇四	明治三七	五月	真宗大学、専門学校令によって認可される	日露戦争勃発
	〃	一一月	坂木恵定誕生	
一九〇五	明治三八			「日露講和条約」調印
一九〇六	明治三九	一〇月	訓覇信雄誕生（八日）	
	〃	一二月	松原祐善誕生（二五日）	
一九〇七	明治四〇	一月	高光一也誕生（四日）	
一九〇九	明治四二	五月	暁烏敏、「罪悪も如来の恩寵なり」発表。恩寵主義隆盛	
	〃	六月	清沢満之七回忌	
一九一〇	明治四三	七月	高木顕明、大逆事件の嫌疑により逮捕	
	〃	八月	暁烏敏の夏季講習会始まる	韓国併合
一九一一	明治四四	四月	親鸞六五〇回御遠忌	
	〃	九月	真宗大学が真宗大谷大学と改称して京都に移転	
	〃	一〇月	曾我量深、越後に帰郷	
	〃		長川一雄誕生	

一九一三	大正二	七月	曾我量深、「地上の救主」発表。暁烏敏「かくして私は凋落して行く乎」発表	
	〃	九月	真宗大谷大学、上賀茂村小山（現在地）の新校舎に移転	
一九一四	大正三	六月	高木顕明、秋田刑務所で自死	第一次世界大戦勃発
	〃	八月	浩々洞同人会開催。浩々洞の今後について議論	
一九一五	大正四	五月	高光大船、藤原鉄乗、『旅人』創刊	
一九一六	大正五	四月	金子大榮、大谷大学教授に就任	
	〃	一〇月	曾我量深、東洋大学教授に就任。浩々洞に入り『精神界』編集を担当	
	〃	一一月	曾我量深、浩々洞を解散	
一九一七	大正六			ロシア革命起こる
一九一八	大正七	一月	加賀の三羽烏『汎濫』創刊	米騒動起こる。「大学令」公布
一九一九	大正八	二月	『精神界』終刊	
一九二一	大正一〇	一月	暁烏敏、香草舎を開く。翌年『薬王樹』創刊	
	〃	二月	真宗大谷派に社会課を設置	
	〃	一〇月	鈴木大拙、大谷大学教授に就任	
一九二三	大正一二	一月	金子大榮、『真宗学序説』刊行	関東大震災
一九二四	大正一三	一月	佐々木月樵、大谷大学学長に就任	
一九二五	大正一四	二月	金子大榮、『浄土の観念』刊行	「治安維持法」公布　「普通選挙法」公布
	〃	四月	曾我量深、大谷大学教授に就任	
一九二六	大正一五	一月	金子大榮、曾我量深『仏座』創刊	

	昭和元	三月	佐々木月樵没（六日）	
	〃	八月	高光大船、夏季講習会（北間の講習会）を始める	
一九二七	昭和二	五月	曾我量深『如来表現の範疇としての三心観』刊行	
一九二八	昭和三	六月	高光大船、『直道』創刊	
	〃	〃	金子大榮の『如来及び浄土の観念』『浄土の観念』の異安心の嫌疑で大谷大学を追放される	
一九二九	昭和四	二月	金子大榮、僧籍返上	世界大恐慌始まる
一九三〇	昭和五	四月	曾我量深、『如来表現の範疇としての三心観』の異安心嫌疑により大谷大学を辞職する	
	〃	九月	安田理深、松原祐善、北原繁麿、山崎俊英、興法学園を創設	
一九三一	昭和六	三月	『興法』創刊	満州事変起こる
	〃	四月	大谷大学教授総辞職、所謂大谷大学クーデター起こる	
一九三二	昭和七	一二月	興法学園解散式	満州国、「建国宣言書」を発布
	〃			五・一五事件
一九三三	昭和八			日本、国際連盟脱退
一九三五	昭和一〇	五月	曾我量深、還暦記念講演で「親鸞の仏教史観」発表	
一九三六	昭和一一			二・二六事件
一九三七	昭和一二			日中戦争始まる
一九三九	昭和一四			第二次世界大戦始まる
一九四一	昭和一六	七月	曾我量深、講師になる	真珠湾攻撃
	〃	八月	関根仁応、大谷大学学長に就任	日本、第二次世界大戦に参戦

	〃	一一月	曾我量深、金子大榮、大谷大学教授に復帰	
一九四二	昭和一七	七月	曾我量深、夏安居で『歎異抄』を講ず	
一九四五	昭和二〇			東京大空襲
	〃			広島・長崎に原爆投下
	〃			「ポツダム宣言」受諾
	〃			終戦
一九四六	昭和二一	九月	「真宗大谷派宗憲」発布	『日本国憲法』公布
一九四七	昭和二二	二月	訓覇信雄、教学部長に就任	
	〃	六月	『歎異抄聴記』発行	
	〃	八月	本廟奉仕道場開設	
一九四八	昭和二三	一一月	真人社結成	国連総会で「世界人権宣言」採択
一九四九	昭和二四	四月	蓮如四五〇回御遠忌	
	〃	一〇月	曾我量深「個人を超えよ」、安田理深「教団と教学の問題」を『真人』に発表	
一九五〇	昭和二五	一二月	訓覇信雄、宗議会議員に初当選	朝鮮戦争始まる
一九五一	昭和二六	一月	暁烏敏内局誕生	「日米安全保障条約」に調印
	〃	三月	「宗門各位に告ぐ」発表	「サンフランシスコ講和条約」
	〃	七月	同朋生活運動発表	
	〃	九月	高光大船没（一五日）	
	〃	〃	本廟奉仕に関して発表	
	〃	〃	教化研究所開設	
一九五二	昭和二七	一月	末広愛邦内局誕生	
一九五三	昭和二八	八月	『教化研究』創刊	

一九五四	昭和二九	八月	暁烏敏没（二七日）	アメリカ、ビキニ環礁で水爆実験行う
	〃			ベトナム戦争始まる
一九五六	昭和三一	二月	宮谷法含内局誕生	日本、国際連合に加盟
	〃	四月	「宗門白書」発表	
	〃	八月	第一回教師初補者修練道場開催	
	〃	一〇月	教化研究所、時代教学協議会開催	
	〃	一一月	伝道研修会、同朋壮年研修会始まる	
一九五八	昭和三三	七月	教化研究所を教学研究所と改める	
一九五九	昭和三四	一一月	同朋会館竣工	
一九六〇	昭和三五	二月	本廟奉仕団を同朋会館において開設	安保闘争激化
一九六一	昭和三六	三月	同朋壮年全国大会開催	
	〃	四月	親鸞七〇〇回御遠忌	
	〃	六月	訓覇信雄内局誕生	
	〃	八月	曾我量深、大谷大学学長に就任	
一九六二	昭和三七	一月	宮谷法含没（一日）	
	〃	四月	『真人』終刊	
	〃	六月	「同朋会の形成促進」発表、「同朋会運動第一次五ヵ年計画」発表	キューバ危機
	〃	九月	「真宗同朋会条例」公布	
一九六四	昭和三九			東京オリンピック開催
一九六七	昭和四二	七月	「同朋会運動第二次五ヵ年計画」発表	
	〃	一一月	難波別院輪番による部落差別問題起こる	

一九六九	昭和四四	四月	開申事件起こる	大学紛争激化
	〃	七月	同朋会運動に特別推進員を置く	
一九七〇	昭和四五	一〇月	曾我量深の差別発言を載せた『中道』誌発刊	
一九七一	昭和四六	六月	曾我量深没（二〇日）	
一九七二	昭和四七			日中国交回復
一九七六	昭和五一	一〇月	金子大榮没（二〇日）	
一九七七	昭和五二	四月	同朋会運動一五周年全国大会	
一九七九	昭和五四	一一月	いわゆる「分裂報恩講」行われる	
一九八〇	昭和五五	一一月	即決和解	
一九八一	昭和五六	六月	新「真宗大谷派宗憲」発布	
一九八二	昭和五七	二月	安田理深没（一九日）	
一九八五	昭和六〇	五月	研修道場竣工	
	〃	一二月	長川一雄没（五日）	
一九八六	昭和六一	一月	「大谷大学差別ビラ事件」起こる	チェルノブイリ原発事故
	〃	一一月	高光一也没（一二日）	
一九八七	昭和六二	四月	全戦没者追弔法会厳修、宗門の戦争責任を表明	
	〃	七月	訓覇信雄、真宗同朋の会推進全国集会で、差別性をもった講演を行う	
一九九〇	平成二			ドイツ統一
一九九一	平成三	一月	松原祐善没（七日）	ソビエト連邦解体
一九九五	平成七	五月	坂木恵定没（三日）	
	〃	六月	宗議会において「不戦決議」採択	阪神・淡路大震災
一九九六	平成八	四月	高木顕明の「住職差免並びに擯斥処分」を取り消す	

	〃	〃	「帰敬式実践運動」始まる
	〃	七月	大谷暢顕第二五代門首に就任
一九九八	平成一〇	四月	蓮如五〇〇回御遠忌
	〃	七月	訓覇信雄没（二六日）
二〇一一	平成二三		親鸞七五〇回御遠忌
二〇一二	平成二四		同朋会運動発足五〇年

あとがき

大谷大学教授　冨岡量秀

本書は平成二十一（二〇〇九）年から平成二十三（二〇一一）年の三か年にわたる大谷大学真宗総合研究所の指定研究・真宗同朋会運動研究班の「真宗同朋会運動の求道と獲信の研究」の研究成果としてまとめたものである。「真宗同朋会運動の求道と獲信の研究」は、平成二十（二〇〇八）年の研究の準備、平成二十一（二〇〇九）年から平成二十三（二〇一一）年の指定研究としての三か年の研究期間、そして平成二十四（二〇一二）年の研究のまとめという、五年間の研究期間を経て、この度の『同朋会運動の原像―体験告白と解説―』というタイトルで出版に至った。この間、平成二十三（二〇一一）年には、宗祖親鸞聖人七百五十回御遠忌を迎え、そして平成二十四（二〇一二）年には真宗同朋会運動五十周年を迎えたのである。まさに親鸞聖人より受け継がれた「信心獲得」の課題を確かめなければならない時期であった。

そしてその確かめは、真宗に生きる者にとって、今後も常にし続けなければならない課題なのである。本研究が、そのための一助なることを願ってやまない。

また、本研究がご門徒の方々からの「聞き書き」という研究手法をとったため、多くのご門徒の方々に貴重な時間を割いていただき、貴重なお話しを伺った。ここに深く謝意を表したい。さらには、真宗同朋会運動を教団の外からの視座で捉えるため、多くの有識者の方々にご講演をいただき、また先生方を囲んでの研究会を持たせていただいた。ここに深くお礼を申し上げる次第である。本来であれば、ご講演戴いたすべての有識者の講演録を掲載すべきである。しかし誠に残念ながら、紙面の都合上、割愛せざるを得なかった。ご無礼の段、謹んでお詫び申し上げる。

ここで「聞き書き」にご協力いただいたご門徒の方々と、ご教示いただいた有識者の方々全てのご芳名を紹介（五十音順）させていただくことで、お礼にかえさせていただきたい。

◎ご門徒

新木尚氏、岩津由祐氏、岡本照子氏、置田陽一氏、垣内忠佳氏、北野クニヨ氏、小林光雄氏、高光信夫氏、田口タズ子氏、谷栄子氏、飛谷和恵氏、中島尋子氏、西田五郎氏、服部敏男氏、平木年氏、平田友子氏、藤田賢司氏、藤部登氏、紅屋友子氏、松田亜世氏、三田和子氏、村上堅正氏、森敏彦氏、山上一宝氏（以上二十四名の方々）

◎ご住職

川瀬滋氏、近藤章氏、藤谷知道氏、末井等氏（以上四名の方々）

◎有識者

阿満利麿氏、一楽典治氏、上田閑照氏、亀井鑛氏、北原了義氏、信楽峻麿氏、下田正弘氏、末木文美士氏、二階堂行邦氏、福島和人氏、マイケル・パイ氏（以上十一名の方々）

なお、本研究を進めていただいた大谷大学助教の佐々木秀英氏、安居宏淳氏、山高秀介氏をはじめとして、多くの大学院生に「聞き書き」調査の実施と、講演のテープ起こし等の業務に献身的にあたっていただいたことに深く感謝するものである。

明記すべきこととして、本研究は、ひとえに故和田稠先生のご懇志があればこそそのものである。最後に、和田先生並びにご家族の方々には、謹んでお礼を申し上げたい。

最後に、出版に際しては、大谷大学からは出版の助成を賜ったこと、法藏館からは深甚のご高配をいただいたことに、深く謝意を表したい。

同朋会運動の原像—体験告白と解説—

二〇一四年三月三〇日　初版第一刷発行

編　者　大谷大学真宗総合研究所
　　　　真宗同朋会運動研究班

発行者　西村明高

発行所　株式会社　法藏館
　　　　京都市下京区正面通烏丸東入
　　　　郵便番号　六〇〇-八一五三
　　　　電話　〇七五-三四三-〇〇三〇（編集）
　　　　　　　〇七五-三四三-五六五六（営業）

装幀　井上二三夫

印刷・製本　亜細亜印刷株式会社

ISBN 978-4-8318-8721-4 C3015